本书
"基于人工智能的
提升研究（18BTQ020）"研究成果

基于人工智能的
公共图书馆空间再造
与效能提升

王筱雯　著

辽宁人民出版社

图书在版编目（CIP）数据

基于人工智能的公共图书馆空间再造与效能提升 /
王筱雯著 . -- 沈阳 : 辽宁人民出版社，2024. 9.
ISBN 978-7-205-11241-7

Ⅰ . G258.2-39

中国国家版本馆 CIP 数据核字第 2024NM5353 号

出版发行：辽宁人民出版社
　　　　　地址：沈阳市和平区十一纬路 25 号　邮编：110003
　　　　　电话：024-23284325（邮　购）　024-23284300（发行部）
　　　　　http://www.lnpph.com.cn
印　　刷：辽宁新华印务有限公司
幅面尺寸：170mm×240mm
印　　张：18
字　　数：260 千字
出版时间：2024 年 9 月第 1 版
印刷时间：2024 年 9 月第 1 次印刷
责任编辑：郭　健　张婷婷
装帧设计：G-Design
责任校对：吴艳杰
书　　号：ISBN 978-7-205-11241-7
定　　价：88.00 元

序

人工智能正在形成一个时代的特征，它正以令人难以想象的一波波巨浪深刻影响着经济、政治、社会、文化、生态、军事、外交等各个领域，这种影响之大，无论如何评价都不会过分。

图书馆对于新一代的信息技术有着特别的好奇心、敏感性和接纳度，对于人工智能也是如此。多少年前，图书馆就开始尝试机器人的使用，如今已经历了三个阶段：

第一个阶段是人机互动，机器人被用于简单的读者问询，担任引导员；第二个阶段是人机协同，机器人开始帮助图书馆员传递运送图书，担任图书馆宣传员；如今已开始进入人机共生的第三个阶段，机器人与图书馆员开始水乳交融，形成了人机共生的图书馆服务与管理的新形态和新境界。

人工智能的特点就是持续不断地演进，它已经并在继续对图书馆的各个方面产生具有颠覆性的改变，无论是图书馆的文献聚藏整理还是信息的搜寻获取，无论是知识的阅读学习还是空间的设计休闲，人工智能正在全方位、全流程、全空间地推动图书馆创新和高质量发展。如上海图书馆东馆就把人工智能融入了新馆服务的全过程和全空间，浙江省嘉兴市图书馆的元宇宙推动科普阅读、浙江瑞安图书馆小曹碎碎念和上海图书馆沉浸式阅读项目均荣获了 2024 年国际图联营销奖和提名奖，而以上奖项的获取正是人工智能与空间再造和效能提升有机结合的最新成功案例。

进入 21 世纪第二个十年以来，中国公共图书馆的空间创新与更新以前所未有的力度与广度展开，人工智能在其中发挥了驱动器的重要功能；而国家层面智慧图书馆发展愿景的提出与实施更是起了助推器的作用。正是在这样的背景下，由王筱雯馆长领衔的国家社会科学基金一般项目"基于人工智能的公共图书馆空间再造与效能提升研究"（18BTQ020）应势而立，顺势而研，乘势而上，对此进行了理论与实践相结合的研究探索。

图书馆的空间再造与效能提升是一篇大文章，业已成为图书馆更高质量发展的刚需。以图书馆的空间设计而言，其中具有辩证统一观，包括普遍性与独特性、整体观与内外观、专业观与非专业观、静态区与动态区、空间设计功能的无限可能性等；图书馆空间设计还具有十大要素（但不限于），包括宏观维度的城市地标、艺术演绎、文化传承和内外互动，中观维度的专业符号、色材选择和绿色低碳，微观维度的家具设计、灯光照明和安全关怀；而基于人工智能的智慧图书馆新空间设计和效能提升正在成为发展趋势。

《基于人工智能的公共图书馆空间再造与效能提升研究》从理论的角度探讨了这一命题的研究进展、路径探索和研究展望，并分别从空间再造的模式构建和服务效能评估的视角进行了学理的初步研究。本课题还调研并总结了中国十个图书馆的实践案例，包括首都图书馆、辽宁省图书馆、上海图书馆、安徽省图书馆、江西省图书馆、新疆维吾尔自治区图书馆、苏州图书馆、杭州图书馆、广州图书馆、深圳图书馆，展示了中国东中西部不同公共图书馆在人工智能赋能高质量发展中的最新成果，这对中国公共图书馆面向未来的高质量发展具有理论和实践维度的启示价值。

人工智能正在日新月异地不断演进，特别是 2022 年以来的生成式人工智能和文生视频更是持续迭代更新。尽管未来人工智能的走向还难以预测，但人工智能对包括公共图书馆在内的文化事业巨大的赋能作用是可以确定的。基于人工智能的公共图书馆空间再造与效能提升的研究还刚刚起步，未来围绕本课题的实践具有无限可能性，而相关的研究发展也具有很大的空间。因此，王筱雯馆长领衔的课题研究成果是一个良好的开端，我们期待这一命题的研究能够不断出新，让人工智能所体现出的新质生产力，为正在形成中的世界图书馆事业的东方增长极开辟前无古人的创新之路。

王世伟

2024 年 5 月 30 日

于土耳其安塔利亚

目　录

下篇　实践篇

上篇

理论篇

第一章　绪论

一、研究背景及意义

（一）研究背景

"十四五"时期公共图书馆事业迎来高质量发展时代，公共图书馆的高质量发展离不开转型和创新的推动，这也是其亮点所在。2021年3月，文化和旅游部及其他部委共同印发的《关于推动公共文化服务高质量发展的意见》明确指出，将"对公共图书馆功能布局进行创意性改造"作为主要任务，营造小而美的公共阅读和艺术空间，创新拓展城乡公共文化空间。图书馆界也已形成共识："未来的图书馆实体空间应该是集学习、研究、交流、创新为一体的文化综合体空间。"因此，如何通过空间设计、创新来体现出公共图书馆的特色与优势，成为了当今时代的重要研究课题之一。近年来，国内外公共图书馆的空间再造研究已经从单一的建筑空间和信息共享空间的建设，逐渐向多元化的第三空间、创客空间、智能空间等新空间内涵方向转变。与此同时，针对目前公共图书馆所面临的入馆率及资源利用率下降等困境，空间的价值属性及服务效能尤为重要。研究发现，图书馆空间变革的主要推动力之一是信息技术、数字技术和人工智能等新兴技术的发展，从技术视角进行空间再造尤其是人工智能的引入，将为图书馆空间再造及服务效能的提升提供更多可能。

1. 政策环境

2015年，中共中央办公厅、国务院办公厅印发了《关于加快构建现代公共文化服务体系的意见》，指出要"提升公共文化服务效能""推进公共文化服务与科技融合发展"。2015年、2016年分别颁布的《国务院关于积极推进互联网＋行动的指导意见》《国家"十三五"规划纲要》中均提出要发展人工智能。2017年《政府工作报告》首次写入人工智能，加强新技术应用，同年，文化部《"十三五"时期全国公共图书馆事业发展规划》中指出要"提高服务效能……提升设施空间利用效率"。2018年1月1日，我国《公共图书馆法》正式施行，将公共图书馆定义为"……提供查询、借阅及相关服务……的公共文化设施"，再次从立法层面强调了公共图书馆作为社会公共文化空间的重要作用和内涵，同时也从国家层面鼓励和支持了科学技术在公共图书馆建设、管理和服务中的应用，大力推动现代信息技术和传播技术在提高公共图书馆的服务效能中的运用。2020年5月，中宣部文改办印发的《关于做好国家文化大数据体系建设工作通知》中明确提出"推进文化和科技深度融合……推动文化数字化成果走向网络化、智能化"。

这一系列的法律、政策的颁布和实施可以看出国家非常重视公共文化服务体系建设中信息技术应用和服务效能的提升，这也为公共图书馆发展带来新机遇，换而言之，与信息技术的融合，将给公共图书馆的馆藏资源建设、信息开放水平、管理理念以及现代化设备的引进和空间再造创造较好的政策环境。

2. 社会环境

随着大数据、互联网、物联网、5G、云计算等新一代信息技术的高速发展，为提高人们的生活质量和社会管理水平，"智慧城市""智慧社会""智慧地球"的建设发展理念应运而生。智慧环境下，人们更注重探索人与社会、人与自然和谐、健康、有序、高效连接的方式和方法，使各类资源能够优化配置，走科学化、品质化发展道路，而以智能技术为代表的新兴技术为此提供了契机，也驱动了新一轮产业革命的进程。如智能技术现已被广泛地运用在医疗、卫生、金融、交通、教育、文化等各领域，使人类社会的生产、生活能够智能感知，精细而高效，这也为公共图书馆的发展指明了前进的方向。公共图书馆在传承人类文明、促进社会发展方面，具有其他公共文化设施所无法代替的功能，它是我国公共文化服务体系中不可或缺的一部分，同时它也是彰显社会公平，促进社会健康有序发展的重要环节之一，致力于为广大人民群众提供普遍、均等、自由、便捷、公益的图书馆资源和服务。近些年，智能书架、智能采编系统、智能盘点机器人、智能温控系统等一系列技术设备被逐步运用于图书馆服务之中，也取得了一定的成效。"十四五"时期公共图书馆更是迎来高质量发展阶段，社会对图书馆事业发展提出了新要求，即推动公共图书馆服务从普遍均等化逐渐向优质均衡化迈进。高质量发展的内涵不仅包括服务的普惠、均等，还强调其服务的高品质、高效能。这就要求公共图书馆的发展能够与社会发展同频共振，动态响应社会需求，将其发展置身于整个社会发展层面，整合资源、空间、服务，提质增效，以充分发挥其社会职能和社会价值。

3.行业环境

随着互联网和信息技术的高速发展，我们可以强烈地感知到其对公共图书馆行业中的传统图书借阅、信息检索、咨询服务都产生了极大的影响。一方面，现如今互联网已深度融入了我们的日常生活及学习当中，其海量资源聚集的优势，及其利用方式方便快捷、宽松自由等特点，使得用户在查找信息时，第一时间会倾向于通过互联网来解决问题。这就改变了传统大众去图书馆查阅信息资源的习惯，长此以往公共图书馆的入馆率、图书借阅量都会随之下降，给实体图书馆服务带来很大挑战。另一方面，随着数字文化建设工程的启动，包括国家"数字图书馆推广工程"和"全国文化信息资源共享工程"在内的一系列数字文化建设工程正在积极推进，公共图书馆信息化、数字化水平随之不断提高，图书馆的服务方式、手段、途径更加丰富多样。如公共图书馆常见的学术类知识服务平台有中国知网、超星读秀学术搜索、万方数据知识服务平台、维普期刊数据库等；还有面向咨询类的参考咨询服务平台及各馆创建的专题或专业类的知识服务平台等，如依托公共数字文化工程的全国图书馆参考咨询联盟平台。在上海图书馆的中国家谱知识服务平台上，市民只需登录相关网站，即可踏上一段探寻中国传统文化根源的旅程；为了满足读者对防疫抗疫知识信息的需求，天津图书馆推出了"抗疫救灾知识服务平台"，为更多的读者提供高质量、专业的防疫抗疫知识信息，使读者能够更加有效地应对疫情挑战，进行自身防护。可想而知，通过数据库平台用户足不出户便可获得图书馆的资源与服务，而我们在为用户提供网络便捷服务的同时，更应考虑图书馆纸本资源、空间资源、专业服务等优势，将其与虚拟资源相互融合，优势互补，综合提高公共图书馆的服务效能。

故随着信息技术、通信技术的快速发展，用户对图书馆服务的需求日益多元化，尤其是对图书馆空间功能服务的数字化、智能化、个性化、人文化需求与日俱增。公共图书馆作为社会大众学习交流和知识分享的重要场所，如何更好地对公共图书馆空间进行科学有效的布局，从而能够更好地满足社会大众的多样化需求，是未来公共图书馆事业发展的重要内容。

（二）研究意义

随着社会各领域智能化应用水平的不断提高，公共图书馆管理与服务也更加智慧化，在构建智慧城市、智慧地球的大背景下，城市要获得高效发展，就必须建立一套高度智能化且可控、可感知的管理服务生态系统，在此背景下，公共图书馆智慧空间的再创造和服务效能的提升需要进行更加深入的探讨和研究，对于公共图书馆的发展实践乃至公共文化服务体系的智慧化发展都有着重大意义。

1. 理论意义

伴随着我国图书馆空间再造实践的探索与发展，图书馆空间再造相关研究呈现出逐年增长的趋势。通过文献调研发现，我国图书馆空间再造相关研究始于 2009 年，2015 年以后年度发文量显著增加，2019 年达到近些年的峰值，这个阶段成为研究的发展繁荣期，该主题理论与实践研究的关注度不断攀升，呈现热点研究趋势。2019 年后相关论文数量趋于平稳，图书馆空间再造相关研究已向成熟阶段过渡。从研究内容上看，主要集中于具体图书馆空间再造实践探索与经验总结；创客空间、信息共享空间等新型空间的建设成果；基于第三空间理论的图书馆服务创新与服务转型；围绕人工智能、"互联网 +"等信息技术应用的智慧图书馆与智慧服务研究。由此可见，图书馆空间再造对于图书馆服务转型与创新发展具有重要的意义，同时信息技术的融入是驱动图书馆空间再造的重要力量。

虽然空间再造研究成果丰富，形成了诸多实践模式可借鉴，但改造起来并不容易，需要一系列的配套支持，公共图书馆的空间再造在人工智能技术的引入下获得了全新的发展机遇。公共图书馆空间再造有现实与虚拟之分，在虚拟空间再造中涉及的语音图像智能识别、知识获取与发现、资源推荐等多种技术服务，都紧密关联于人工智能的深度应用。但目前的研究深度还没有完全表现出它应有的人工智能特征，比如自主学习、智能控制和信息传感方面的人工智能特性还不够显著。本研究注重实体空间与虚拟空间的结合，共同探讨人工智能技术在提高空间再造服务效能上的作用。与此同时，在推进供给侧改革的大背景下，对图书馆服务效能进行深入研究意义深远，而目前将"人工智能""空间再造""效能"结合研究的内容较少，故对这三方面进行综合研究具有一定的现实意义及理论价值。

2. 现实意义

（1）对公共图书馆的意义。微观层面主要体现在公共图书馆空间外在表现形式上，随着智能技术广泛渗透于人们的生产和生活的各个方面，其影响力日益扩大，已成为当今社会不可或缺的重要组成部分，民众也越来越依赖智慧化的场景服务和强调知识的共建共享，公共图书馆的空间再造也势必迎来智慧化建设，这也是其对用户开展高质量服务的基础。智慧化馆舍空间建设应体现"以用户为中心"，通过应用智能化理念、技术、设施设备等手段，将图书馆的资源、服务、用户有效地连接起来，使服务更具人性化，力求打造出一个友好型知识共享环境。

狭义上来说，图书馆对智能空间的探索大体分为两类：①基于原有馆舍空间内开辟一定的空间来作为智能空间（名称略有不同）的探索，如暨南大学图书馆、广州图书馆、上海交通大学图书馆、辽宁省图书馆等都设有智能空间，大都是以馆内知识库（馆内纸质及数据库资源）、互联网及计算机软硬件设施为基础和依托，实现一站式服务，满足读者（包括个人、小组和学术团队）的各种活动需求。②24 小时智能自助图书馆。许多省市的街区都设有智能社区图书馆，如重庆市九龙坡区图书馆，就是内置人脸识别技术、读者行为分析、智能监控技术，智能分拣及 RFID 智能设备等新系统的全智能化图书馆，可以极大地提升用户体验。

图书馆智能空间再造从三维空间的角度重塑了图书馆的功能与服务，延伸了服务的广度和深度，并深化了空间的内涵与价值。随着人工智能等新兴技术的发展，图书馆空间服务得到了更加广泛的拓展和创新，进一步构建了"以人为本，虚实融合"这一新型空间形态，使图书馆智能空间不断向着多元、开放、共享和包容的方向持续发展。其意义具体而言包括：①助推服务转型：基于新型技术，推动图书馆智慧化变革、构建全新数字人文环境、优化空间布局模式等方面的发展，促进智慧化图书馆空间服务转型升级。实现以人工智能为基础,对公共图书馆空间进行再造,从而推动其向文化综合体方向发展,为公共图书馆的转型提供全新的服务方式和手段,注入新的动力。②提升服务效能:在供给侧改革的背景下,我国公共图书馆事业面临着日益增长的庞大体量,以及公共文化服务体系构建不完善、服务效能低下等问题,以人工智能为基础进行空间再造,将为公共图书馆破解以上难题,并带来新的发展契机。

(2)对社会的意义。第一,推动社会经济发展。在经济全球化、信息化深度发展和"大众创业,万众创新"的时代大背景下,公共图书馆不仅要提供书籍和信息,也要提供具有创新性和能够促进创新的工具和空间,以满足读者的知识信息需求。例如公共图书馆的众创空间这种新兴服务模式,在信息技术和人工智能技术的广泛应用和支持下,为社会经济发展和产业升级提供了强有力的推动力,从而提升了其社会价值。

第二,推动全民阅读。公共图书馆作为国家倡导全民阅读的重要实践场所,应当在全民阅读任务中肩负起重要的责任。利用人工智能进行空间再造,可使公共图书馆信息服务更加高效、便捷,使用户真正感受到新时代公共图书馆信息服务的可获得感,进一步提升读者到馆率,促进图书馆资源的有效利用,从而推动全民阅读的普及。与此同时,由于我国公共图书馆服务体系建设还存在着区域之间的不平衡的问题,而基于人工智能等信息技术的应用,可以重新塑造图书馆的功能与服务,消除信息鸿沟,彰显公共图书馆普遍、均等、包容的职能。

二、研究理论基础

随着信息技术的不断发展,公共图书馆服务理念也随之转变,图书馆的空间资源,作为图书馆存在和发展的载体,在经历了从传统图书馆到数字图书馆以后,呈现了许多新的需求,其中最重要的就是人的需求。基于人工智能的图书馆空间改造是一项多学科交叉的研究问题，不仅包括图书馆学、情报学、计算机科学、建筑学，还包括社会学等人文学科领域。在图书馆空间改造的相关研究中，要将多学科领域相关理论进行深入研究并充分融合，才能总结出具体实施路径，指导公共图书馆进行合理化的智能空间再造。

（一）智慧城市理论

由 IBM 商业价值研究院撰写的《智慧地球》一书中指出，智慧地球的核心是以一种更智慧的方法通过利用新一代信息技术来改变政府、公司和人们相互交互的方式，以便提高交互的明确性、效率、灵活性和响应速度。欧盟委员会在《欧盟智慧城市报告》中第一次对"智慧城市"进行了定义：智慧城市可以从六大坐标维度来认识，即智慧经济、智慧流动、智慧环境、智慧人群、智慧居住和智慧管理。智慧城市按建设过程可分为三个阶段：第一阶段为前智慧城市阶段，主要是信息基础设施的建设；第二阶段为智慧城市的初级阶段，主要是无所不在的服务，即泛在的城市；第三阶段为智慧城市的高级阶段，指整合、惠民、绿色，注重社会、环境与管理。智慧城市的实践在于技术城市化，通过系统平台，将智能技术应用在面向社会群体的公共服务各个环节之中。张小娟认为，智慧城市以人工智能等新兴技术和人的智慧为手段，对城市资源进行整合优化配置，让城市在运行发展过程中能够实现全面感知互联和智能融合应用，从而推动全社会的创新和可持续发展。郭骅等认为，智慧城市数据运营中心是运行载体，是智慧城市系统的核心，可以使城市管理者能够对问题进行预期判断，主动做出应对反应。2017 年，党的十九大报告中明确提出，我国正在加快建设创新型国家，建设科技强国数字中国、智慧社会。根据世界各国智慧城市建设经验，结合我国各地实际情况，开辟出一条具有中国特色的智慧城市之路，这对我国深化改革开放、加速经济发展有着深刻意义。

（二）智慧图书馆理论

随着技术的发展，人们的阅读方式日趋便利，对公共图书馆提供的服务要求在不断提升。在建设智慧城市的背景下，智能互联正在驱动图书馆升级转型。为了适应时代需要，公共图书馆必须改革与创新，应用人工智能技术建设智慧图书馆，是每个公共图书馆向新时代发展的必由之路。初景利等认为，智慧图书馆是数字图书馆、移动图书馆、第三代图书馆和新型图书馆的核心内涵，是未来图书馆的主导模式与最高形态。

王世伟认为，智慧图书馆是以数字化、网络化和智能化作为技术基础，随着信息技术不断更新迭代而不断升级的过程。当前图书馆面临的挑战，是图书馆自身的服务效能和管理效益需要以技术创新转型的方式来提升。建设智慧图书馆的最终目的是通过智能设备为用户提供智慧服务，将知识转化为生产力的服务，从而提升图书馆服务效能。

（三）情景感知相关理论

近几年移动互联网技术高速发展，5G 信息技术逐渐成熟、移动智能终端设备高度普及，用户主要依靠移动终端设备获取信息资源。为满足客户的多元、多变的知识需求，知识服务机构应满足用户在移动的环境下高效获取信息资源。目前，针对情景感知理论普遍认为情景即是实体所处状态的位置、时间、偏好等社会信息。在移动互联网高速发展的背景下，情景感知理论被认为是通过智能传感设备，运用相关智能技术使设备能够自动"感知"用户当前的情景变化，从而将服务主动推送给用户的智慧化方式。公共图书馆作为重要的公共文化服务机构及知识服务机构，在建设智慧图书馆时，应充分建立在情景感知环境下，利用 RFID 等传感技术，注重应用情景的变化，利用移动视觉搜索服务进行分析，为读者提供知识服务，提高服务效能。本研究以"情景感知理论"为基

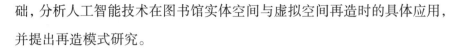

础，分析人工智能技术在图书馆实体空间与虚拟空间再造时的具体应用，并提出再造模式研究。

（四）公共阅读空间理论

由张春红主编的《新技术、图书馆空间与服务》一书中提出，空间理论分为维度空间理论（图书馆是一个有形物理空间和无形虚拟空间的多维空间）、亨利·列斐伏尔的空间理论（空间具有社会性，是随着社会生活变化无限生产，对图书馆空间演变进程有着重要的解释意义）、吉尔·德勒兹的空间理论（图书馆是由数字媒介开启的多元、互动的光滑空间和读者群体、空间布局、图书资料等结构化的条纹空间共同组成的混合体）、皮埃尔·布迪厄的场域理论（现代社会中相对自主的社会形态构成了不同的场域，图书馆作为一个独特的场域有着特殊的文化意义）。

公共图书馆作为公共文化服务体系中的重要组成部分，起到了文化教育作用。在公共图书馆里，公共阅读空间是它的主要服务载体，绝大多数的文化教育活动都在其有形的空间内完成。美国社会学家欧登伯格提出的"第三空间"理论，认为"第三空间"是公共交流的地方。而公共图书馆正符合这种要求：自由、平等、开放。公共图书馆将提供人与人、人与知识的交流空间，可以满足人们的社会交往需求。"第三空间"理念是在保证公共图书馆原有空间结构的基础上，打造开放、包容、多元的文化空间，实现与社区多元空间主体的价值互补和精神互动。图书馆空间形态的多元创新，为异质性居民的异质性文化需求提供了包容多元的文化体验场景。泛在空间理论是随着数字图书馆发展而产生的新理论。图书馆的泛在空间是由互联网、硬件设施、信息资源等构成的，一个无处不在的阅读空间，任何人、任何时间、任何地点都可以获取任意资源。

（五）知识创造理论

知识管理理论之父野中郁次郎教授将知识管理定义为：在组织内持续创造新知识、广泛地传播这种知识并迅速地将其体现在新产品服务、新技术和新系统上的过程。他在《创造知识的企业》中指出，创新是通过个人的暗默知识和形式知识相互转换，形成的"知识螺旋运动"。知识创造理论强调社会化（Socialization）、外化（Externalization）、组合（Combination）和内化（Internalization）4 个循环演进的核心环节。从知识创造的 SECI 模型可以发现，其中的社会化（Socialization）、外化（Externalization）和组合（Combination）3 个核心环节，都涉及不同实体之间知识的传播与共享。在此过程中，创造新知识与个体信念、场所空间、组织沟通、其他投入等息息相关，其中"场所空间"为"知识螺旋运动"持续进行下去提供发生场所。公共图书馆是城市重要的公共文化空间，是"知识创造"的重要场所。基于知识创造理论，公共图书馆在空间设计（再造）时，应满足学习、社交、聚焦、协作这四种空间模式需求，为"知识创造者"提供良好的"场所空间"。公共图书馆面向创客提供的集多功能于一体的创客空间就是"知识创造理论"的重要空间产物，它不仅能够促进多元文化群体的交流交融，还为创客们发明创造、知识创新提供了重要的场所空间。

（六）建筑改造理论

建筑空间是公共图书馆事业发展和服务的基础，建筑空间设计与研究是一项紧随公共图书馆事业发展而不断更新的系统性工程。钟伟在《略论中外公共图书馆建筑空间设计的六大理念与实践》中提出，公共图书馆建筑空间设计有六大理念：（1）人文关怀理念；（2）开放包容理念；（3）绿色环保理念；（4）现代时尚理念；（5）创新发展理念；（6）可持续发展理念。其中可持续发展理念至关重要，公共图书馆要不断适应时代发展需要，不仅要适应当下，还要便于日后空间及建筑的再造，将图书馆建造成一个有利于社会文化发展的可持续性建筑。公共图书馆建筑改造可分为馆内局部空间再造和原址改扩建。前者指内部空间因服务方式的变化而进行再造，实则为装饰装修；后者为整体改变建筑物实际结构。在对图书馆进行建筑改造时，首先应对既有建筑进行综合评估，分析现有建筑的结构、承重能力等技术指标，最大限度对原建筑进行合理保留，实现空间的可持续发展。

（七）图书馆服务评价理论

齐向华在《图书馆服务质量评价及要素研究》一文中指出，图书馆的服务评价主要是指服务质量评价，它是基于读者用户的感知评价，而用户的评判标准及知识背景大不相同，直接影响评价结果，有失公平，而图书馆的纵向比较，即可针对同一服务的不同时期而进行评价，根据同一用户的反馈，而不断改进服务质量，对图书馆的未来建设起着至关重要的作用。南京大学叶继元教授提出的"全评价"体系认为，有组织的学术评价体系至少由评价主体、评价客体、评价目的、评价方法、评价标准及指标、评价制度，这六个要素组成。图书馆工作的评价主体主要为文化主管部门、图书馆、读者或第三方测评机构，是需要主导此次评价活动的单位或个人，对评价结果存在主观差异性；图书馆工作的评价客体主要是指需要评价的具体事件，或活动过程，内容组成较为复杂；图书馆工作的评价目的，是指该项工作所要达到的预期目标，满足读者需求，决定了此项工作的发展方向；图书馆工作的评价方法是指评价过程中需要采用哪种评价工具，如专家意见法、数学统计分析法、加权求和评分法、因果评价法等，恰当的工具选用决定了评价结果的客观性；图书馆工作的评价标准及指标，是在评价过程中需要遵循的基本准则，要有科学、准确、细化的指标体系及评分标准，他决定了此次评价工作的科学性和可操作性，需要工作人员进行反复论证；图书馆工作的评价制度是保障此次评价工作公正运行的前提和基础，应包括管理制度、监督检查制度、激励奖励制度等，确保整个工作环节的有据可查、合理合规。该评价体系具有较高的可靠性和可行性，在图书馆诸多领域内，如阅读推广效果、网站服务效果、学科馆藏评价等工作中多次应用，对了解读者用户体验感、提升图书馆服务质量有着一定的帮助。

第二章 图书馆空间再造与效能评价的理论进展

一、相关概念

（一）人工智能

1956 年，计算机科学家约翰·麦卡锡在一次会议上正式提出"人工智能"这一词语，意指让机器以更智能的方式参与到人们的生活之中。人工智能是计算机学科的一个重要分支，自 20 世纪 70 年代以来，与空间技术、能源技术并称为世界三大尖端技术。多年来，人们对人工智能的理解也因人而异，发展了两种不同的学派。一个学派认为，人造物是否使用与人类相同的方式执行任务无关紧要，唯一的标准就是程序能够正确执行，得到令人满意的执行结果，这种方法称为"弱"人工智能。另一学派认为，当人造物发展智能行为时，它的表现应基于人类所使用的相同方法，例如模拟人的听觉系统来成功地获得听觉，这被称为"强"人工智能。从目前人工智能的总体发展来看，人类仅掌握了"弱"人工智能技术，"强"人工智能尚未实现，在人们的学习生活中，人工智能技术更多地体现在，通过预定的程序进行智能识别、智能服务等，极大地提升了人们生活的舒适度。

近年来，人工智能技术获得了迅速的发展，在很多行业和领域都获得了广泛应用，并取得了丰硕的成果，为人们的学习和生活带来了诸多便利。从 20 世纪 70 年代以来，人工智能技术逐渐被引入到图书馆领域，1997 年主题为"智能化图书馆建筑"的国际图联会前会介绍了世界各地现代化及智能化较有特色的图书馆。2017年，《新地平线报告2017年图书馆版》将人工智能列为图书馆界的六大技术发展之一，《再议图书馆发展的十个热门话题》中对人工智能技术在图书馆中的应用做了重要的展望。人工智能的兴起与发展，为智慧图书馆建设提供了重要的技术支持。

（二）公共图书馆空间再造

公共图书馆是人类社会文明发展的产物，担负着为科学研究服务和为大众服务的双重任务。国际图联1975年将公共图书馆的社会职能概括为：（1）保存人类文化遗产；（2）开展社会教育；（3）传递科学信息；（4）开发智力资源。随着社会日益发展，人们生活水平的逐渐提高，对公共图书馆的需求也在不断变化，公共图书馆的社会职能也在随之变化。吴建中在《走向第三代图书馆》一文中提出，现代图书馆从以藏书资源为中心的第一代图书馆，到以开放借阅业务为中心的第二代图书馆，正在走向以人为本、服务为中心的第三代图书馆。"空间再造"的概念来源于建筑学，本意是把原有建筑的内部空间和外部空间进行改造和重塑，使旧建筑空间拥有新的功能。公共图书馆通过对空间的重新塑造而获取新的功能、履行社会责任，是图书馆完成战略转型与超越的关键，这就是公共图书馆空间再造。

为了研究国内学者对公共图书馆空间再造的研究情况，笔者通过中国知网（CNKI）以"图书馆空间再造"为主题词进行检索，截至2022年12月，共检索到相关文献471篇，其中有关公共图书馆的文献为105篇。由此可以看出，国内学者对公共图书馆空间再造研究较少，主要以高校图书馆为主。因用户的阅读习惯的改变（从纸质阅读到数字阅读），以及借阅方式更加便利（流动图书车、信用借阅、自助借还机等），全球公共图书馆的到馆读者数及借阅册次呈下降趋势，而图书馆空间也以藏书空间转变为阅读、学习、休闲娱乐空间。王辉认为，公共图书馆进行空间再造主要指运用新科学技术，根据图书馆发展和用户的文化需求，构建图书馆从传统的以藏书和借阅为主的藏书空间转变为以用户为中心的、多功能实用化兼具的新型阅读空间。《中华人民共和国公共图书馆法》在第四章服务中强调，公共图书馆除了要提供必要的借阅服务以外，还要提供自习、讲座、阅读推广、培训、展览等体现"平等、开放、共享"理念的公益性服务。公共图书馆将通过空间再造的方式，打破传统格局，将以书为中心转变为以人为中心，满足不同用户的阅读、服务需求，提升公共图书馆的服务效能。

公共图书馆空间再造改变的不仅是物理空间，更重要的是关注用户对空间的体验、参与和感知，从而对服务方式进行根本性的改变。现阶段，公共图书馆空间再造的目的，已不局限于被动地提升阅读环境的舒适感，而是要充分利用现代化人工智能技术，从用户需求出发，对图书馆建筑的物理空间性能和网络虚拟空间进行完善与改造，为用户提供主动性的智慧阅读服务。

（三）"人工智能+空间"与公共图书馆的智能空间

《中华人民共和国公共图书馆法》中第一章第八条中指出：国家鼓励和支持发挥科技在公共图书馆建设、管理和服务中的作用，推动运用现代信息技术和传播技术，提高公共图书馆的服务效能。笔者通过知网（CNKI）以"人工智能"+"空间"+"公共图书馆"为主题词检索，截至2022年6月共检索出64篇有效文献。将人工智能技术应用到公共图书馆空间中，以此来创新空间的服务内容、提升空间服务效能，即为公共图书馆智能空间。在人工智能使用及创新中，应该结合图书馆现代管理方式，进行服务体系的整合以及共享空间模式的创设，展现出全新的多媒体服务需求，并为读者提供全方位的服务体验，为现代图书馆工作的创新提供保障。随着5G技术带来的高速率、低时延的网络连接与物联网收集到的海量数据相结合，再由人工智能技术提供语境化和决策能力，为图书馆智能空间的发展

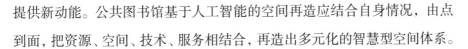

提供新动能。公共图书馆基于人工智能的空间再造应结合自身情况，由点到面，把资源、空间、技术、服务相结合，再造出多元化的智慧型空间体系。

（四）公共图书馆服务效能

效能，包含能力、效率、质量、效益等要素。能力是指完成一项目标或者任务所体现出来的综合素质；效率是指单位时间内完成的工作量、生产率；质量是指工作完成情况；效益是指劳动消耗与劳动成果的比较、投入与产出的比率。2023 年新修订的《公共图书馆服务规范》（GB/T 28220-2023）中，将服务效能定义为"公共图书馆投入的服务资源在满足社会公众对公共图书馆服务需求中体现的能力和效率"。公共图书馆投入的服务资源主要指开展服务过程中所拥有的物力、人力、财力等各种物质要素；公共图书馆服务需求主要指能力满足社会公众日益增长的知识、信息及相关文化活动需求的工作。综上所述，公共图书馆的服务效能，是指公共图书馆集合馆舍设施、文献资源、专业人员、技术手段、投入资金等各种硬件和软件条件，通过科学布局，优化政策，组织资源，专业策划，为用户提供符合需求、均等化、专业化服务的程度，更是公共图书馆履行使命的程度。公共图书馆效能评价不单以图书借阅量为主要指标，而是更加注重阅读推广、数字阅读、参考咨询、读者满意度等。服务效能的高低，主要取决于资源量与利用率，管理统筹的服务能力，读者获取度和满意度几者之间的关系，提升服务效能是我国图书馆高质量发展的重要内容和具体表现。

文化部每四年开展一次全国公共图书馆评估定级工作，截至 2023 年已开展 7 次。每次评估定级指标都在变化，其中服务效能比重在逐步增加。公共图书馆服务效能可从每年财政投入与到馆人次、每年馆员平均接待人次、每年文献借阅流通册次、平均每场阅读推广活动参与读者人次等几个维度衡量。随着数字化的发展，第六次图书馆评估标准"服务效能"部分，增加了"新媒体服务""服务管理与创新"的指标，是新时期国家对公共图书馆工作的新要求，符合时代进步的特征。公共图书馆只有不断进行服务创新，才能不断满足人们日益增长的精神文化需求，适应时代变化。

二、理论进展

（一）"公共图书馆+空间再造"相关研究

公共图书馆作为大众学习交流最为活跃的场所空间之一，图书馆人一直在思考如何实现图书馆发展与时代发展、用户个人发展同频共振的命题。近年来，空间再造已成为图书馆发展和转型的重要研究方向。

在国外，相关专家学者从 20 世纪八九十年代就开始对图书馆空间服务的理论与实践进行了探索，近些年研究内容不断深化。在社会学家雷·欧登伯格（Ray Oldenburg）提出的"第三空间"理念的启示下，国内外许多空间理论研究从"第三空间"的理论出发，得到了新的认识和理解，公共图书馆的空间被延伸出更多的内涵。《新媒体联盟地平线报告（图书馆版）》（2015—2019）中强调，"图书馆空间重构与再造是应对图书馆转型挑战的有效途径"；2021 年，在国际图联（IFLA）发表的《趋势报告》中探讨的 20 个可能在未来 10 年内对图书馆领域产生影响的趋势，其中就提到了"实体空间的回归"。实践方面，近十年来国外图书馆空间再造也迎来一个热潮，如美国公共图书馆从 2011 年开始逐步深入研究、探索"创客空间"这一概念，费耶特维尔公共图书馆建立了首个"创客空间"，在父母教育技能、青少年学习技能、青年职业规划技能等方面提供培训，充分发挥了公共图书馆公共文化机构职能。克利夫兰公共图书馆成立了一个名为 Tech Central 的创新技术和学习中心，为其自身及其分馆提供丰富的技术支持服务，同时为社区提供技术培训类课程，以及提供学习、交流、创业空间。

针对国内关于公共图书馆空间再造的研究情况，本研究以中国知网

（CNKI）的期刊数据为数据检索源，采用"主题=（'公共图书馆空间再造'）OR 主题=（'公共图书馆第三空间'）"作为检索式进行专业检索，将时间范围限定到 2023 年 7 月。为了尽可能降低研究误差，笔者对检索结果进行了仔细整理，手动剔除了与公共图书馆空间再造无关或相关度较低的各种文献信息，最终获得了 160 篇有效文献。

1. 年发文量与发文趋势

在分析发文量与发文趋势时，我们需注意数据的完整性。由于到目前为止，相关论文在 2023 年尚未完全发表，因此我们未将 2023 年的文章纳入统计范围。从年发文量的曲线图中，如图 2-1 所示，我们可以清晰地观察到国内关于公共图书馆空间再造的研究始于 2011 年。在 2011 年至 2013 年期间，相关论文的发文量逐步增加，这表明了这个时间段内公共图书馆空间再造研究受到了关注。进一步观察 2013 年至 2022 年的时间段，我们可以发现相关论文的发文量存在一定的波动，尽管在 2016 年和 2022 年发文量为 8 篇，但其他年份的年发文量均保持在 10 篇以上，这体现出国内关于公共图书馆空间改造的研究正处于一个相对稳定的发展阶段。

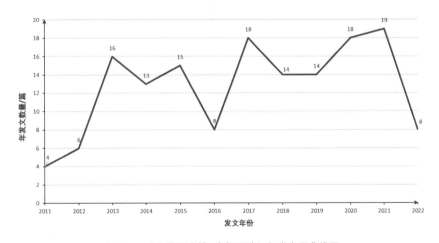

图2-1 "公共图书馆+空间再造"年发文量曲线图

此外，笔者还对公共图书馆空间再造相关论文的年度累计发文量进行了统计分析。为了描绘公共图书馆空间再造研究的发展趋势，本研究运用了 Excel 提供的多项式函数进行拟合，并生成了相应的曲线图（见图2-2）。通过仔细观察趋势线的曲线走势，研究者能够判断论文发表量的增长速度。这有助于研究者更好地把握该领域的发展状况和变化趋势。笔者进行了多个阶数的尝试，通过比较拟合线与实际数据的契合程度，最终笔者发现3次多项式的拟合效果较好，R 平方值达到 0.9977，其拟合公式为 $y = -0.0258x^3 + 0.7276x^2 + 8.4713x - 6.3232$，其中 y 为累计发文量，x 为发文年份。

通过图2-2的拟合曲线图，我们可以看出在未来几年内国内有关公共图书馆空间再造的累计发文量仍呈现不断上升趋势，说明这一领域的研究热度会持续一段时间，今后会有更多学者研究这一领域，并运用更加多样化的视角进行学术研究，推进学术成果不断增加。

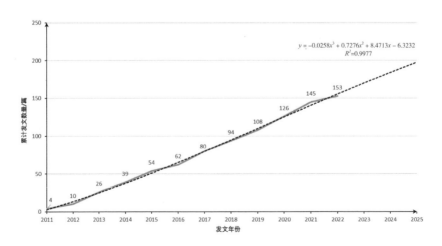

图2-2　"公共图书馆+空间再造"相关论文累计发文量趋势拟合曲线图

2. 核心作者和机构分析

目前，国内有关公共图书馆空间再造领域学者的最高发文量为3篇，根据前文所提到的普赖斯定律 $M=0.749（N_{max}）1/2$，可知 $N_{max}=3$，所以 M 的值计算取整后为 1 篇，因此发文量高于 1 篇的可以认为是核心作者。笔者经过统计公共图书馆空间再造这一领域的发文量，发现发文量超过 1 篇的学者有 12 位，结果如表 2-1 所示。

表2-1 "公共图书馆+空间再造"研究领域核心作者

序号	作者	发文数量
1	冯天宇	3
2	姚雪梅	3
3	王天泥	3
4	刘妍	2
5	刘静静	2
6	卢致尤	2
7	张丹	2
8	明月辉	2
9	王筱雯	2
10	芦艺	2
11	范红	2
12	钟伟	2

从表 2-1 的数据可以得出，当前国内公共图书馆空间再造研究领域的重要贡献者包括冯天宇、姚雪梅以及王天泥。因此，在深入了解该研究领域的发展动态和前沿内容时，有必要特别关注这些学者的工作成果。在数据分析的过程中，笔者发现这 12 位核心作者的论文发表数量共计 27 篇，占到了样本总数的 16.875%。这反映出目前核心作者的数量相对较为有限，该研究领域整体发展程度较低。

笔者运用同样的方法统计该研究领域的核心发文机构，根据普赖斯定律的计算公式：$M=0.749（N_{max}）1/2$，其中 N_{max} 值为 11 篇，M 的值计算取整后为 2 篇，即发文量大于 2 篇的机构为该研究领域的核心机构。根

据表2-2的数据可得知，辽宁省图书馆、广州图书馆、南京图书馆等共计
8个机构是该研究领域的核心发文机构。其中，辽宁省图书馆的相关发文
量高达11篇，这体现出辽宁省图书馆对该研究领域的关注程度较高，较
为重视公共图书馆的空间再造。值得注意的是，这些核心发文机构均为各
省市的公共图书馆，这一事实表明我国公共图书馆空间再造研究领域的学
者主要来自于这一专业领域。这些核心研究机构有着较为丰富的学术成果，
不仅体现了它们在公共图书馆空间再造领域内的学术地位和学术影响，同
时这些成果也为将来投身于该领域研究的学者们提供了珍贵的经验和丰富
的研究素材。

表2-2　"公共图书馆+人工智能"研究领域核心机构

序号	机构名称	机构发文量
1	辽宁省图书馆	11
2	广州图书馆	7
3	南京图书馆	4
4	深圳图书馆	4
5	郑州图书馆	4
6	东莞图书馆	3
7	太原市图书馆	3
8	长春图书馆	3

3. "公共图书馆 + 空间再造" 研究热点分析

笔者采用 Citespace 软件的关键词聚类功能，对国内公共图书馆空间再
造领域的研究热点进行了深入分析。本次关键词聚类的模块指数 Q 为 0.545
（>0.3），轮廓指数 S 为 0.8969（>0.5），这表明所进行的聚类分析取得
了良好的效果。最终，我们得到了 7 个具有独特主题的聚类群组（见图
2-3），包括空间再造、第三空间、图书馆、文化空间、人工智能、未成
年和用户服务。通过运用 LSI 算法，笔者进一步从每个聚类主题中提取了

最具代表性的关键词，将结果汇总整理如表 2-3 所示。

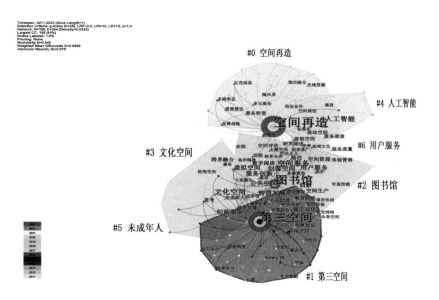

图2-3 "公共图书馆+空间再造"研究关键词聚类图

表2-3 "公共图书馆+空间再造"研究关键词聚类内容

聚类标签	规模	平均年份	所含关键词
空间再造	40	2019	空间再造；公共图书馆；协同理论；区域协作；创客运动；图书馆空间；服务转型；多维表征；发展战略；空间五要素
第三空间	39	2014	第三空间；空间体验；空间布局；空间服务；公共图书馆；空间服务；社交网络；社会教育
图书馆	32	2017	空间再造；地域文化；转型发展；创客空间；公共图书馆；数字阅读
文化空间	15	2016	文化空间；虚拟空间；服务创新；物理空间；创新服务；rfid技术；云计算平台；智慧图书馆
人工智能	9	2019	人工智能；公共图书馆；效能提升；空间再造
未成年	8	2014	未成年人；公共图书馆；城市的第三空间；跨界合作；阅读休闲空间；公共空间；空间再造
用户服务	8	2017	空间服务；阅读推广；用户服务；服务流质；流动空间；服务流量

笔者根据关键词聚类标签和聚类内容，再结合各学者的相关研究内容，梳理总结了目前公共图书馆空间再造领域研究的热点内容，主要包括以下七个方面：

（1）公共图书馆空间再造理论研究。公共图书馆空间再造理论研究是这一研究领域的重要研究内容。主要是对公共图书馆空间的构思、设计和改造进行理论层面的探讨。公共图书馆空间再造的概念与范围界定是国内众多学者探讨的内容，通过公共图书馆空间再造的概念以及研究的范围进行界定，以便后续研究的开展。其次，公共图书馆空间再造的原则与理念也是理论研究的重要方面，不同学者从不同的理论视角对公共图书馆空间再造进行研究，如可持续发展理论、信息资源建设理论等。学者刘静静从协同理论的角度来研究公共图书馆空间再造，她指出协同是区域协作与公共图书馆空间再造的必要条件，在区域协作与公共图书馆空间再造中，区域内各个公共图书馆子系统围绕空间再造的共同目标进行有效、合理的相互配合与协作，自然会产生"1+1>2"的协同效应。跨学科交叉研究也是公共图书馆空间再造理论研究的重要方法，通过不同学科领域，结合建筑学，研究者可以讨论基于用户体验的设计原则，如布局、灯光设计等，以优化空间的可用性和吸引力；结合社会学，研究人员可能考察社会文化因素对公共图书馆空间再造的影响，如城市发展、社会变迁、文化多样性等等，从不同角度深入探讨空间再造的问题。

（2）公共图书馆空间设计与布局研究。公共图书馆空间再造研究中，空间设计与布局是不可忽视的关键方向。通过重新规划、设计和布局公共图书馆的内部和外部环境，旨在打造更富吸引力和实用性的图书馆，从而提升读者体验、促进知识传播和用户互动。在这个领域，公共图书馆被赋予了多种功能区域，如阅读区、学习区等，研究侧重于对这些功能区域的精心设计和合理布局，以确保区域之间的流畅转换，同时满足各类读者的个性需求。公共图书馆在举办各类讲座、展览等活动方面也扮演着重要角色。为了适应这些不同类型的活动，研究者探索创造多功能性区域的设计，以使其兼容各种需求。然而，与空间设计同等重要的是，读者的积极参与也是至关重要的。图书馆将读者的意见和参与融入到空间设计过程中，以保持以读者为中心的服务理念。这不仅使得空间设计更加贴合读者需求，也为读者创造了更为舒适和愉悦的环境。这一领域的研究为创造更为活跃和功能丰富的图书馆空间提供了重要的理论指导和实践支持。

（3）公共图书馆转型发展研究。公共图书馆转型发展研究关注公共图书馆在新的时代背景下，如何进行创新和改革，以适应不断变化的社会需求和信息技术发展。相关研究主要探讨公共图书馆的转型背景、服务模式的创新以及社会变迁下公共图书馆所扮演的角色。转型背景方面，彭松林提出了省级图书馆"十四五"期间转型发展的五个宏观背景，它们分别是：文化自信引领中华优秀传统文化实现"双创"；全民阅读任重道远；公共服务需求井喷；公众信息素养教育缺口亟待补全；图书馆向智慧图书馆转型加速。服务模式创新方面，主要研究数字化时代下，公共图书馆改进和创新服务模式，以适应不断变化的社会环境和读者的多样化需求。数智时代，公共图书馆面临着更高的期望，需要重新思考如何将传统服务模式与现代技术有机结合，以提供更富有创意和适应性的服务，如虚拟参观体验、远程图书借阅和数字化学习平台等。

（4）公共图书馆实体和虚拟空间再造研究。公共图书馆的空间再造可以划分为两个主要方面：一是对现实空间进行再造，二是对虚拟空间进行再造。

实体空间再造。公共图书馆实体空间再造研究主要体现在优化公共图书馆的空间环境方面。通过改造实体空间从而改善图书馆的藏书与借阅环境，特别是随着图书馆信息化、网络化、智能化水平的不断提高，其空间服务环境也更具人性化，用户体验感更好。如许多公共图书馆通过应用 5G 信息通信技术、物联网技术、大数据技术等，实现图书资源的自动盘点、自动采集，读者身份识别、实时监控等；同时还可以实现馆内的温度、湿度、照明等的智能调控。除此之外，图书馆逐渐意识到不仅要为读者提供专业的馆藏资源，还应为他们提供可以激发其创新的工具和思维的空间，将传统阅读与体验式服务有机结合，注重"体验式阅读"服务，如提供 3D 打印服务、移动设备体验，以及 3D 电影、VR 体验等多种服务。

虚拟空间再造。公共图书馆虚拟空间再造研究关注如何在数字化时代，将实体图书馆与虚拟空间相结合，以提供更丰富的服务和资源，同时扩展图书馆的影响力辐射力。这一领域的研究涉及到如何利用虚拟技术，创造在线资源和数字交互，为读者提供更多元化的学习和知识传播方式，比如数字化资源展示，将实体图书馆的资源数字化展示在虚拟空间中，为读者提供在线浏览和检索。

（5）人工智能在公共图书馆空间再造中的应用研究。人工智能是目前公共图书馆空间再造研究领域的一个热点话题，研究人员主要探究如何利用人工智能技术，改善图书馆的空间设计、服务效率和用户体验。该层面的研究旨在将人工智能与图书馆的空间再造相结合，以创造更智能化、便捷和个性化的图书馆环境。当下，人工智能技术的广泛应用已经深刻地改变了传统图书馆的服务方式，主要体现在基本服务和深层次服务两方面：①基本服务。公共图书馆以人工智能等前沿技术为基础，开发智能身份认证、自助借阅图书、馆内（AR、VR）导航等馆内基本服务，满足用户基础服务需求，减轻工作人员压力，使其能够更加专注地提供更深层次的服务，进而提升服务效率。②深层次服务。通过运用人工智能技术，如大数据、知识挖掘、自然语言处理等，不仅能够巩固图书馆的传统服务，提升传统服务效率，更是打磨公共图书馆核心竞争力、提升公共图书馆行业地位的关键所在。随着图书馆的不断发展，逐步实现知识咨询、个性化推荐、信息检索智能化等深层次服务功能，已成为图书馆向更高层次迈进的必然追求。

（6）公共图书馆空间再造与未成年人研究。在公共图书馆空间再造研究过程中，较多学者也关注到未成年人阅读空间的再造。未成年人是公共图书馆的重要读者用户，学者们研究如何通过重新设计和改造图书馆空间，创造更适合未成年人学习、阅读和社交的环境，以提升图书馆在儿童和青少年读者中的影响力，鼓励他们培养阅读兴趣、学习能力和创造力。学者王泽宇指出，目前少儿馆空间存在的问题主要有三个，即设计理念单一、缺少多元文化空间以及服务方式落后。随后他从五个维度提出了少儿馆空间再造策略，这五个策略分别是：结合地方特色和场馆特点进行精准定位；以人为本，多功能分区；提高馆员服务能力；鼓励读者参与；建立反馈机制，适时评估再造。随着时代发展，数字化儿童图书馆的概念也被提出，研究者探讨如何在虚拟空间中建立数字化儿童图书馆，为儿童提供在线阅读和学习资源。

（7）公共图书馆空间再造与用户服务研究。社会在不断变革，科技和文化的进步正在重塑人们的学习和信息获取方式。公共图书馆需要通过重新设计和改造空间，以及创新的服务模式，适应这些变革，保持与时俱进。此外，不同年龄、背景和兴趣的用户对图书馆的需求各异。学者蔡紫嫣、陈雅提出，随着时代理念和人们需求的变化，图书馆已经从"书本位"转向了"人本位"，即在图书馆建设和运营过程中坚持"以人为本"的理念。目前国内公共图书馆空间再造与用户服务研究关注点主要包括服务流程优化、自助服务设施、个性化服务、用户参与和反馈、数字化服务创新等几个方面。通过用户服务研究，可以更好地了解用户需求，提供个性化、多元化的服务和空间设计，提升图书馆的服务质量，使得公共图书馆能够更好地满足读者的各类需求，提供丰富多样的文化服务。

（二）"公共图书馆+人工智能"研究

以中国知网的学术期刊为数据来源，对文献进行专业检索，检索式为：题名＝"公共图书馆"AND 题名＝"人工智能"，时间截至为 2023 年 7 月，检索结果为 212 条，剔除不相关的文献后，最终得到符合要求的检索结果 185 条。研究借助 Citspaces 6.2R2 软件，对我国公共图书馆人工智能的文献特征、研究热点以及发展趋势等用知识图谱的方法可视化，并对内容进行深层次分析。

1. 年发文量与发文趋势分析

在发文量与发文趋势分析中，为了保存数据的完整性，因 2023 年相关论文还未发表完，所以 2023 年的文章未纳入统计中。从图 2-4 的发文量我们可以发现，2016 年之后公共图书馆的人工智能研究才真正开始起步，一直到 2022 年都属于稳步上升阶段，在 2020 年出现了转折，发文量 28 篇还比较低，但 2021 年又开始上升，发文量达到了 46 篇。总体上我国公共图书馆人工智能领域的研究目前处于快速发展期，之后很长一段时间该领域的相关研究都会是热点。

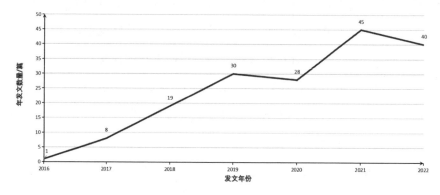

图2-4　"公共图书馆+人工智能"年发文量曲线图

对"公共图书馆 + 人工智能"的相关文献用 EXCEL 软件进行曲线估算，从而分析该领域的学术发展趋势。经多次拟合后发现三次项拟合效果最好，拟合度 $R^2 = 0.999$，拟合程度较好，符合研究要求。拟合公式为：$F(t) = -0.2778(t-2015)^3 + 6.7381(t-2015)^2 - 9.627(t-2015) + 4$。从图 2-5 可以看出，公共图书馆的人工智能研究没有出现明显的拐点，呈现稳定增长趋势，说明研究空间大，对该领域的相关研究会越来越多。

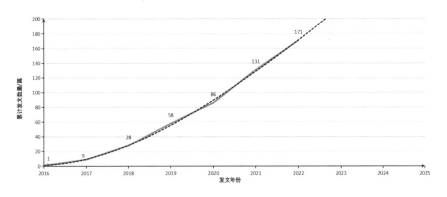

图2-5　"公共图书馆+人工智能"学术发展趋势拟合图

2.核心作者和机构分析

核心作者能够反映一个研究领域的学科带头人，主要贡献者。我国公共图书馆人工智能领域发文量最高的作者为王世伟，发文量为 8 篇，根据普赖斯定律可以得出 $M = 0.749\sqrt{N_{max}} = 0.749\sqrt{8} = 2$，因此发文量高于 2 篇的可以认为是核心作者。经过统计，公共图书馆人工智能领域的发文量超过 2 篇的有 4 位（见表 2-4），分别是王世伟、郭山、郭亚军、吴建中，说明他们对该领域的学术影响力较大。但同样可以发现，我国公共图书馆人工智能领域作者普遍发文量不高，核心作者少。

表2-4　"公共图书馆+人工智能"领域核心作者

作者	王世伟	郭山	郭建军	吴建中
篇数	8	3	3	3

同样采用普赖斯定律分析公共图书馆人工智能领域的核心研究机构。对发文量较高的高产机构（一级单位）进行统计，发文量最高的上海社会科学院信息研究所，数量同样为 8 篇，因此 $M \approx 2$。从表 2-5 可以发现，我国公共图书馆人工智能核心机构总共有 11 个，发文量较高的机构有上海社会科学院信息研究所、金陵图书馆、吉林省图书馆、辽宁省图书馆、中国国家图书馆等，这几所机构都是此领域的主要研究力量，发文量都在 5 篇以上，实力较强。公共图书馆核心机构有 8 所，而科研院所只有 3 所，说明公共图书馆在此领域更具影响力和研究实力。

表2-5 "公共图书馆+人工智能"领域核心机构

机构	篇数
上海社会科学院信息研究所	8
金陵图书馆	5
吉林省图书馆	5
辽宁省图书馆	5
中国国家图书馆	5
杭州图书馆	4
南京大学	4
南昌大学	3
汕头市图书馆	3
南京图书馆	3
太原市图书馆	3

3. "公共图书馆 + 人工智能"研究热点分析

通过 Citespace 聚类功能分析公共图书馆人工智能领域的研究热点。从图 2-6 中我们可以看出共有 8 个规模较大的聚类，聚类规模越大表示聚类主题越受关注，可以确认为该领域的研究热点。聚类后的模块指数

Q=0.71，轮廓指数 S=0.9622，表明聚类网络结构显著，可信度较高。每个聚类标签下通过 LSI 算法提取与聚类主题最紧密的关键词，对每个聚类主题的关键术语进行统计，可以分析每个主题的主要研究内容（如表 2-6 所示）。结合图 2-6 和表 2-6，可以分析和归纳我国公共图书馆人工智能领域的主要研究热点为：

（1）公共图书馆人工智能应用研究。公共图书馆推广和应用人工智能技术，涉及图书馆各个服务环节、服务流程中技术的适用性、创新性，以及探索图书馆应用人工智能提供专业化服务的效果。在图书馆应用人工智能需要满足用户需求，政府也要做好监管职责。

（2）公共图书馆人工智能技术理论研究。人工智能技术不仅涉及技术问题还涉及伦理问题，为了更好地应用到实践中需要探索对用户个人信息、个人隐私的保护等合法权益问题。在推进公共数字文化建设中，智能技术在图书馆的应用以及提供服务的研究必不可少。

（3）公共图书馆智慧化发展研究。人工智能技术是建设智慧图书馆的关键技术。为了让图书馆实现智慧化和智能化，因此需要研究各种智能技术在图书馆的应用场景，以及在空间服务、资源建设中如何实现智慧化。

（4）人工智能的精准化服务研究。人工智能技术包括了 AR 技术、VR 技术等等。借助 VR 眼镜、头盔等外部设备，用户可获得个性化的图书馆使用体验，同时降低图书馆进入门槛，提供精准化的服务。图书馆在提供服务时不仅要考虑普通读者，人工智能技术服务于残障群体的研究同样是值得关注的研究重点。

（5）公共图书馆智慧化服务研究。智慧化服务是智慧图书馆的重要特征之一。智慧服务体系的建设涉及智慧馆员、智能技术、融合理念等关键要素，因此智慧服务的关键要素以及实现路径是智慧图书馆建设和发展中一直需要关注的重点。数字资源服务是智慧服务的重要资源服务，也是资源建设的重要部分。

（6）人工智能与文旅融合服务研究。公共数字文化服务发展下，文旅融合是公共图书馆重要的一次服务创新。文旅融合背景下，公共图书馆如何结合人工智能技术，智能化升级文旅融合空间、利用"互联网＋"做好宣传等等都是值得探究的内容。人工智能与图书馆文旅深度融合是图书馆未来公共文化服务实现高质量发展的必由之路。

（7）人工智能对公共图书馆问题的应对策略研究。公共图书馆在信息检索、人才评价、突发性公共事件等日常业务与工作中会产生不同的问题，而人工智能技术可以提升图书馆的服务方式和服务水平。因此，不断探索人工智能解决和改善图书馆工作问题将会是重点关注的主题。

（8）公共图书馆智能机器人应用研究。人工智能能够代替图书馆员许多重复性劳动，甚至表现得更好。人工智能技术的智慧化、准确实时性让图书馆在参考咨询、智能分拣等图书馆基础工作中的应用具有可能性和必要性。智能机器人在图书馆工作应用的研究会越来越受到关注。

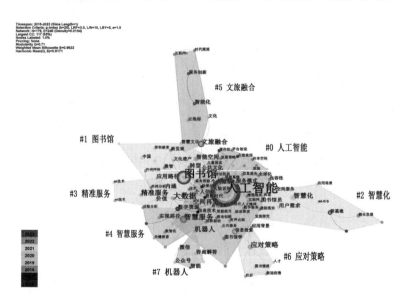

图2-6 "公共图书馆+人工智能"研究关键词聚类图

表2-6　"公共图书馆+人工智能"研究关键词聚类内容

聚类标签	规模	平均年份	所含关键词
人工智能	37	2019	人工智能；政府职责；公共服务；用户需求；图书馆创新；公共图书馆；会议综述；图书馆创新；大学图书馆；交互设计
图书馆	23	2019	人工智能；个人隐私；个人信息；公共文化；公共数字文化服务；公共图书馆；《联合国2030议程》；理论前瞻；智能知识服务；学科教育
智慧化	10	2021	用户需求；发展探究；人工智能；专业化服务；智慧图书馆；公共图书馆；wi-fi6；应用场景；图书馆服务能力；空间服务
精准服务	9	2019	精准服务；应用路径；VR技术；残障群体；AR技术；公共图书馆
智慧服务	9	2021	公共图书馆；智慧服务；实现路径；关键要素；资源服务；数字资源；智慧图书馆；
文旅融合	8	2019	互联网+；公共图书馆管理；时代潮流；服务创新；公共数字文化服务；文旅融合
应对策略	7	2020	应对策略；公共图书馆；应用背景；信息检索；人工智能；新冠疫情；突发事件；图书情报
机器人	6	2018	网上实时参考咨询；公共图书馆；咨询解答

4."公共图书馆＋人工智能"发展趋势分析

时区图和突现词可以用于研究某个主题的演进，通过时区图的知识演进视图，以及突现词的探测检测变化率高的词汇，可以预测某领域近期研究发展趋势。从图 2-8 的突现词中可以发现，"互联网＋""VR 技术"的突现强调最高（strength=0.58）。结合图 2-7 和图 2-8 可以发现，近两年"公共图书馆＋人工智能"的发展趋势有：

（1）人工智能在图书馆工作中的研究。人工智能技术日新月异，新技术能否适用于图书馆，并且如何科学、合理地应用到图书馆真正需要的工作业务中去是一直并且需要长期关注的方向。互联网＋、VR 技术等新技术各有其特点和作用，图书馆的业务工作、服务对象、服务内容不同因而需要应用到不同的技术。人工智能技术将进一步推动公共图书馆延伸服务的发展，包括服务空间、服务时间、服务对象等延伸服务。新技术为图书馆的工作带来了新的创新，能够提升工作效率和服务质量，图书馆工作的智能化是未来的发展趋势。如何将这些新技术引入公共图书馆并在工作实践中发挥作用，是图书馆长期需要探索的主题。

（2）人工智能在用户服务中研究。以人为本的理念推动图书馆的服务发展。用户的需求在不断变化，公共图书馆更加注重为用户提供人性化、个性化、精准化的服务，而人工智能技术是实现这些服务的重要支撑。在儿童服务、残障服务中智能技术能够发挥非常重要的作用，比如面向儿童的沉浸式智能学习体验中，智能技术带来全新的沉浸式体验，对用户的吸引力更强。新时代下，图书馆需要重构服务模式，设计以用户为核心的数智技术，注重以高质量供给创造信息需求，人工智能技术在用户服务方面的创新与发展将会是非常重要的研究方向。

（3）数智技术的新场景应用研究。公共数字文化服务背景下，图书馆的服务范围半径不断扩大，数智技术的发展为图书馆开拓了新的服务方式和手段。特别在智慧图书馆的建设中，数智技术无疑能够为图书馆的智慧化创造更多新的应用场景。数字技术可以实现分析用户行为特征、预测用户需求，从而提供个性化服务。在智慧服务中，数智技术能为公共图书馆提供许多的应用场景，主要分为基础服务场景如智慧空间、管理服务场景如智能场馆管理、拓展服务场景三类。数智技术赋能新场景的类型逐渐多样化，公共图书馆的数智化转型是图书馆事业发展的着力点。

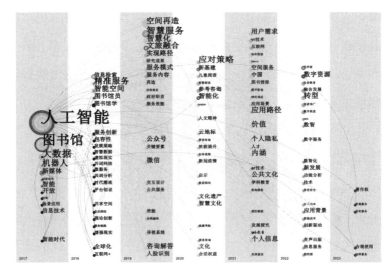

图2-7　"公共图书馆+人工智能"时区图

Keywords	Year	Strength	Begin	End	2016 — 2023
新媒体	2017	0.7	**2017**	2018	
大数据	2017	0.52	**2017**	2018	
空间再造	2019	1.5	**2019**	2020	
儿童阅读	2020	0.65	**2020**	2021	
智慧化	2019	0.61	**2020**	2021	
应对策略	2020	0.39	**2020**	2023	
vr技术	2021	0.58	**2021**	2023	
互联网	2021	0.58	**2021**	2023	

图2-8　我国公共图书馆人工智能领域文献关键词突发性探测表

（三）"公共图书馆+人工智能+空间再造"研究

1. 公共图书馆智能空间

美国国家技术标准研究院（NIST）认为，智能空间应具备的功能和服务包括能够感知用户的行为和目的，并能预测其信息需求；能够便捷地获取信息及设备；方便记录以及回溯信息；提供用户信息交互及远程协同工作空间设备。在新技术环境下，笔者认为图书馆智能空间就是把感应器和装备嵌入馆内图书、期刊等各种实体中，使其普遍连接形成"物联网"，再将物联网与已有互联网融合，实现虚实空间的整合，同时通过 5G、AI、大数据、云计算等技术，来挖掘并准确呈现所采集的海量数据，使用户服务能够更加精准、便捷，从而使图书馆空间达到一种"智慧"的形态。

在 CNKI 期刊总库中以"图书馆""空间再造""AI""人工智能""5G"为主题词进行逻辑检索，获得相关文献 17 篇，发现目前相关的研究成果较少，且这些学术成果都是在 2018 年前后发表的，有近一半文献发表于核心期刊，同时有许多文献具有国家社科基金等项目的支持。笔者将检索出的相关论文按照被引次数的大小进行排序，并将被引次数排名在前十的文章罗列出来（如表 2-7 所示）。

表2-7 "公共图书馆+人工智能+空间再造"研究被引文献TOP10

序号	篇名	作者	刊名	发表时间	被引次数
1	基于人工智能的图书馆空间再造与服务	王筱雯，王天泥	图书与情报	2018	31
2	"5G+AI"技术驱动下的图书馆智能空间再造与服务研究	姚雪梅	图书馆	2021	21
3	基于人工智能的公共图书馆空间再造与效能提升研究	柯阳青	情报探索	2019	12
4	基于人工智能的公共图书馆空间再造与效能提升路径	林黎南	图书馆学刊	2019	11
5	AI赋能图书馆：研究热点、问题与展望	郭亚军，张瀚文，卢星宇，陈奕良	图书馆学研究	2020	10
6	人工智能与公共图书馆空间再造研究回顾与展望	姚雪梅	图书馆学刊	2019	8

续表

序号	篇名	作者	刊名	发表时间	被引次数
7	人工智能环境下图书馆空间再造实践与思考	王天泥，刘妍	图书馆学刊	2020	8
8	图书馆4.0时代——创新型智慧化图书馆	陈晴晴	文化创新比较研究	2017	7
9	基于人工智能的公共图书馆空间再造研究	芦艺，唐子乔	图书馆学刊	2021	7
10	基于人工智能技术的公共图书馆空间再造策略研究	王辉	图书馆工作与研究	2020	6

从表格中可以明显观察到，辽宁省图书馆王筱雯和王天泥的研究论文《基于人工智能的图书馆空间再造与服务》受到了最高的引用次数，达到了 31 次。从期刊分布情况来看，高度引用的前十篇文章中，有九篇发表在图书馆学领域的期刊上。这清晰地展示了"公共图书馆＋人工智能＋空间再造"的研究在国内图书馆学界引发了广泛关注。此外，从这些高被引论文的发表年份来看，可以发现它们大多集中在 2019—2021 年。这显示出在这个时间段内，国内关于这一研究领域的研究相当活跃。研究者们如果希望全面了解这一领域的重要内容，可以在进行文献检索时特别关注这个时间段内发表的相关文献，以获取更全面的信息。

实践探索方面，狭义上来说图书馆对智能空间的探索大体分为两类：一是基于原有馆舍空间内开辟一定的空间来作为智能空间（名称略有不同）的探索，如暨南大学图书馆、广州图书馆、上海交通大学图书馆、辽宁省图书馆等都设有"弱"智能空间，大都是利用知识库（馆内纸质及数据库资源）、互联网及计算机软硬件设施，提供一站式服务。二是 24 小时智能自助图书馆。许多省市的街区都设有智能社区图书馆，如重庆市九龙坡区图书馆，就是内置人脸识别技术、读者行为分析、智能监控技术、智能分拣及 RFID 智能设备等新系统的全智能化图书馆，可以极大地提升用户体验感。

2. 基于人工智能的空间再造类型

基于人工智能的图书馆空间再造的范围应不断向更深更广的方向延伸，这也是用户对图书馆未来空间发展的期许。根据空间服务的范围和区域，图书馆智能空间再造可以划分为单体、局域、全域三种。

（1）单体智能空间再造。单体智能空间再造主要指基于单一物理空间的一站式信息共享空间的重塑。目前基本分为两大类型：学习交流空间和体验式空间。学习交流空间：在该空间内集成了各种资源，例如文献信息资源、计算机软硬件设施等，并以学习研讨室、研发创新室、信息咨询室、多媒体制作室等空间形式呈现给读者并供读者使用。体验式空间：主要为支持创新和引领用户需求，在此类空间内用户可以亲身体验到科技的乐趣，从而更好地融入图书馆信息资源的建设使用中。

（2）局域智能空间再造。这里将智能空间再造的内涵扩大到智慧图书馆空间的整体建设层面。通过运用人工智能、5G 和大数据技术，结合传感和监控等设施设备，科学地将图书馆空间内的各种设施有机整合在一起，从而提升图书馆空间的智能化程度。例如温度、湿度的自动调控等。除此之外，局域空间再造还应包括智能借还系统、智能盘点系统、RFID 自助服务终端系统、3D 导航系统等内容，可提高图书馆的服务效能。

（3）全域智能空间再造。全域智能空间再造将打破物理空间的束缚，指由图书馆局域空间向外延伸的 24 小时自助图书馆、馆与馆之间、图书馆与社会空间之间的空间再造。在 5G 和 AI 时代背景下，全域智能空间再造已经超越了传统意义上空间再造的内涵和价值，全域服务不仅可以采用总分馆及区域图书馆联盟的形式，还可以采用与其他行业协作的形式，如推动出版业、教育业、信息产业、交通行业等与图书馆的交流与合作，形成图书馆业界内外互相促进的文化生态圈，进而提升居民整体的文化素养。

此外，基于人工智能的图书馆空间再造还体现在虚拟空间的智能连接服务上。在图书馆服务寻求转型和变革中发现，用户更加关注设备和服务的整体使用体验，图书馆应顺势而为升级服务，积极利用 5G、AI 及物联网技术等将资源与服务进行整合，提供智能连接服务。具体列举以下三种典型的智能连接服务类型：

智能检索系统。这一代检索系统融合了人工智能技术，为用户提供了全新的信息检索体验，其检索界面更加友好，检索速度更快，可以挖掘用户需求偏好，进行语义理解，提供相关度排序、个性化信息推送、知识发现服务等。大数据环境下，数据量的激增与结构的复杂给图书馆数据的组织、存储与传输，以及检索都带来很大压力，智能检索系统背后的强大搜索引擎系统应用可以有效地解决以上问题。

知识服务与增值。利用人工智能的深度学习、认知计算和自然语言处理等先进科技，把文献转变成可计算知识从而进行知识整合与智能化知识应用已经成为下一代开放知识服务系统必须应对的难题。连接服务体现在将新信息和知识连接到已存储信息和知识的过程，当数据实现连接后，可以对其进行更深入、更智能和更高效的分析，如数据挖掘、知识发现、模式识别、预测等，真正实现知识服务，智能获取精准信息服务，使知识增值。这里涉及的知识获取、知识处理、创建知识链等技术服务都离不开人工智能等新兴技术的支持。

数字人文服务。图书馆空间再造视角下，计算机科学、人工智能等新兴信息技术的引入，使数字人文服务的内涵得到了充实，从而推动了其向智能化、多元化的方向不断发展演进。如针对馆藏资源中的一些非传统资源——古籍、名人字画、家谱等珍贵资料，蕴含着丰富的史料价值，通过

AI技术可将海量资源蕴含的历史事件、人物与语音、图片甚至视频等之间建立联系，让用户通过简单的交互便能发掘出其所需的文献资源；或可将5G与VR技术结合，调动用户的视觉、听觉、触觉，营造其智能空间服务的沉浸感、立体感，增强用户的阅读体验，切实将信息技术与文化资源建设结合起来，促进科技与人文的互动与融合。

（四）公共图书馆空间效能评价研究

国内外（国家/地区）论述主题为公共图书馆服务效能评价研究内容相对较多。如，可汗·阿卜杜尔曼（Khan，Abdul Mannan）（2011）以印度阿萨德图书馆为例，对其馆藏、组织、服务内容的满意度和效能进行了论述。英国的Christopher J Hammond（2002）采用了DEA模型测评了公共图书馆服务的配置效能。国内对于公共图书馆服务效能评价研究主要有以下几个方面（如表2-8所示）：（1）公共图书馆服务效能评价模型构建。例如谢凌峰（2014）构建了电子资源成本分配的成本效率和服务效能模型，对台湾16所大学的电子图书馆分成四组进行研究。（2）公共图书馆服务绩效评价指标体系构建。例如杨嘉骆构建了我国公共图书馆服务质量评价体系，并通过运用因子分析以及聚类分析方法进行实证研究（2015）。张元英从居民幸福感的视角出发构建了图书馆公共文化服务效能指标体系（2018）。崔岩从智能空间的特点出发，构建了公共图书馆智能化空间服务效能评价指标（2021）。孙文娉，陈雅（2022）基于层次分析法和综合指数法构建了公共图书馆服务效能评价指标体系。（3）公共图书馆服务效能提升路径研究。潘雪，陈雅结合《中华人民共和国公共图书馆法》，将协同理论引入公共图书馆服务效能的提升之中，提出适合我国国情的图书馆服务效能提升的路径（2018）。孙文娉，陈雅（2020）从融合建设发展的角度探索公共图书馆服务效能提升策略。陈瑶从读者意见的层面探析如何提升公共图书馆服务效能（2020）。

表2-8　国内公共图书馆服务效能评价研究内容

作者	研究内容	评价对象
谢凌峰（2014）	构建电子资源成本分配的成本效率和服务效能模型	电子资源
杨嘉骆（2015）	构建我国副省级城市公共图书馆服务质量指标评价体系	服务质量
朱美霖（2021）	构建了公共图书馆的文化服务效能评价指标，并通过因子分析构建了综合评估模型	公共图书馆的文化服务效能
张丽英（2018）	基于主观感知视角建构了图书馆公共文化服务效能评价框架	公共文化服务效能
崔岩（2021）	构建了公共图书馆智能化空间服务效能评价指标体系的基本框架	智能空间服务效能
孙文娉，陈雅（2022）	构建了公共图书馆服务效能评价指标体系	公共图书馆服务效能
潘雪，陈雅（2018）	分析了图书馆服务效能的因素，并提出服务效能提升路径	公共图书馆服务效能
孙文娉，陈雅（2020）	对图书馆五个融合模式进行比较研究，提出图书馆融合建设服务效能提升策略	公共图书馆融合建设
陈瑶（2020）	基于读者档案意见，分析如何提升公共图书馆服务效能	公共图书馆服务效能

通过分析发现，自2011年起，我国公共图书馆开始逐步展开服务效能方面的研究，如表2-9所示。（1）从提升服务效能的实现途径方面进行研究探讨的。除了针对公共图书馆服务效益本身，也有从图书馆服务的某一部分出发，如罗烈州（2017）就分析了公共图书馆阅读推广服务效益提升途径。一方面研究借鉴理论思想分析如何提升公共图书馆服务效能，另一方面指出在新技术，如VR技术；管理制度如总馆制的影响因素下如何提升公共图书馆服务效能。（2）对提升服务效能进行实证研究的。不少学者用实证研究的方法分析公共图书馆服务效能的影响因素，如周龙军（2020）用问卷调查法分析了总分馆制下公共图书馆服务效能的影响因素。此外，还有部分学者以某一个图书馆服务效能实践现状为例，通过实

践调研阐述如何提升公共图书馆的服务效能，例如东莞图书馆（李晓辉，2017）、重庆图书馆（宋辉、李亚平，2017）。可以看出，在国内外研究中对服务效能的讨论和思考正逐步转向实证调研，再细化到某一具体服务类型对服务效能的作用及影响。

表2-9　国内公共图书馆服务效能评价研究内容

作者	研究内容	研究方法
李玮（2011）	从墨子思想中阐述提升图书馆服务效能途径	理论研究
邱冠华（2015）	从公共图书馆服务效能的影响因素出发，论述提升服务效能的途径	理论研究
罗烈州（2017）	阐述全民阅读的角色，提出影响公共图书馆全民阅读推广服务效能的因素以及提升途径	理论研究
蒲克玲（2019）	从公共图书馆服务效能的价值和意义出发阐述如何提升公共图书馆服务效能	理论研究
王幸远（2022）	阐述VR技术的优势，并提出如何应用VR技术提升读者服务效能	理论研究
李晓辉（2017）	以东莞图书馆为例，分析东莞城乡一体化图书馆体系建设的问题	案例分析法
宋微，李亚平（2017）	以重庆图书馆为例，分析图和提供公共图书馆服务质量和水平	案例分析法
周龙军（2020）	分析了图书馆服务效能的因素，并提出服务效能提升路径	问卷调查法
傅春平（2020）	对福田区图书馆进行问卷调查，分析影响公共图书馆服务效能发挥的问题	问卷调查法
胡启从（2023）	对衡阳地区基层公共图书馆的服务数据进行统计，分析公共图书馆的影响因素	网络调查法

笔者于2023年7月1日通过中国知网进行文献检索，以"公共图书馆"并含"空间效能""评估""评价"作为输入词进行主题查询，共检索出2篇文章。可知专门研究空间效能评估方面的文章较少，分别为王婧等的《公共图书馆建筑空间使用率研究与评价》（2016），崔岩的《公共图书馆智能化空间服务效能分析与评价初探》（2021）。综合分析，笔者认为

一是可从公共图书馆整体发展战略的角度对智能空间再造对图书馆服务效能做好全面评估和规划；二是可对某一特定空间进行评估实践。如华盛顿大学图书馆只评估研究共享空间，分别从"空间评估""服务评估""学者工作室""学生需求"4个方面进行评估，河北师范大学图书馆POE（使用后评价）价值评估采用新馆运行一年的读者利用数据和问卷调查数据。同时建立评估框架和评估工具，如可依据人才队伍、技术方法和评估指标3方面设置评估体系，采用LibQUAL+、MISO等定量评估工具进行调研。研究内容从图书馆空间服务现状入手进行分析，包括对现有人工智能技术及其发展的评价，对本馆软硬件设施现状、服务方式方法的评价，对应用人工智能技术后共享空间使用情况进行专项评估，对图书馆管理和服务能力影响的评价，以及人工智能的风险评估等。图书馆空间改造和评估同步进行，评估方法是"改造前评估—指导实践—再次评估—再指导实践"，不断循环，不断相互改进。

综上所述，面对公共图书馆内外部环境的变化，特别是近十年来网络化、智能化的高速发展和读者的高品质需求，各馆都在围绕智慧化转型发展做出了一系列部署，其核心要义在于提高服务质量与服务效率，即服务效能。而空间再造是其探索的重要内容之一，图书馆空间改造的热潮更是催生了空间评估内容以及评估工具的优化。以提升服务效能为建设目标和发展导向，公共图书馆借空间再造之力，积极推进图书馆服务转型发展，充分利用信息化、智能化新发展阶段所带来的新机遇，借助人工智能等重要技术手段，必将为空间再造提供全新的解决方案。因此，在公共图书馆建设中引入智能技术是必然趋势。从现有的文献梳理上看，将"人工智能""公共图书馆""空间再造"及"效能"几个关键词结合起来进行研究，国内外尚属空白。因此本文对公共图书馆的空间再造服务进行实证研究，以评估其质量和效果。

第三章 基于人工智能的公共图书馆空间再造模式构建

空间再造是新业态下图书馆转型与创新的重要举措，在新空间理念下，图书馆空间形态不断更迭，经历了信息共享空间、学习空间、创客空间及智慧空间的变革。无论是新馆建设，还是旧馆改造升级，空间的智慧化已然成为图书馆空间再造的重要趋势，特别是以智能识别、智能处理、智能服务为主要代表的人工智能技术对图书馆空间建设及服务产生了巨大影响，其数字化、网络化、智能化、泛在化等特点将逐步融入图书馆现有空间布局，形成新一轮融合发展主形态。从现有图书馆空间研究及实践来看，我国图书馆空间的智慧化程度仍然不高，由于缺乏科学的顶层设计、智能设备、工具以及系统之间孤立存在，很难将基础数据、应用以及服务等各个层面进行全面连接。数据孤立的问题普遍存在，同时各类独立的应用系统层出不穷，导致整体空间智能难以实现统一融合。图书馆作为人类活动的重要空间，从国家战略层面，将智慧图书馆作为智慧城市的重要组成部分予以思考谋划，建立相应的标准规范和评价机制，已被提上议事日程，2021 年 3 月发布的《中华人民共和国国民经济和社会发展第十四个五年规划和 2035 年远景目标纲要》明确提出"积极发展智慧图书馆，面向未来的图书馆空间建设应着力于智慧赋能，打造跨越时空、虚实融合、人馆交互、全方位情境感知的智慧化图书馆空间，实现'线下服务泛在化，线上服务一站式'的新型服务模式"。

一、基于人工智能的公共图书馆空间发展需求

（一）主观需求：图书馆空间的发展趋势

图书馆空间的功能演变不仅是建筑理念、信息通信技术以及社会经济状况等客观因素的映射，更是对用户需求这一主观动因的回应。以图书馆的阅读空间为例，未来的阅读空间服务不仅仅局限于提供宁静且隔离的阅读环境，也将致力于打造融合各种现代化网络设施和新一代信息技术的创新性阅读空间。在提供沉浸式体验的同时，重视维持用户自主学习和创新能力，使图书馆空间逐渐演化成一个综合文字、思想和休闲娱乐的多元场所。同时，在充分利用空间资源并与馆员智慧相互融合的基础上，图书馆空间也将发展成为激发并满足用户知识需求的创新领域，因此，基于新思维及新技术的图书馆功能再造与服务转型将是图书馆发展的重要方向。

1. 空间格局：从单一布局转向生态融合

从生态学视角看，图书馆空间是一个内外结合、平衡和谐、持续发展的生态系统。现如今，图书馆空间早已不再是仅具有保存功能的藏书空间，而是融合了公众日常工作、生活、学习在内的社会空间的组成部分，是社会经济、文化的缩影，更是图书馆服务理念、育人观点的有效体现。吴建中指出："图书馆应注重空间的生态环境设计，将生态技术有机地融合进各种服务功能之中。"从物理隔离到生态融合是图书馆空间格局发展的趋势之一，因此，在设计图书馆的空间布局时，应以保护生态元素为出发点。通过融入自然要素，可以在打造内部空间功能的同时，创造出宜人的阅读环境。以广州市南沙区图书馆为例，该图书馆采用双层幕墙采光与自然通风，外立面结构则实现了遮阳和雨水回收的功能，从而有效地将生态理念与图书馆空间融为一体，这种做法实际上对图书馆空间进行了生态方面的

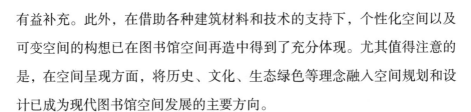

有益补充。此外，在借助各种建筑材料和技术的支持下，个性化空间以及可变空间的构想已在图书馆空间再造中得到了充分体现。尤其值得注意的是，在空间呈现方面，将历史、文化、生态绿色等理念融入空间规划和设计已成为现代图书馆空间发展的主要方向。

2. 服务思维：从传统服务转向智慧化服务

随着国家文化数字化战略的深入实施，国家对于图书馆的重视与日俱增，图书馆空间越来越大，功能越来越多，但已有技术与人力资源在服务需求逐渐扩大的情况下所承受的压力也随之增大。人工智能技术飞速发展，为图书馆所面对的需求挑战提供了更为广阔的视角，图书馆智慧化服务是人工智能、大数据技术等新技术在服务环节中的典型应用，关键在于通过各种技术实现图书馆服务的高度感知性、互联性和智能化，通常表现为向用户提供虚拟化服务或智能机器人服务。智慧空间与用户之间进行"主动"互动，以实现服务功能。例如，通过运用无线定位技术、人脸识别技术、眼球追踪、RFID技术等，空间能够准确感知用户信息、基本需求和行为偏好，从而实现图书馆服务的迅速响应与精准提供。同时，一些图书馆也借助智能技术，提供机器人导航服务，以及利用机器人实现图书自动借还等服务。尽管在现阶段大规模应用机器人于图书馆实体空间尚属不切实际，但随着人工智能技术的不断发展，基于新技术的智能化服务或许将成为未来图书馆空间服务的主要形式。

3. 价值体现：从关注效率转向以人为本

因在早期受限于技术条件，图书馆服务能力提升缓慢，但作为公共文化服务的重要阵地，图书馆学界和业界在一定时期内对服务效率较为关注，图书分类法、卡片目录等行业产物都见证了图书馆在一定社会条件下对于效率的关注。随着信息时代来临，图书馆数字化进程正迅猛推进。特别是在公共图书馆评估的推动下，各种新设备和新技术的引入不仅提升了图书馆运营效率，同时也为用户带来了图书馆服务与信息技术有效融合的体验，从而促进了图书馆空间服务转型。当前，一些图书馆在新馆建设或空间再造过程中注重创造公共空间服务场景，使用户感受到归属感和价值感。这不仅激发了用户在图书馆空间中获得行动、社交、情感以及创新等多层次体验，还进一步激发了用户对信息的需求和交流意愿。与追求效率同等重要的是，"以人为本"的服务理念也得到了更多关注，引导用户更加充分地利用图书馆空间。

（二）客观需求：人工智能等数智技术对图书馆空间的发展影响

目前，人类社会正在经历一场新一轮科技与产业变革，其核心驱动力包括人工智能、大数据、区块链、物联网以及 5G 等技术。随着各种智能技术在经济社会各个领域的逐步普及，人们已逐渐适应并习惯了智慧化场景。这也导致了在图书馆阅读、学习、研究和创新创造等活动中对智能化服务体验的需求日益突显。在科技与用户需求的双重推动下，图书馆必将面对空间再造的新理念和趋势。一方面，图书馆需要为用户创造虚实结合、线上线下互动以及知识共享的信息获取与交流环境，同时还要提供多样化的服务体验，如虚拟现实和沉浸式阅读等。另一方面，图书馆也需要借助数据化和智能化的管理手段，提升实体空间的管理能力，最大限度地发挥图书馆作为交互式学习、阅读和交流共享空间的价值，从而提升用户对图书馆实体空间的认同感。

近几年，政府在文化与科技融合以及文化大数据方面制定了一系列政策文件，为图书馆智慧化转型提供了崭新的发展机遇。具体而言，在 2019 年 8 月，文化和旅游部联合科技部、中宣部等六个部门发布了《关于促进文化和科技深度融合的指导意见》。在这份指导意见中，明确提出了"利用物联网、云计算、大数据、人工智能等新技术对公共文化服务和文化产业进行全方位、全链条的改造"方针。这一指导意见将文化与科技的融合推向了前所未有的高度。作为重要的公共文化机构，图书馆有义务积极响应这一要求，积极推动文化与科技的融合进程。2020 年 5 月，中宣部文改办印发了《关于做好国家文化大数据体系建设工作通知》，提出将"建设国家文化大数据体系"作为"新时代文化建设的重大基础性工程"，进一步明确了"打通文化事业和文化产业、畅通文化生产和文化消费、融通文化与科技，推动文化数字化成果走向网络化、智能化"的政策导向。

面对智慧社会发展所带来的历史机遇和时代挑战，国内外许多图书馆已率先进行了智慧空间规划、智慧服务创新以及智慧业务管理等方面的探索。在此过程中，人工智能技术也得以广泛应用，涵盖了人脸识别、无感借阅、文献自动分拣传输等领域。这些应用取得了积极的进展，不仅提升了用户的体验感，也在业务管理运行方面达到了更高的效率。举例来说，在公共图书馆领域，一些机构已经展示出智慧化建设的成果。英国国家图书馆、苏州第二图书馆等已经建成了智能立体书库，利用智能书架和搬运机器人，实现了书刊的自动存取和分拣传输系统的全智能化管理。此外，还有许多图书馆投入使用了智能参考咨询机器人，例如国家图书馆的"小图"和上海图书馆的"图小灵"等。这些创新应用的引入，为图书馆服务和管理效率带来了显著提升。在高校图书馆领域，南京大学图书馆开发了一款智能盘点机器人，借助计算机视觉和 RFID 感知等智能技术，成功实现了高精度的全自动图书盘点。该机器人的图书盘点效率超过每小时 2 万册，并且漏读率低于 1%。同时，在国外案例中，美国康涅狄格州西港图书馆以及加拿大圣文森特山大学图书馆等也引入了交互式机器人，这些机器人结合了人脸识别、书籍检索以及智能交互等多项功能，为用户提供了更加人性化的随行阅读指引服务。

此外，一些图书馆已经开始积极尝试与社会力量合作，以寻求智能技术在图书馆业务和服务领域的实际应用方案。例如，国家图书馆与企业进行合作，共同探索基于全息影像、全景视频等新技术的沉浸式阅读体验空间。此外，上海市图书馆行业协会也与数字技术公司联合，加速推动智慧图书馆应用生态的建设，他们推动上海市各级各类图书馆部署基于"微服务"架构的第三代数字图书馆开放服务平台。这些合作案例充分表明，智慧化转型已经成为各国各类图书馆在面对信息化建设新阶段时的普遍选择。

二、基于人工智能的公共图书馆空间特征

智慧社会的发展不仅能提升生活品质，也能够提升商务环境竞争力以及吸引更多的投资，从而智慧图书馆建设可以进一步提升图书馆服务质量，创造更吸引人的休闲学习环境，同时也能够实现更高水准的管理，从而培养更多具备智慧素养的公众。传统图书馆空间重视信息保存与传递，而智慧图书馆空间更加注重互联、高效、便利，通过改善空间环境、服务细节、交流渠道，为用户提供更为广泛、多元、契合需求的应用环境，提升用户的空间体验。智慧图书馆空间作为实体空间与虚拟空间的整合体具有以下特点：

（一）实体空间：物理空间的管理与服务智慧化

实体空间在用户非正式学习中具有重要作用，用户在此可以进行思考、交流和创新。这些实体空间不仅能够充当个人研究、团体合作的创客空间，还能够用于大型培训和交流活动的学习区域。随着人性化和体验导向的图书馆空间设计理念的兴起，以及现代信息技术的强力推动，图书馆实体空间所设定的界限逐渐模糊化。用户阅读、学习和资源利用已经超越了实体空间的限制，呈现出灵活、智能和多功能的鲜明特点。

1. 空间多样性更为凸显

图书馆空间的多样性体现在其规划、布局、环境设置以及技术应用等

方面呈现出的多样、复杂和灵活的特点。它是用户进行阅读、学习和体验的关键场所，在设计空间格局时，应特别关注用户对空间环境的需求。资源与服务的智能推送、虚拟智能咨询、机器人智能服务以及个性化空间设施等手段，都能凸显智慧图书馆空间的多样性，从而实现为用户提供个性化图书馆空间服务的可能性。同时，人工智能还能有效地推动图书馆空间的全面转型，为用户带来更为丰富的感官体验，提升用户对智慧图书馆整体的评价水平。

2. 空间表现力持续增强

图书馆空间表现力是指图书馆在容纳其他功能空间的同时更好地为用户提供服务的特性。在当今数字化时代，智慧图书馆的空间布局和设施设备已经开始应用人工智能技术。人工智能的引入使得图书馆能够创造更多新型空间，以满足不同年龄层、学科背景用户的空间利用需求。进一步使图书馆空间的功能更加多样化，同时也更加有序和规整，从而提升了智慧图书馆的空间表现力。一些研究表明，人工智能技术的使用让图书馆能提供更多个性化的用户服务。

3. 空间层次性更为分明

人工智能在提升图书馆空间层次性方面发挥了重要作用，主要体现在以下三个方面：首先，在图书馆内部结构规划方面，人工智能已经开始参与图书馆的空间设计。例如，全球首个人工智能建筑师"小库 XKool"能够显著降低人工空间设计过程中的基础性错误，为图书馆空间的优化利用提供更多创新的设计方案。其次，在图书馆空间层次性利用方面，人工智能也具有关键作用。以美国某大学为例，将书库设于地下，依靠智慧存取系统为用户提供高效便捷的图书存取服务。最后，人工智能使图书馆空间功能更加多元且层次分明。通过整合智能传感器、用户画像以及智慧图书馆系统平台，人工智能能够根据容纳用户数量、读者流量等因素，打造更

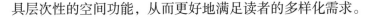

具层次性的空间功能，从而更好地满足读者的多样化需求。

4. 空间感知性更加全面

立足于数字化、网络化和智能化的技术基础，全面感知不再局限于特定领域，而是涵盖了信息的整体，将单个书籍或文献中的信息孤岛与用户、馆员这些信息个体紧密连接，将碎片化信息资源有机串联成互通的信息网络，实现用户与馆员、前台与后台之间智慧化的紧密连接。美国芝加哥大学的曼索托图书馆每年新增约15万册书籍，通过数智技术，构建了机器人堆叠书库管理系统，能够对收藏的350万册书籍进行全面感知。这一创新的堆叠管理技术突破了传统图书馆普遍采用的杜威十进制图书分类法，以书籍的书名和尺寸作为分类标准。尽管按书籍尺寸排列的方法已在全球少数图书馆曾有使用，然而结合智能机器人进行操作的做法仍显得十分新颖。

（二）虚拟空间：跨时空的管理与服务泛在化

虚拟空间涵盖了在线服务平台、虚拟系统以及AI技术空间等多种元素。一方面，虚拟空间可以作为实体空间的延伸，也能在实体空间基础上为用户提供更多体验。例如，在图书馆实体空间内，用户可以借助虚拟/增强现实技术（AR/VR）等，呈现出实物或实景，从而加强对事物的认知和理解。另一方面，用户也可以在这一虚拟空间中进行全面的学习和数字资源利用。通过图书馆服务平台，用户可以开展个性化的学习活动，而馆员则可以通过在线平台与用户进行互动，推送信息等。在数字技术的驱动下，智慧图书馆虚拟空间的功能日益丰富，不仅能够提升用户体验，还能够支持用户在特定场景或情境中进行更有针对性的学习和资源利用。

公共图书馆通过引入虚拟现实和增强现实技术，使用户能够在现实环境下将视觉、听觉、触觉等感官完全沉浸在计算机模拟的图书馆空间中，实现了服务空间的虚实融合。同时，在虚拟场景的辅助下，用户还能更好地与真实图书馆场景进行互动。例如，借助构建与真实图书馆环境相一致的 3D 立体图书馆，整合图书馆数据库系统、咨询服务和数字资源阅读等功能，搭建图书馆仿真系统，创建虚拟图书馆（Virtual Library）。当用户登录系统时，他们可以在虚拟空间中看到完整的图书馆建筑、内部空间布局以及馆内人流情况等。系统甚至能够详细展示每一楼层、每个书架以及每本书在图书馆中的位置分布，用户无须外出便能够漫游在虚拟图书馆中，轻松查找并获取所需服务和资源。

三、基于人工智能的公共图书馆空间再造目标和原则

（一）空间再造目标

"智能 +"时代图书馆空间的转型升级，不仅是实体空间的智慧化，更重要的是通过知识空间提供智慧服务，从而全面体现智慧空间建设赋予智能、提升效能、链接未来的再造目标。

1. 赋予智能

运用当代信息技术，包括人工智能等，对传统图书馆空间和虚拟知识空间进行重塑，使其嵌入智能成分并呈现智慧服务，构成智慧图书馆空间发展的核心目标。当前整个图书馆领域都在积极朝着这一方向努力迈进。自 20 世纪 90 年代以来，图书馆经历了一次"空间觉醒"，引入共享空间和学习环境是其最重要的进展。尽管已有大量的尝试，但仅限于某些技术或设备的简单应用，尚未构建完整的综合解决方案。在领域应用方面，尚缺乏系统的标准规范，目前尚未出现具有代表性的"智慧图书馆空间改造"或"空间服务"成功案例。一些大型城市的图书馆（如上海图书馆）新馆建设，为实现全面智慧化的空间服务提供了契机，有望快速推广普及。

2. 提升效能

智慧化并非图书馆空间再造的终极目标，其核心目的在于提升服务效

能。长期以来，我国图书馆事业受到经济限制，近年来取得了显著进展，但整体数量、馆舍面积、馆藏和馆员等方面仍有待提升，无法满足人们对优质生活的追求。图书馆智慧空间的发展有助于更合理高效地利用资源，突破服务瓶颈，最大程度地利用技术手段，实现服务人数、资源流通率和使用率等指标的指数级提升。这样，在有限的资源下，图书馆能够极大地提高服务效率，实现服务效能的显著提升。

3. 链接未来

图书馆空间服务效能的提升即是图书馆自身能力的增强。而图书馆智慧空间的构建，不仅为图书馆赋予更大的作用和价值，还将直接影响到服务对象，使用户通过图书馆空间的知识服务能够更有效地学习和工作，实现个人价值。用户的反馈和行为将进一步优化图书馆的智慧平台系统。因此，图书馆的智慧服务将使所有用户体验有所不同，甚至为整个知识生态，包括图书馆和用户在内，带来可持续的发展机遇。

（二）空间再造的原则

1. 以人为本原则

过去，图书馆的管理和服务注重图书馆管理，发展到现在，"以用户为中心"、以人为本的理念已经成为图书馆管理和服务的共识，图书馆逐渐意识到用户是图书馆一切工作的起点和服务目标。新发展理念下，图书馆服务更加以满足用户需求，提升用户体验为主，个性化、人性化的服务在图书馆随处可见。另外，馆员也是图书馆的本，馆员是图书馆的重要部分，以人为本的原则要求为馆员提供良好的工作环境、晋升通道，通过各种精神和物质的奖励激励馆员的服务热情，为用户带来更好的服务。

2. 实用易用原则

图书馆与技术的联系越来越紧密，各种新技术成为人们生活的重要部分。但是，各项技术在开发、设计时并不是总能易于使用，或者完全考虑到用户的真实需要，新技术的功能也许并不实用。如果某个技术的功能对于用户来说缺乏易用性和实用性，那么整体运行过程就是一个失败的过程。图书馆在进行空间改造时，应充分倾听用户需求，并充分考虑新技术的运用是否能够真正达到比原来更好的空间利用效果。图书馆空间再造也应该充分考虑最优的空间布局，让所有用户都易于上手和使用。

3. 可持续发展原则

图书馆智慧空间的可持续发展，要将空间再造作为全球绿色可持续发展任务的一部分，即要注重智能空间建设的绿色环保。可持续发展理念推动图书馆要注重对馆内资源的合理监测和利用，比如对空调的耗能、空气质量、纸张打印以及绿化的布局等等。此外，图书馆要注重空间建设的灵活性，图书馆空间要随着馆内的发展规划、用户需求、设备升级不断拓展和灵活改造。图书馆空间环境的设计和开发朝着高质量发展、可持续性发展是图书馆发展的必然趋势。

4. 管理与服务转型原则

现代管理办法和服务理念的逐渐深入推动图书馆管理和服务的转型。图书馆空间再造表象是针对空间布局环境进行转型，实质是对原本的管理模式和服务模式进行转型。如公共图书馆的智能楼宇系统建设，可使图书馆各空间形成一站式控制管理，也可根据需要定制个性化环境服务模式；图书馆空间内智慧导航的布局，代替了人工导航，馆员服务的职责转移，图书馆内的服务方式也发生了变化，管理方式也需要进行相应的调整。图书馆管理制度和服务方式需要适应现代图书馆发展，与功能相匹配。

四、基于人工智能的公共图书馆空间再造模式构建

（一）功能定位

作为公共文化设施，公共文化服务体系的重要组成部分，图书馆承担

着信息检索和信息获取、保存人类知识与文明、社会教育等功能，是文化中心、学习中心、信息和知识中心。联合国教科文组织《公共图书馆宣言》强调，公共图书馆是教育、文化、信息的有生力量，是孕育人类内心和平与精神财富的重要机构。《公共图书馆法》第一条就明确了公共图书馆功能，即"保障公民基本文化权益，提高公民科学文化素质和社会文明程度，传承人类文明，坚定文化自信"。在职能上，图书馆平等地为每个用户服务，是保障社会信息公平，倾向于图书馆承担的职权、作用。在功能上，图书馆是传播知识和信息的载体，则体现了图书馆的职权、效用等。1975 年国际图联（IFLA）于里昂召开图书馆职能科学讨论会，概括了图书馆的四项社会职能为保存人类文化遗产、开展社会教育、传递科学情报、开发智力资源。这体现了图书馆的基本职能是收集、组织、保存人类文化遗产，又体现了图书馆保障用户工作学习，获取知识的功能。吴慰慈将图书馆职能综合为"社会文献信息流整序、传递文献信息、开发智力资源进行社会教育、搜集和保存人类文化遗产、满足社会成员文化欣赏娱乐消遣"5 个方面，这些职能不但继承了上述四项功能，而且有所发展和创新。

国家积极推动智能城市、智慧社会的发展，图书馆在智慧服务、智慧管理、智慧空间等方面也不断进行创新和探索，智慧空间是图书馆的新业态。图书馆的智慧空间是对原有功能定位的替代，也是对原来基本职能的拓展和延伸，以及作用的更大发挥。基于图书馆的功能及智慧图书馆空间体现出的特征，笔者将智慧图书馆空间功能表述为："基本功能 + 核心价值功能 + 社会价值功能 + 未来价值功能"（见图 3-1）。其中：

（1）基本功能：体现了图书馆的基本功能定位不会发生改变。不管是早期的图书馆功能还是现代图书馆的功能，图书馆都是保存信息与知识、促进用户获取和利用，即包括收藏功能、利用功能。

（2）核心价值功能：体现了"服务"是图书馆发展越来越彰显的特征，

是收藏功能的根本目的，服务是图书馆作用的核心，包括文献服务、信息服务、知识服务、数据服务、情报服务、智库服务等6项功能。

（3）社会价值功能：体现了图书馆的中介性，以及在现代社会发展功能的不断延伸和拓展，成为城市发展的文化中心，包括文化交流、社会教育、社会记忆、知识管理、休闲娱乐等5项功能。

（4）未来价值功能：表达了智慧图书馆作为一个生长着的有机体的未来服务，包括智慧服务，以及未来的可扩展功能。

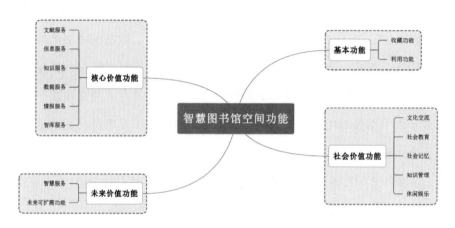

图3-1　智慧图书馆空间功能图示

（二）构成要素

图书馆空间是一个人们进行日常工作学习、阅读、休闲娱乐的场所，图书馆一直将用户的服务体验作为发展的方向和重点。智慧图书馆涉及的要素众多，具有与过去不同的功能和特点，与各要素结合后的新特征、新要素需要进行辨析。目前，国内研究者关于智慧图书馆构建要素主要有"三要素论""四要素论"和"五要素论"3种观点。其中，"三要素论"包含智能技术、智慧馆员和图书馆业务与管理系统三要素；人、资源和空间三要素等不同观点。"四要素论"包含图书馆建筑本体、现代信息技术、智能设备和智慧馆员四要素；图书馆、物联网、云计算和智慧化设备四要素等不同观点。"五要素论"包含技术、资源、服务、馆员与用户五要素的观点。智慧图书馆还未完全实现，因而对于其构成要素的观点也没有统一，智慧图书馆的形态在技术的发展下也会演变出不同特征，要素也可能会有所不同。笔者通过对"智慧图书馆""图书馆空间""人工智能 + 图书馆"等已有核心学术理论及实践要素的梳理，基于 1932 年政治学家拉斯韦尔提出的"5W 分析法"，从原因（Why）、对象（What）、地点（Where）、时间（When）、人员（Who）5 个方面阐释智慧图书馆空间的构成要素（图 3-2）。

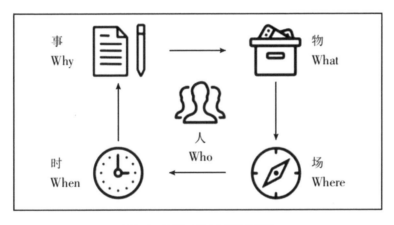

图3-2 智慧图书馆空间的5要素

图书馆强调"以人为中心"，因而智慧图书馆空间再造中，"人"的中心并不会发生改变，仍然是第一要素。此外，还有其他元素也占据重要位置，考虑到"人"日常行为所接触到的空间元素，笔者将其他元素概括为"时""事""物"，以及无所不在的"场"。如当"人"（这里也泛指图书馆服务使用者即读者、图书馆服务者即图书馆员）因为某一可能在图书馆发生或享受到的"事"（如讲座、展览、VR 体验等）而来到图书馆这一空间，在这一行为过程中，图书馆提供的服务既受到了"时"（指时间，也指时序）的限制，也反馈给了"人"以"时"的体验，且因这一相互关联、制约和影响而为图书馆这一"场"（这里既指宏观的图书馆整个服务空间，也泛指任一服务空间）赋予了存在的意义。同样，在这个具有了"场"的意义空间中，"物"（如智能机器人、VR 设备）因"事"才存在，而"人"与"物"在这里因"场"而连接，"人"因"事"在"场"中与"物"发生的连接通过"时"的串联，形成了整个行为系统。

每个要素之间的关系及所包含的内容具体为：

（1）以"人"为核心："人"即图书馆的所有用户或图书馆员，"人"是"事"的主体，赋予了"场"的意义。

（2）以"事"为主轴："事"即图书馆为"人"所提供的服务、体验、管理及行业规范。从发生学的角度来看，"事"先于"物"而存在，"事""物"从不独立存在。

（3）以"物"为驱动："物"泛指空间实现服务的资源、技术，也包括各学科支撑理论、各服务平台、智能数据集等。

（4）以"场"为背景："场"主要指为"人"提供了服务或体验的空间场所。"场"是"人"与"物"交互的场所，"事"发生的图书馆物理、虚拟或信息承载空间，这里主要指图书馆智慧空间。"事"是"物"的存在方式、"人"与"物"发生关系的存在状态。

（5）以"时"为串联："时"既为时空也为时序。"时"与"场"一样属于现实世界中的元概念，其描述了"人"与"物"之间交互的持续性，形成了"事"的发生之顺序。

（三）模式构建

智慧图书馆空间再造具有其独特性和复杂性。笔者综合考虑智能图书馆空间构建的时代背景、构建目标、功能定位、5 个构成要素的作用及其相互关系，提出智慧图书馆空间构建模式，如图 3-3 所示。该模式设计的基本思路是从理念驱动—再造过程—目标实现的作用流程，核心在于 5 个构成要素的智慧化。该模式所呈现的智慧图书馆空间是集 5 要素于一体的不断生长着的有机知识生态系统。

数智技术的迅速发展，推动信息社会向智慧社会转型，图书馆作为智慧社会的公共文化服务机构，也必然要受到影响。图书馆智慧空间是集数字化、智能化、个性化、多元化特征于一体的新型智慧空间，在图书采购、

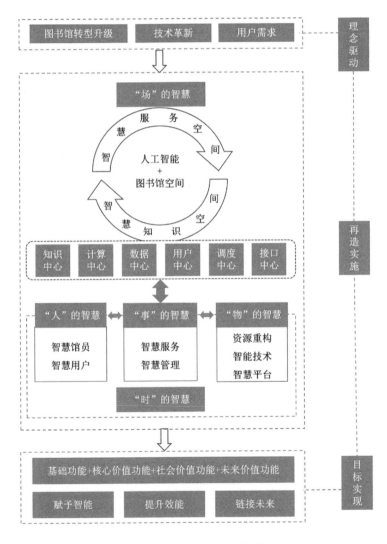

图3-3　智慧图书馆空间模式图

信息统计、个性化推荐、阅读推广、参考咨询、资源开发、情报咨询服务、体验式服务等项目中，人工智能等技术都将与其融合发展。图书馆空间正在被人工智能等新技术的引入所变革，技术革新催生了新的用户需求，并对图书馆空间转型升级提出了新的需求，在新理念的驱动下，在现代信息技术的支持下，汇聚人的知识和智慧，催生空间智能化、阅读场景化，促进馆藏资源数字化、资源组织智能化，实现用户服务个性化和精准化，以实现智慧图书馆空间的各项功能，达到赋予智能、提升效能、链接未来的空间再造目标。

1. "场"的智慧化

图书馆空间既是物质的，也是精神的，在图书馆独特的氛围中可以激发人们的阅读兴趣。智慧空间是人工智能时代图书馆空间再造的重要形式，具有承担物理平台、技术平台、数据平台、业务平台的作用。

（1）智慧服务空间。智慧服务空间是应用智能设备与感知技术，具备灵活重组能力、快速响应能力、高速接入能力的，支持用户无障碍利用的，能满足用户多样化空间需求的物理实体空间。智慧服务空间以用户需求为中心，用户在空间设计中占有主体地位，用户是图书馆服务的对象，空间设计要实现有效利用就必须以用户体验出发；以智能技术为驱动，应该具备包括网络接入能力、设施设备接入能力、知识资源接入能力、服务接入能力在内的高速接入能力，这是智慧空间建设以及功能充分发挥的基础；以个性化服务为目标，用户需求随着生活水平的提高而发生巨大的变化。智慧服务空间更加关注不同用户群体的服务特点，针对其需要进行空间服务设计，打破了实体的限制，任何用户都能掌握信息技术，保障公民信息公平。在智慧服务空间中用户可以享受到便利的服务，智慧馆员也能分析和了解到每个用户需求，为其提供精准的、个性化的、随时随地的服务。

（2）智慧知识空间。智慧知识空间是实现知识资源存储、配置和调度，进行用户信息管理、画像以及认证，执行数据处理和智能计算，并连接智慧平台和实体空间，为智慧服务提供接口的在线虚拟空间。智慧知识空间是一个知识中心，通过知识组织，将异构的、不同来源的知识资源连接在一起，并进行管理和保存，形成知识仓库；是一个计算中心，以分布式架构融合大数据清洗和查询、神经网络、自然语言处理、深度学习等多种技术，针对不同的数据处理需求不间断地提供计算与分析服务，包括数据检索、实体抽取与连接、数据统计、用户画像等；是一个数据中心，借助智慧系统的数据收集能力，将用户的基本信息、借阅信息、阅读偏好、信息反馈等数据进行收集、保存和分析，实现用户的精准管理；是一个用户中心，所有用户都能享受并利用图书馆的服务和资源，实现知识的交流、共享及创新；是一个调度中心，通过版本控制、资源权限定义和消息处理功能，实现资源和服务的全局调度；是一个接口中心，通过技术的应用，实现各模块间的有效链接。

2.“人”的智慧化

（1）智慧馆员。智慧图书馆需要智慧馆员的管理和服务，他们是智慧空间的创造者和生动体现，主要包括复合型馆员、技术型馆员、业务型馆员、研究型馆员和服务型馆员等多种类型。复合型馆员是全能型人才，除了基本业务，在智能技术、知识理论、服务水平等方面的通用型人才、管理型人才。技术型馆员、业务型馆员、研究型馆员、服务型馆员等则属于“专才”馆员，他们从事于某一个岗位或服务，工作内容比较专一。复合型的馆员更匹配智慧图书馆发展的需要，但复合型馆员的专业水平的培养更加困难，周期较长，且专才型馆员也是各项环节不可缺少的。在智慧图书馆建设中，应同时注重对复合型馆员的培养和专才型馆员人才的培养。人工智能的发展使机器人能够代替许多普通馆员的重复性、固定程序的工作，智能机器人也相当于具有专业技能的馆员。

（2）智慧用户。用户不仅是图书馆的服务对象，更是智慧图书馆空间建设的催化剂、支持者和参与者。用户包括数字原住民、数字移民和数字难民等不同群体，不同群体的信息素养水平不同。数字原住民对数字设备、智能技术的接受度和使用技能都较高，其从网络诞生起就在使用各种数字技术；数字移民出生较早，在很长一段时间内没有与数字设备有过接触，对许多新技术、新设备的使用和理解存在一定困难；数字难民受限于经济、社会、文化等发展滞后的原因而远离数字文化，几乎无法掌握技术设备。智慧图书馆空间的服务对象广泛，需求和特点也不同，精准把握用户需求具有较大困难。智慧馆员与智慧用户的交流、合作等互动是提供智慧服务的重要途径。图书馆可以采用技术与沟通相结合的方式，了解用户现实和潜在需求。一方面，通过人工智能技术对用户的信息可以进行实时采集，丰富的数据为用户需求分析实现精准画像，挖掘潜在需求。另一方面，可以与用户进行沟通交流，通过用户的即时反馈，分析其现实需求。

3.“事”的智慧化

（1）智慧服务。智慧服务旨在实现知识管理与信息增值，借助人工智能等现代信息技术将人与人、物与物、人与物及泛在网络连接在一起，是图书馆智慧空间实现的主要功能，是社会发展的目标。智慧服务基于物联网、传感器等信息技术，需要云计算、大数据、智能设备的相互配合与协同处理。智慧服务包括精准推荐、智能导航与图书定位、智能咨询、智能检索与知识发现等不同的服务内容和线上、线下以及线上线下相结合等不同服务方式。精准推荐：利用智能技术分析用户的职业背景、搜索行为，入馆后的一系列活动数据，包括借阅和浏览记录、空间停留时间等，自动进行用户画像，进行服务推荐，让读者减少选择的困难，精准满足用户的偏好。根据喜好不同，系统将会对用户群体进行划分，将具有共同爱好的用户阅读的书籍、相同类型的书籍进行推送。智能导航与图书定位：通过智能导航设备，用户可以精准获取图书的位置。空间导航系统能够对用户的移动路线进行实时感知，用户利用智能终端设备提供的路线和指引，能够便利地找到图书。智能咨询：自动应答系统是智能咨询服务重要的服务形式，最具代表性的是智能聊天机器人，通过深度学习技术，在与用户对话文本的训练下，智能咨询能实现图书馆基本服务、功能、借阅流程等问题的解答，甚至能够比人工更加细致和规范。用户可以与智能机器人进行直接的语音对话，且更加友好和方便。智能检索与知识发现：智能搜索能够为用户提供除文本之外的语音、视频、图片等各类型资源搜索，并结合位置感知搜索和移动场景，结构化呈现精准信息内容。智能检索能够检索的范围更大，精确性和效率兼备，检索体验更加良好。基于智能检索对大数据进行挖掘，可以发现有价值的信息和知识，进一步实现知识提取、组织和发现，为用户提供精准的知识服务内容。

（2）智慧管理。智慧服务需要建立在智慧管理的基础上，通过各种信息技术以及现代管理理念的应用，图书馆的管理向智慧化转型。包括座位的智慧管理、资产的智慧管理、人员的智慧管理、图书的智慧管理等。①座位的智慧管理：智慧空间会对馆内座位情况进行实时监测，用户在智能终端就可以实时看到座位的空缺情况，用户也可通过线上预约，系统会自动对已入座用户进行标记，而当用户离开时系统会给出已离开提示，并释放该座位。②资产的智慧管理：对资产进行芯片标签式管理，包括资产的清点、监测、定位，有芯片标签的资产通过门禁时，系统会自动识别、提醒及报警。③人员的智慧管理：馆员和用户在智慧空间系统内都进行统一的身份识别、信息管理。在馆内使用集身份识别、消费识别、图书借还、门禁功能于一体的一卡通（或者二维码），智慧管理系统可自动识别人员信息，自动开关门禁，处理信息数据。

4. "物"的智慧化

（1）资源重构。资源包括了设施资源、文献资源、数据资源、文化资源等。设施资源，是场馆的电脑设备和机器、书架、桌椅等固定资产，也包括了网络资源设备及其软件，这是图书馆服务的基础性资源。文献资源包括印刷型和非印刷资源，比如实体的书籍、数字资源，文献资源是图书馆资源的核心。数据资源包括静态数据和动态数据资源，这类资源是图书馆智慧空间分析的基础，也是开展智慧服务必需的数据支撑。文化资源是图书馆在建设和发展中形成的独特的文化理念、价值观、服务理念等。每个图书馆的文化氛围不同、管理理念不同，价值观也不同，因而每个馆具有的文化资源都是独一无二的。此外，智慧图书馆空间构建过程中需处理好线上与线下、内部与外部资源的关系，实现各种资源按需配置与集约发展。例如纸质文献和数字文献的采购问题，在数字阅读占据主要地位的今天，我们仍旧不能忽视纸质文献的优势，我们需要根据用户的需要，兼顾成本与效益，合理分配采购的占比。智慧图书馆空间建设必须进行资源重构，进行资源评估，在资源淘汰与更新中做好平衡，合理建设。

（2）智能技术。智能技术是指利用计算机来模拟人脑思考、学习、推理等思维活动来帮助处理一系列问题的相关信息技术，目前已经成熟的智能技术包括物联网、大数据、云计算等等。智慧图书馆空间所应用的核心智能技术见表3-1。每项技术不是单独使用，而应相互配合，在各项技术的协同作用下，才能实现智慧图书馆空间的整体功能，同时，在技术运用、技术配合的前提下，还要重视解决技术带来的信息安全和伦理等问题，保证空间的可持续性。

表3-1　智慧图书馆空间的核心智能技术概览

技术体系	技术名称	功能
人工智能技术	机器学习、自然语言处理、深度学习与神经网络、图像识别、语音识别、计算机视觉、情感分析	应用于智慧图书馆知识资源的智能搜索、获取、整合；基于数据对用户需求进行分析，实现精准画像；运用智能机器人或智能程序，实现空间引导或参考咨询功能
大数据技术	大数据	对图书馆的基本业务信息、管理数据、用户数据等进行收集、组织、管理和保存，数据挖掘技术和数据分析技术可以应用在图书馆服务和管理中
云技术	云计算、云存储、云服务	大数据处理、用户分析、构建用户画像、资源虚拟化
自动识别技术	人脸识别	身份认证、用户个性化定制服务
	指纹识别	身份认证
	OCR技术	文字识别
	RFID技术	标识资源、定位资源
	二维码技术	搜索资源
无线定位技术	GIS（地理信息系统）	获取空间数据并进行分析、构建空间模型
	iBeacon	定位资源&用户
	室内导航	路线服务
	GPS	获取用户地点，提供路线服务
虚拟现实技术	VR技术	虚拟现实、用于场景服务、用户体验服务
	AR技术	增强现实、用户场景服务、用户体验服务

　　（3）智慧平台。智慧平台是智慧图书馆空间管理和服务的关键组成部分，具有生态链整合、资源整合和资源处理3方面的功能。①生态链整合：由于缺少顶层设计，图书馆空间的各个子系统相互独立，关联性小，功能分散。智慧图书馆空间建设要通过智慧平台的设计，将图书馆内各个系统、资源和服务进行融合，实现一体化管理和协同服务，打造成为一个完整的

智慧图书馆空间生态链。②资源整合：纸电合一、知识探索、数据开放等都要建立在资源整合的基础上。智慧图书馆空间要整合的资源主要包括馆藏纸质资源和数字资源，数字资源主要有公共数字资源、商业数字资源和开放数字资源。资源整合需要做好制度安排和服务设计，需要关注资源开放、开放技术等问题。③资源处理：关键是从资源组织到资源发现再到资源获取的资源处理。

5. "时"的智慧化

"时"反映了智慧图书馆空间再造的时间顺序，按照事件推进顺序包含空间再造的规划阶段、空间再造的实施阶段、空间再造的运营阶段。要想做到空间智慧化，在每个阶段，人、事、物的交互顺序是极为重要的，合理规划各要素的运行时序，才能更好地实现空间场域的高便利性、高互联性、高智能化。在空间再造的规划阶段，要做好待改造空间规划、空间再造整体设计方案、申请资金预算、了解读者需求等工作，为空间再造的实施打好基础。在空间再造实施阶段，根据规划方案，落地各构成要素的改造，考虑新空间的实用性、美观性和舒适性的同时，考虑馆内各系统的布局。在空间运营阶段，要制定空间管理规章制度和规范，保证图书馆的有序运行；要制定空间及空间服务宣传策略，吸引用户走进图书馆体验和利用新空间；要开发匹配智慧空间定位的服务内容，让用户真正体会到智慧图书馆空间的"智慧"所在，增加用户黏性。

五、基于人工智能的公共图书馆空间再造模式验证与修正

本研究探索基于人工智能的公共图书馆空间再造模式的理论科学性与实践可操作性，邀请相关领域的专家参与访谈，在获取多位专家学者的意见后，对基于人工智能的公共图书馆空间再造模式进行模型验证与修正。

（一）专家访谈设计与实施

1.访谈程序

本研究采用半结构化的访谈方式，事先拟定访谈提纲，以电话、电子邮件、当面访谈等方式与专家交流意见，并获取访谈结果。为保证访谈结果的权威性与全面性，本次访谈邀请图书馆学理论研究、图书馆领域技术应用与实践等方面的专家参与，专家样本涉及图书馆学及信息技术研究学者6名，图书馆领域实践专家4名，见表3-2。

表3-2　访谈专家基本情况

专家代号	职业职务	职称
A	副主编	馆员
B	系主任	副教授
C	系主任	副教授
D	馆长	研究馆员
E	馆长兼书记	研究馆员
F	副馆长	研究员
G	党总支书记	研究馆员、三级教授
H	系主任	副教授
I	副系主任	副教授
J	副馆长	研究馆员

2.访谈内容

本研究依据基于人工智能的公共图书馆空间再造模式所涉及"人""事""物""时""场"五个基本要素构建智慧图书馆空间模式，并咨询专家的看法与建议。专家访谈设计的主要内容如下：

（1）您认为人工智能技术发展对公共图书馆空间产生了哪些影响？

（2）您认为基于人工智能等新兴技术打造的智慧图书馆空间与传统图书馆空间有哪些不同之处？

（3）您认为课题组目前所构建的"基于人工智能的公共图书馆空间再造模式"是否合适？（具有科学性和可操作性）

（4）上述模式中提及的智慧图书馆空间再造时要具备"人""事""物""时""场"等五个要素的智慧，您是否认可？这5个要素的概括是否全面？

（5）您认为在进行空间再造时，各要素要达到怎样的标准才是真正实现了空间的智慧化？

（6）您认为现有模式还有哪些不完善之处，需要从哪些方面进行改进？

（二）访谈数据处理

本研究在专家访谈进行前征求专家许可，经专家同意后，收集访谈文字及录音数据。访谈结束后，对访谈内容进行整理和文字转录。通过对专家访谈结果的分类、归纳和分析，最终完成逐级编码，其中一级编码39个、二级编码15个、三级编码6个。专家们对基于人工智能的公共图书馆空间再造模式的理解与实现建议主要体现在"技术影响""空间差异""模式合理性""要素全面性""要素实现标准""模式实现优化"这六个方面。编码结果与解释见表3-3。

表3-3 专家访谈数据编码结果

三级编码	二级编码	一级编码	解释
技术影响	技术支撑	延伸空间场域	智能技术拓展了公共图书馆的空间服务范围
		搭建交互平台	图书馆成为一个实体和虚拟交融互动的空间
		增强感知能力	通过技术手段，将用户所处的环境信息、行为和动作等实时反馈给智能设备，从而实现数据采集、识别、分析和应用

续表

三级编码	二级编码	一级编码	解释
技术影响	科技赋能	拓展服务功能	使图书馆传统空间功能更高效便利的同时，也能够开拓新的空间功能
		提升服务体验	赋予读者多元化的服务体验，让读者拥有更加个性化、智能化的感官体验
	加速转型	加速资源数字化	加速资源的数字化转型，推动信息的重组
		改变服务形态	实现从人工到自助、再到智慧的颠覆式改变
空间差异	业务升级	服务内容数字化	智慧图书馆注重为用户提供数字化的内容
		服务手段自动化	智慧图书馆利用自动化技术提供便捷服务
		互动性与参与度	智慧图书馆注重读者的互动和参与
		数据驱动管理	通过数据分析和机器学习算法，以数据驱动决策，使图书馆能够更加高效地运营
	虚实结合	虚拟空间建设	智慧图书馆侧重建设虚拟仿真空间的建设
		复合空间交互	新的智慧空间是一种复合空间，可以实现实体和虚拟交互
	需求导向	个性需求	智慧图书馆，空间再造共性、个性并重
		贴近读者	智慧图书馆空间将更加开放、平等、灵活、更能贴近读者，了解读者的阅读习惯
模式合理性	科学性	内涵挖掘与分析	除了凸显空间属性，也要进一步加大"空间再造"属性的构建模式
		全面要素融合	需要融入多元要素，综合、系统、全面、完整地落实新发展理念
		中微观策略支撑	根据环境或时间的不同，会有不同的模式选择性，还需要实践和操作上的策略支撑

续表

三级编码	二级编码	一级编码	解释
模式合理性	可操作性	结合实际特点	模型应与公共图书馆自身的特点以及实际案例紧密结合，充分考虑案例的特点、优劣
		兼顾时间纵向	模式应兼顾图书馆的过去、现在和将来，也就是历史性、现实性和未来性。
		细化操作流程	通过可进一步细化流程，完善模式流程的指引度，提升模式的可操作性
		社会力量引入	公共图书馆空间再造，并非由图书馆人可以单独完成，必须引入社会力量
要素全面性	针对性	强调空间再造	要进一步明确5个要素是围绕"空间再造"进行梳理而形成的逻辑思路和理论基础
		概念界定细分	每一个要素，要进一步地去进行细分，细分后要有对应的概念界定和实践操作策略
	关联性	理顺要素关系	公共图书馆空间再造过程中各要素建设的先后次序和内在关系必须进一步理顺
		关注流程要素	流程的要素还需要进一步关注要素融合，共同构建一个智能化、个性化和可持续的空间
要素实现标准	沉浸服务	要素运营连贯性	要素之间应具有运营上的连贯性，即在图书馆开展业务和提供服务的过程中能做到无缝衔接，整个过程不受时间空间等的限制
	万物互联	多元空间融合	构建智慧型空间再造结构形态，实现多元空间的融合与交互，注重空间多元属性的表达
		虚实空间联通	打通虚实空间，实现互联互通，运用互联网思维改造空间、升级服务
	人的尺度	需求兼顾	满足读者实现需求，激发读者潜在需求

续表

三级编码	二级编码	一级编码	解释
模式实现优化	人的尺度	用户体验	为用户提供智慧化的服务环境、设施及体验
		读者评价	以读者为中心去衡量和评价人工智能服务
	完善流程	揭示要素关联性	明确要素的具体构成内容，梳理要素在公共图书馆具体运营中的内在机理和关联
		细化实现模式	支撑的要素、行动的策略、保障要素、阶段性要素、系统性要素等方面需要完善
		凸显空间再造	应着力于凸显"空间再造"的属性和本质特征，并服务于整个图书馆事业
	实现原则	体现全程智能	应在空间再造顶层设计中注重体现出"全程智能"的大局观
		因地因时制宜	应特别注重因地制宜、因时制宜、因馆制宜，把握人工智能带来的巨大发展机遇
		多方合作改造	"人工智能+公共图书馆空间再造"须引入社会力量一同建设改造，多方合作
		普适与特殊结合	不仅要考虑图书馆建设的普适性，更要考虑公共图书馆的特殊性，将二者充分结合

（三）访谈结果分析

本研究通过分阶段逐级编码，完成了访谈结果的分类和归纳，最终形成六个三级编码，即技术影响、空间差异、模式合理性、要素全面性、要素实现标准、模式实现优化六项，主要反映了访谈专家对本研究中"基于人工智能的公共图书馆空间再造模式"及相关问题的看法。基于专家访谈数据编码结果，对本次访谈的结果分析如下：

1. 人工智能技术发展对公共图书馆空间的影响

专家们一致认为人工智能技术发展为公共图书馆空间带来了积极的影响，为公共图书馆空间的再造提供了技术支撑，实现了科技赋能，同时推动了信息资源与服务形态的升级。

专家们认为人工智能推动了图书馆向智慧图书馆发展，智慧图书馆首先体现出空间上的智慧性，这些需要最先进的技术来搭建和支撑。人工智能技术对公共图书馆空间智能提供更多技术支持，如 VR、AR、元宇宙等（专家 B）。人工智能技术的应用延伸了空间场域（专家 A）、搭建了虚拟与现实的交互平台（专家 H），提升了图书馆空间感知能力和感知效率（专家 D）。

有专家认为人工智能实现了科技赋能，智能技术的应用为公共图书馆空间拓展了服务功能，提升了服务体验。人工智能技术使图书馆传统功能更加高效便利的同时开拓了新的空间功能，能够赋予读者多元化的服务体验，让读者在图书馆空间接受更加个性化、智能化、多元化的感官体验与情感体验（专家 C）。

还有专家认为人工智能技术加速了公共图书馆空间的转型升级。一方面，人工智能技术将加速资源的数字化转型，并进一步推动信息的重组与生成。另一方面，人工智能技术改变了图书馆服务形态，彻底实现从人工到自助再到智慧的颠覆式改变（专家 G）。

见表 3-4。

表3-4　结果编码与陈述举例（1）

二级编码	一级编码	陈述内容	来源
技术支撑	延伸空间场域	人工智能技术推动了公共图书馆的变革和升级，是公共图书馆向智慧化转型必不可少的技术支撑，它优化了图书馆的空间环境，延伸了图书馆的空间场域	专家A

续表

二级编码	一级编码	陈述内容	来源
技术支撑	搭建交互平台	人工智能技术对于空间的内涵会产生影响，空间不再是一个我们讲的传统的看得见摸得着的实体空间，而在人工智能影响下，空间会变得更加复合，是一个实体和虚拟，相交融的，相互动的空间	专家H
	增强感知能力	在新的人工智能技术条件下，图书馆空间的可感知能力以及这个空间的感知效率应该得到突破和增强	专家D

2. 智慧图书馆空间与传统图书馆空间的差异

针对智慧图书馆与传统图书馆空间差异的认知，专家们普遍认为两者是继承与发展的关系，智慧图书馆空间是传统图书馆空间的升级和转型，智慧图书馆空间实现了图书馆业务的升级，将图书馆实体空间与虚拟空间相结合，更加贴合用户的实际利用需求。

业务升级是专家们普遍认同的空间差异，服务获得更加个性化，场所更加泛在化，手段更加智能化，方式更加集成化、内容更加知识化、体验更加满意化（专家A），服务方式、服务内容、服务效率、服务体验的全方位优化升级就是智慧图书馆空间与传统图书馆空间最大的不同之处。

虚实结合是智慧图书馆空间"智慧化"的重要体现。新型的智慧图书馆空间与传统图书馆空间的区别在于智慧空间，它是一个复合空间，是实体和虚拟融合交互的（专家H）。利用虚拟现实技术构建虚拟仿真空间，拓展公共图书馆空间服务的内涵；通过人工智能技术应用可使原有空间功能化增强，空间文化特征更加生动、感染力更强（专家E）。

智慧图书馆空间需求导向更加关注用户的需求以及使用体验，注重开放与包容（专家B）。智慧图书馆空间通过人工智能技术可以根据读者的兴趣和需求提供个性化的推荐和服务。通过分析读者的阅读行为和偏好，智慧图书馆可以为读者推荐相关的书籍、活动和资源（专家 I）。

见表 3-5。

表3-5　结果编码与陈述举例（2）

二级编码	一级编码	陈述内容	来源
业务升级	服务内容数字化	智慧图书馆空间注重数字化内容的建设。智慧图书馆提供丰富的电子书、在线期刊、数据库等数字资源，读者可以通过电子设备进行阅读和检索	专家I
	服务手段自动化	智慧图书馆空间利用自动化技术提供更便捷的服务。例如，自动借还书机器人实现24小时自助借还书服务；智能导航系统帮助读者快速找到所需书籍和资源	
	互动性与参与度	智慧图书馆空间更注重读者的互动和参与。虚拟现实、增强现实技术的应用使得图书馆的展示和学习环境更加生动有趣，读者可以参与到虚拟的学习和游戏中	
	数据驱动管理	智慧图书馆空间通过数据分析和机器学习算法，可以更好地了解读者需求、优化资源配置、改进服务质量。数据驱动决策使得图书馆能够更加高效地运营和管理	

3. 基于人工智能的公共图书馆空间再造模式的合理性

针对基于人工智能的公共图书馆空间再造模式的合理性，专家们认为该模式具有一定的科学性和可操作性，同时也对本研究所构建的模式提出了一些建议。

为确保模式的科学性，有专家建议深入挖掘与分析"图书馆空间"与"图书馆空间再造"的内涵，在凸显空间属性的同时，也要进一步加大"空间再造"属性的构建模式（专家 B）。也有专家认为图书馆空间的再造，需要基于人工智能，但也需要融入美学设计、绿色设计、文化设计、环境设计以及人机融合等要素，需要综合、系统、全面、完整地落实新发展理念，以克服图书馆空间再造中的片面性（专家 F）。还有专家指出该模式需要在中观和微观上有所加强，这个才能够更好地把它称作为是一个模式（专家 H）。

为提升模式的可操作性，有专家建议将本模式与公共图书馆自身的特点以及实际案例的结合应更紧密（专家 A）。此外，模式的构建要注重"时"的体现，兼顾图书馆的过去、现在和将来，也就是历史性、现实性和未来性（专家 G）。也有专家在操作流程方面，指引度稍显不足，可进一步细化流程，使其更具可操作性（专家 I）。在模式的具体执行层面，有专家提出引入社会力量的建议，他认为基于人工智能的公共图书馆空间再造，并非由图书馆人可以单独完成，必须引入社会力量；操作需要经历从"点"的尝试、系统性研究成熟到全面空间再造的成功（专家 J）。

见表 3-6。

表3-6　结果编码与陈述举例（3）

二级编码	一级编码	陈述内容	来源
可操作性	结合实际特点	模型与公共图书馆自身的特点以及实际案例的结合应更紧密，要充分考虑案例的特点、优势和劣势	专家A
	兼顾时间纵向	在"再造实施"模块，"时"的智慧如何体现，要兼顾图书馆的过去、现在和将来，也就是历史性、现实性和未来性	专家G
	细化操作流程	课题所构建的基于人工智能的公共图书馆再造模式具有一定的可操作性，但是在操作流程方面，指引度稍显不足。可进一步细化流程，使其更具可操作性	专家I
	社会力量引入	基于人工智能的公共图书馆空间再造，并非由图书馆人可以单独完成，必须引入社会力量；它的操作不得不经历从"点"的尝试、系统性研究成熟到全面空间再造的成功	专家J

4. 智慧图书馆空间再造要素的全面性

关于智慧图书馆空间再造要素的全面性问题，专家们认为针对智慧图书馆空间再造五要素的概括和归纳是具有一定的理论价值和实践意义的。但是，专家们也对智慧图书馆空间再造的构成要素提出了各自的见解。

专家们认为应提升五个要素的针对性，有专家认为同人工智能的公共图书馆空间再造模式一样，这五个要素应围绕"空间再造"来整理，强调内涵和意义（专家 B）。还有专家认为要素不仅仅是"人、事、物、场、时"这五个字，每一个要素，可能只是一个上位类的概念，要进一步进行细分，细分后要有对应的概念界定和实践操作策略（专家 H）。

专家们还认为应加强各要素之间的关联性，理顺要素关系，关注流程要素。有专家认为这五个要素之间就字面意义上来讲会有一定的内容重叠，再造过程中各要素建设的先后次序和内在关系必须进一步理顺（专家 A）。也有专家提出流程的要素还需要进一步关注规划、数据、自动化与智能控制、感知与交互、个性化与智能服务、虚拟化和增强现实、安全与隐私保护以及可持续发展（专家 I）。

见表 3-7。

表3-7　结果编码与陈述举例（4）

二级编码	一级编码	陈述内容	来源
关联性	理顺要素关系	在进行具体分析时必须考虑到要素构成之间的排他性和关联性。从字面理解，这五个要素之间会有一定的内容重叠，再造过程中各要素建设的先后次序和内在关系必须进一步理顺	专家A
	关注流程要素	如果从基于人工智能的空间再造来看，流程的要素还需要进一步关注规划、数据、自动化与智能控制、感知与交互、个性化与智能服务、虚拟化和增强现实、安全与隐私保护以及可持续发展。这些要素相互融合，共同构建一个智能化、便捷、个性化和可持续的空间环境	专家I

5. 智慧图书馆空间再造要素的实现标准

大部分专家认为智慧图书馆空间再造要素的实现标准暂无定论。因为，智慧化发展是一个趋势，伴随着不断的变化和创新（专家C），图书馆空间智慧化的所谓"标准"只能是相对的（专家F）。图书馆空间改造没有终点，没有尽头，是不断变化的，所以可能我们没有办法去给它设定一个标准目的地或者是一个截止日期，它可能只有阶段性目标，或者说我们是去给它建立一个衡量的标准，而不是要去达到一个标准或者一个目标，我们只能去看有哪些维度（专家H）。

专家们普遍认为应以"人"为智慧图书馆空间再造的衡量尺度，智慧图书馆空间再造的本质就是通过公共图书馆空间资源建设、服务方式变革，满足读者实现需求，激发读者潜在需求（专家C），为用户提供智慧化的服务环境、设施及体验（专家G），以读者为中心去衡量和评价人工智能服务（专家H）。有专家认为智慧空间应为用户提供沉浸式服务，要求图书馆开展业务和提供服务的过程中能做到无缝衔接，整个过程不受时间、空间等的限制，以实现时间上即时高效、内容上有深有浅、感受上个性化、运营上连贯（专家A）。专家们的观点与本研究空间再造原则中的以人为本的原则是一致的。

见表3-8。

表3-8 结果编码与陈述举例（5）

二级编码	一级编码	陈述内容	来源
人的尺度	需求兼顾	对于图书馆空间改造，能够科学合理利用好现有技术，安全高效的提升图书馆空间的功能和体验，各要素之间能够互相支撑、互相促进，从而满足读者的现实需求，激发读者的潜在需求，体现公共图书馆的专业价值和社会价值，我觉得这就是标准	专家C

续表

二级编码	一级编码	陈述内容	来源
人的尺度	用户体验	无论图书馆如何演变，其本质始终是为用户服务，所以空间的智慧化就是以空间为载体，为用户提供智慧化的服务环境、设施及体验	专家G
	读者评价	而且这个问题我觉得最可能是人这个维度，或者说人的这个标准，是最核心的，让人工智能为人来服务，以读者、以用户为中心去感受和评价	专家H

6. 基于人工智能的公共图书馆空间再造模式的优化

智慧图书馆是一个发展的过程，不断涌现的新技术和新理念为智慧图书馆的发展注入新的引擎。基于人工智能的公共图书馆空间再造模式的优化，可从完善模式实现流程和充实模式实现原则两方面入手。

针对专家们提出的问题和优化建议，进一步修正基于人工智能的公共图书馆空间再造模式，完善模式的实现流程。为了揭示要素关系，专家建议研究对模式中要素之间的关联进一步明确，同时对于各要素的内容解读和说明要进一步加强，让读者更好地理解模式并应用模式（专家C）。有专家指出，应细化本模式，尤其是支撑的要素、行动的策略、保障要素、阶段性要素、系统性要素方面还需要进行完善（专家H）。还有专家认为模式应凸显空间再造的概念，凸显"空间再造"的属性和本质特征，并服务于整个图书馆事业，主次分明，详略得当（专家B）。

在完善流程的同时参考借鉴专家们提出的模式实现原则，因地、因时开展公共图书馆空间再造，应特别注重因地制宜、因时制宜、因馆制宜；注重人机融合；把握生成式人工智能带来的巨大发展机遇。应在空间再造顶层设计中注重体现出"全程智能"的大局观，其中包括数字图书馆战略背景下的全景智能、文化共同富裕目标下的全域智能、万物智联视域下的全数智能（专家F）。同时，专家们还认为"人工智能＋公共图书馆空间再造"必须引入社会力量一同建设改造，它绝非仅由设计师、建筑师或图书馆人能单独完成，而必定是多方从头开始的合作（专家J）。为了充分发挥基于人工智能的公共图书馆空间再造模式的普适性和特殊性特征，专家还建议模式构建不仅要考虑图书馆建设的普适性，更要考虑公共图书馆的特殊性，将二者充分结合，才更具应用价值（专家A）。

见表3-9。

表3-9　结果编码与陈述举例（6）

二级编码	一级编码	陈述内容	来源
完善流程	揭示要素关联性	从字面理解五个要素可能存在重叠，课题组要明确五要素的具体构成内容，梳理好五要素在公共图书馆具体运营中的内在机理和关联	专家A
	细化实现模式	目前这个模式可能还是较为顶层的一个设计，还需要去细化。尤其支撑的要素、行动的策略、保障要素、阶段性要素、系统性要素方面还需要去进行完善，让这个模式更有操作性，要让图书馆的建设者看到这个模式之后，立刻知道这是什么，知道怎么去应用该模式进行实际的建设	专家H
	凸显空间再造	课题要构建的模式是空间再造模式，应着力于凸显"空间再造"的属性和本质特征，并服务于整个图书馆事业，主次分明，详略得当	专家B

（四）基于人工智能的公共图书馆空间再造模式修正与细化

本研究基于人工智能的公共图书馆空间再造模式，以公共图书馆再造理论研究和实践经验为基础，展示智慧图书馆空间再造所涉及的要素与实施过程。从理念、实施、目标三个维度进行要素内容与再造功能的展现。在分析和总结专家意见的基础上，笔者对基于人工智能的公共图书馆空间再造模式进行了修正和细化，具体修改内容如下。

1. 揭示智慧图书馆空间再造要素的关联性

在访谈过程中，专家 A、专家 C、专家 G 三位专家均提到要加强对智慧图书馆空间再造五种要素内在关系的梳理，充分体现元素之间的内在关联性。为此，笔者结合上文构成要素的部分内容，重新优化了模式中的要素关系。

"人"是公共图书馆空间再造工作的核心，是"事"和"物"的主体，为"场"的存在赋予了意义。同时，"人"也是在"时"的维度下活动的。"事"与"物"是密不可分的两个部分，有专家认为事、物两个元素存在概念上的重叠。本研究将"事"定义为"人"活动，而"物"则是空间实现服务的资源、技术、平台等，为一切的活动提供支撑。换句话说，"物"的存在为"事"提供便利，"事"利用"物"来开展活动。"人""事""物"三者相互依存，形成公共图书馆空间再造的核心流程。"场"元素与"时"元素并行，分别对应了空间和时间两个概念。"场"主要指的是图书馆空间再造的场所，为"人"与"物"的交互提供场所，承载"事"的发生。"时"是指时序，即时间顺序，是"人"借助"物"提供或获取"事"的顺序。在公共图书馆空间再造的过程中，串联起了"人""事""物"三要素，体现"人"和"物"交互过程的延续性和"事"发生的先后顺序。

"人""事""物""场""时"五种要素之间相互关联，形成智慧图书馆空间再造有机系统，各要素目标一致，形成基于人工智能的公共图书馆空间再造模式，各要素相互制约，达到持续改进的状态。

2. 细化公共图书馆空间再造模式实现流程

专家 H、专家 I 都认为应对公共图书馆空间再造具体操作流程进行细化，将该模式有哪些具体的工作、怎么开展这些工作展现出来。对此，笔者将要素内容具体化，结合上文模式构建的部分内容展开表述。

"人"的智慧化包括智慧馆员和智慧用户两个方面。在智慧图书空间再造的阶段，图书馆用户根据不同的信息技术的使用和接受能力被划分为数字原住民、数字移民和数字难民等群体，这就要求图书馆培养复合型"通才"馆员和人工智能机器人"专才"馆员，以提高服务水平，满足智慧用户需求。"事"的智慧化不仅提升了公共图书馆空间再造的服务能力，还促进了图书馆业务管理智能升级。一方面，智慧服务借助人工智能等现代信息技术实现知识管理与信息增值，提供精准推荐、智能导航与图书定位、智能咨询、智能检索与知识发现等不同的服务内容。另一方面，智慧管理在图书馆座位、资产、人员、图书等方面的广泛采用智慧化手段管理，优化用户的图书馆体验。"物"的智慧化强调设施、文献、数据、环境、资金、文化等资源重构，运用人工智能、云计算、大数据、物联网技术等处理"事"的智慧化运行中的问题。最终为智慧图书馆空间管理和服务构建智慧平台，实现资源整合和资源处理。

"人""事""物"共同构成新时期公共图书馆空间再造的主要业务流程。然而，"人"的需求、"物"的支撑、"事"的业务都需要在"场"的领域和"时"的范围内完成。"场"的智慧化是公共图书馆空间再造发生的地点，在公共图书馆空间再造阶段，"场"以更便利、更智能的方式展现其优越的智慧服务空间和智慧知识空间。而"时"的智慧化则反映了智慧图书馆空间再造的时间顺序，按照事件推进顺序包含空间再造的规划阶段、空间再造的实施阶段、空间再造等运营阶段。合理规划各要素的运行时序，才能更好地实现空间场域的高便利性、高互联性、高智能化。

"人""事""物""场""时"紧密衔接为公共图书馆空间再造提供切实可行的模型，细化基于人工智能的公共图书馆空间再造模式实现流程，可为空间再造的实践提供可行性指导。

3.凸显公共图书馆空间再造的概念与内涵

专家 A、专家 B、专家 J 指出基于人工智能的公共图书馆空间再造模式应着力于凸显"空间再造"的属性和本质特征，并服务于整个图书馆事业。笔者认为，公共图书馆空间再造是公共图书馆通过对空间的重新塑造而获取新的功能、履行社会责任的过程。而智慧图书馆的空间重塑体现在图书馆业务的方方面面，是无处不在、无时不有的。因此，涵盖"人""事""物""场""时"五要素的基于人工智能的公共图书馆空间再造模式体现了"空间再造"的意义。

经过修正与细化，本研究的基于人工智能的公共图书馆空间再造修正模式如图 3-4 所示。

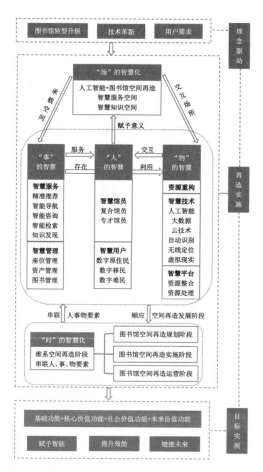

图3-4　基于人工智能的公共图书馆空间再造修正模式

"时"的智慧化串联起了智慧图书馆空间再造的全部要素，很好地体现了"空间重塑"无处不在、无时不有的特点。笔者认为"时"的智慧化是按照事件推进顺序而进行的，恰恰包含"空间再造"的各个阶段。在空间再造的规划阶段，实体空间设计的规划；在空间再造实施阶段，虚拟空间系统的架构；在空间运营阶段，空间智慧管理规章、智慧服务细则的制定，都涵盖了"空间再造"的理念。

因此，笔者认为凸显公共图书馆空间再造的概念与内涵最好的办法就是抓紧实践基于人工智能的公共图书馆空间再造模式，将本研究的理论设想落到实处，结合各馆的实际情况，因馆、因时制宜地开展公共图书馆空间再造改造工作，让图书馆的整体业务环境和服务范围向新维度跃升。

六、基于人工智能的公共图书馆空间再造需关注的问题

（一）智慧图书馆空间的发展战略

建设和使用符合图书馆功能定位及转型升级目标的智慧空间应该是图书馆思考空间建设的首要要素，空间是图书馆发展理念、服务理念、价值理念的一种具体体现。空间再造必须以图书馆从顶层设计为出发点，建设完整的空间战略规划。图书馆空间是一个完整的整体，从前期的布局、到正式实施以及后期的维护评估，所有参与这个空间的主体（包括设计者、管理者、使用者等）都应认同空间的再造愿景。发展战略是智慧图书馆空间未来长期发展的蓝图和规划路线。

（二）智慧图书馆空间的成本管理

智慧图书馆空间再造是一个系统工程，要考虑功能、时间，也要考虑成本，同时也要尽量保证空间再造实施的完整性，以减少给后期运行带来的不确定性，尽量减少管理负担，保证用户体验。为更好地完成成本管理，在进行空间再造时，要充分评估初始成本、建设成本、维护成本、运营成本、

休息成本等多项直接和间接成本，力求找到降低空间再造及维护成本并能保证空间功能实现的最优解决方案。

（三）智慧图书馆空间的服务效能

人工智能推动了图书馆空间服务内容、方式、手段的创新和发展。然而进行智慧图书馆空间再造更重要的是提升空间的服务效能，因此，图书馆要注重数字技术、智能技术间的互操作、相互配合、空间服务形式的创新、智慧馆员培养等问题。同时，为了确保空间的科学发展，应建立智慧图书馆空间评价体系，对空间内的设施、资源、服务等的供给、利用情况进行实时动态监测，对空间的智慧化管理运行效率及智慧服务效能等进行科学立体评价，为智慧图书馆空间的持续更新和成本投入优化配置提供决策支撑。

第四章　基于人工智能的公共图书馆空间服务效能评估

伴随着数字信息技术飞速发展，图书馆空间的内涵与外延发生了巨大变化，人工智能（Artificial Intelligence，AI）介入后的图书馆空间服务打破了其原有的实体场地的物理桎梏，催生了空间服务无限延伸的可能。目前，我国公共图书馆基于人工智能的空间再造及空间服务大体上是建立在实体空间和设施设备智能化的基础上的，应用主要集中于智能感知、智能识别、嵌入式咨询决策等领域，通过语音及图像的智能识别技术实现资源共享、信息交互、知识获取及发现等阅读功能，具体表现为智能化检索系统和智能机器人的应用以及学习共享空间、创客空间等智能化空间的搭建和使用。其中，自助机器人扫描架系统（AuRoSS）、自动存储和检索系统（ASRS）等在图书馆资源整理定位、资料查询等层面已得到初步应用。

随着人口素质的不断提升，大众对文化知识需求日趋浓烈，用户对公共图书馆提供社会知识服务的需求也与日俱增。而受到空间、资源技术、人员等因素的制约，公共图书馆的输出能力并不是无限的，寻求提升公共图书馆服务效能的途径的重要性日益凸显。《公共图书馆服务规范》（GB/T28220-2011）中给出的服务效能的定义为："公共图书馆投入的各项资源在满足用户和用户需求中体现的能力和效率。"公共图书馆的服务效能是指公共图书馆集合馆舍设施、文献资源、技术手段、专业人员、资金投入等各种软硬件，通过科学布局、专业策划、配置资源、优化政策，为用户提供便捷化、均等化、专业化服务的程度，简而言之，就是公共图书馆履行使命的程度。提高公共图书馆的服务效能，简单说即通过整合、优化图书馆资源，开展精细化管理运作，运用先进管理方式进行方案选优以降低服务成本，通过转变思路、优化管理、拓展服务、依托技术等多路径提升图书馆服务大众的能力。公共图书馆服务效能提升的标志，是图书馆资源、设施、服务与需求的有效对接，是用户利用公共图书馆范围、程度、效益的最大化。王世伟、张涛认为，服务效能是评估公共图书馆服务水准的重要标尺，可从服务时间、服务内容、服务方式、服务准确率等多个维度来判断。由此可见，公共图书馆服务效能的高低，主要取决于投入的资源量及利用率，管理统筹的服务能力，用户知识获取度和满意度，以及这几者之间的关系。在资源投放量一定的前提下，获取资源越快捷，资源利用程度越高，且配套服务的匹配程度越高，则服务效能越高。

一、人工智能与公共图书馆空间服务效能

基于人工智能技术搭建的公共图书馆空间兼顾了虚实空间相融合，涵盖信息资源获取、知识学习、创新共享、感知体验等时空融合系统，提升了空间服务的快捷性、系统性与完整度，打造了以人工智能技术为依托，以知识服务为目标，以用户体验为根本的图书馆空间服务新格局。毋庸置疑，人工智能这一划时代的创新型技术给图书馆服务带来的变革将是颠覆性的。在信息技术被大规模应用的时代背景下，公共图书馆已经能够利用图书处理系统完成大量的基础性业务工作，节省了时间和人工成本，将馆员从常规的文献处理工作中解放出来，使其有更多精力投身到服务升级与拓展中。并且随着用户对馆内阅读空间需求的日渐多元化，图书馆空间依靠人工智能等先进技术通过空间再造后更具数字化、更加精细化以及富有个性化，智能化空间的泛在属性和人文属性得到突显。借助人工智能技术持续赋予图书馆新的学习能力和智力，未来的图书馆将在智能化服务与管

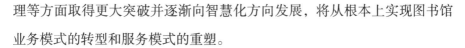

理等方面取得更大突破并逐渐向智慧化方向发展，将从根本上实现图书馆业务模式的转型和服务模式的重塑。

（一）智能化体系与服务效能

基于人工智能的图书馆空间服务体系大致包含以下三个方面：一是智能化知识库，基于人工智能的图书馆空间服务是建立在知识库的基础上的，人工智能辅助知识库开展知识服务，人工智能的学习能力则基于知识库资源进行分析发掘从而获取新的知识。因此，人工智能的应用和发展在促进图书馆知识库体系的重建和再利用方面起到关键作用；二是智能化信息处理，图书馆面向用户提供馆藏服务时，用户和馆藏资源之间必然发生多次信息交换，人工智能通过获取和处理二者之间的互动数据，为用户快速提供高匹配度的知识服务。正是由于人工智能技术的介入，馆藏服务的效率和效能都得到不同程度的提升，也为研究图书馆供给与用户需求间的规律和本质提供了深入探求的可能；三是智能化管理，包括人工智能技术在图书采访、流通、决策咨询等业务领域的应用，也包括通过感知技术、物联网等的应用对馆内设施、环境、安全等进行实时监测调控，如利用定位技术和 RFID 智能标签管理图书位置，对空间设施和环境如温度、照明等进行调控，采用人脸识别技术替代传统证件进行用户身份识别，智能机器人导航问答服务等。

（二）功能拓展与服务效能

传统意义上的公共图书馆是收集、保存、整理、传播文献并提供可供大众使用的科学、文化、教育、科研场所的公益性公共文化机构。在信息技术快速普及、媒体大融合的时代，人们获取知识方式的改变使公共图书馆传统功能价值体系受到了前所未有的挑战，要适应用户需求多样化和个性化的发展要求，亟须在其功能定位上加以全面拓展与升级。人工智能技术将同一空间内可以提供的功能服务形态多样化，让用户体验到个性化知识服务的同时也体验到服务的多样性，如近年来公共图书馆开设的共享空间、创客空间、交互空间等多种空间服务类型融合了体验、学习、交流、创新等服务需求，不断拓展和延展的功能定位，打造了一批基于人工智能虚实空间相结合的信息服务体系。图书馆空间的搭建与再造是一个集功能性、互动性、共享性于一体的空间服务体系，在很大程度上完成了类似于学习互动、知识共享、创造创新的空间功能架构。人工智能更是赋予了空间服务智能化、感知性、实时性、远程协助等沉浸式互动体验功能，具有创新、融合、共享、发展等特点的智能化空间功能构造，并不是简单意义上的概念叠加，也非各种先进信息技术的静态总和，而是将资源与服务相关联、层级间重组的动态融合，呈现出内涵外延和模式创新的特质，成为公共图书馆面向用户服务提升功能输出功效的高效路径。

（三）空间结构优化与服务效能

人工智能时代不断有新增的智能化元素融入到图书馆服务中，基于人工智能的公共图书馆空间从规划布局、环境设施、场景设计等方面对空间结构进行改造与优化，以期最大程度地发挥智能化空间的服务效能。融入智能化元素的图书馆空间搭建与改造，采用开放式与封闭式相结合的布局设计理念，灵活的空间结构设计让空间呈现内部分区多样化、外部边界模糊化的虚拟现实相结合的空间特征，这种可随时组合调整可兼顾多种服务功能的区域空间，有效释放了空间 1+1>2 的使用效能。环境设施的有效调配与控制保障公共图书馆有序运行，基于人工智能的空间内环境设施借助智能化技术实现对区域内照明、温度、湿度等的调节，甚至可以根据用户偏好改变空间内部环境、装饰氛围等，人工智能技术带给空间服务环境的优化体验是公共图书馆深化服务层次、提升服务品质、吸引更多用户到馆的一个有效手段。随着嵌入的智能化元素越来越多，公共图书馆智能化空间根据用户提出的不同类型的服务需求，通过技术接口整合设备发挥功能，设计并构建出不同的应用场景，为需求用户提供更具个性的定制化服务。如辽宁省图书馆的众创空间分为创客办公区、创新实践区、资料查阅区、智能会议区、智汇学习区、智能输出区和分享讨论区等七个功能区，空间配有能实现智能会议、无纸化办公的多人互动讨论桌；能进行动画、影视创作的 boxx 图形工作站；工业级的树脂粉末 3D 打印机等高科技设备，为创客们提供学习工作空间、资源共享空间、合作交流空间，同时提供专利检索、政策咨询、知识分享、创意交流、产品信息发布等多样化服务。借助人工智能技术进行公共图书馆的空间结构优化是一项集开放、获取、协同、共享为一体的智能化系统性工程，这项工程顺应社会发展趋势，跟随技术进步的脚步，逐步丰富物理空间内涵与虚拟空间外延，良好地展现出新时代公共图书馆的服务价值。

（四）空间服务智能化后的馆员发展

随着大数据、云计算、人工智能、无线射频等技术在公共图书馆的普及应用，文献管理、数据处理等传统工作在图书馆馆员的日常工作中所占据的比重越来越小。图书处理系统负责完成大量基础性业务，馆员从常规工作中解放出来，节省时间的同时更降低了人力资源成本，使馆员有更多时间和精力投入到服务升级和新职能拓展中。智能技术与公共图书馆服务工作不断融合，尤其是基于人工智能的空间服务开展后，可提供的服务丰富多样，用户需求和行为偏好各异，以上业务对馆员的职业素养要求呈现逐年升高态势。现阶段馆员依然是公共图书馆空间服务主体，是支撑智能化服务开展和运行的核心，因此馆员自身需要同步进行自检管理和技术更新以跟上时代发展的脚步。如在 RFID、云计算等技术应用于馆内资源文献管理时，馆员能够有效组织、科学分析，提高资源利用率；在智能化空间服务中，馆员具备发掘、分析和整合用户个人喜好和行为偏好等大数据的能力，提供更加契合需求方要求的个性化服务；在应用场景设计上，馆员应掌握多媒体操作技术，具备相应的技术操作水平以及出色的策划和设计能力。为了达到智能化空间搭建和维护标准，公共图书馆将强化智能化空间服务人才的培养力度。如注重涵盖人工智能等前沿信息技术内容的日常培训，注重与科研机构、高新技术企业间的交流合作，做好员工考评绩效工作，注重高素质人才引进工作等。总之，人工智能、大数据等技术的应用促使公共图书馆不断加大自我革新的步伐，为馆员个人未来发展提出了严峻考验的同时也提供了无限可能，自身素质高、业务能力强、亲和力够、积极性高、具有创新学习能力的馆员越来越受到用人单位和服务对象的青睐。

公共图书馆空间智能化与服务效能联系紧密、相互影响。人工智能为公共图书馆空间构建和服务拓展提供了技术支撑，为公共图书馆扩大服务范畴、提高用户黏性创造了条件，在人工智能技术的带动和影响下，公共图书馆空间服务已由传统空间延伸到虚拟空间乃至泛在空间。基于人工智能的空间功能对图书馆服务效能的影响无疑是正向的，但在具体实施中基于人工智能的空间服务质量的考评需要酌情分析。如果缺少人工智能专业技术人才的辅助和指导，跟风上马的所谓智能空间的工作效率和服务效果则会大打折扣，不但无法提升服务效能，反而会成为服务工作中的短板。如果只是单纯地强调新科技的融入创新，利用不充分，后续服务更新跟不上，不仅不会提高图书馆服务质量，反而造成服务质量缩水，降低了服务效能。

二、基于人工智能的公共图书馆空间服务效能评估

基于人工智能的公共图书馆空间的搭建是为了迎合信息时代发展和知识服务业务拓展需求，借助新兴科学技术将物理空间与虚拟空间有机融合，为信息交互、知识共享、创新创意等提供场所并有效发挥服务功能。基于

人工智能的空间服务质量与效能是公共图书馆服务转型与拓展效果的衡量指标，是对空间再造与智能化服务这一服务创新性工作效果的重要反馈。因此，基于人工智能的空间服务质量和效能发挥程度决定着公共图书馆空间发展的可持续能力，是空间设计和功能定位的重要支撑，是空间智能化服务能够长足发展的关键所在。自人工智能、大数据、云计算、物联网等技术催生空间智能服务出现以来，公共图书馆的空间服务以第三空间、共享空间、创新中心、创客空间等为代表的智能化空间大量涌现，为大众提供数据分析、知识更新、信息共享、决策咨询、项目孵化、创客培训等服务。目前，国内公共图书馆对基于人工智能的空间服务研究集中在空间搭建与升级再造、服务模式重塑、服务效能提升路径等方面，针对空间服务质量及服务效能评价方面的研究和实践与高校类图书馆相比仍然较少。尤其是当前公共图书馆各类基于人工智能技术搭建的空间普遍存在空间构造与类别同质化、功能发挥不完全、系统更新滞后等问题，导致用户在实际体验中易产生心理落差，一次性体验居多，持续性利用较少，加上用户反馈机制并未健全，严重影响了基于人工智能的空间构建与服务工作的良好健康可持续发展。由此可见，研究基于人工智能的公共图书馆空间服务效能的影响因素并提取各级评价指标，构建体现空间服务特征的服务效能评估体系，有助于公共图书馆创新型服务顺利转型和持续开展。

目前，业界对空间服务效能评价通常从定性、定量或二者相结合的方面进行测评。定性评价通常采用扎根理论、调查问卷、专家采访等方式进行研究并归纳出影响因素，进而提取评价指标。如刘哲采用专家咨询方式构建了服务质量评价指标，给出 3 个影响因素。柴源等通过访谈方式确定三个维度的评价指标，然后采用调查问卷的方式建立指标评价体系。定量评价通常采用系统科学方法论（AHP 法、DEMATEL 法等）进行图书馆空间服务质量识别与评价。如李宗富、张向先基于信息生态视角提出服务质量影响因素体系，采用 DEMATEL 法定量化确定关键因素及关联程度。还有不少研究者采用定性与定量相结合的方法进行服务效果测评。如郑德俊等采用定性与定量结合方式构建了服务质量测评模型。许强等采用 ANP– 模糊综合评价结合的方式对移动图书馆进行服务质量测评。

现有的图书馆空间服务效能评价研究主要集中在影响因素指标、评价维度的选择、服务评价模型构建、评价指标体系的建立等方面，运用的方法和工具日渐多样和成熟。由于各地经济发展水平良莠不齐，科学技术普及不均衡，加之智能化空间项目个体差异性较大，迄今为止，并没有一套具有普适性的评价体系供各馆在实践中应用。笔者认为，就基于人工智能的空间服务而言，服务效能的评价视角应侧重于智能空间设计与功能特征，评价结果应更重视服务对象的认可度，充分考虑到资源投入、资源利用程度、馆员参与度、到馆统计贡献率、用户满意度、对公共文化服务的影响等多方面，综合反映出其职能的释放程度。基于人工智能的空间服务效能评价体系应从公共文化服务效能的内涵出发，以促进公共图书馆职能实现和加快服务转型为目的，进一步明确智能空间的个体优势，依靠服务对象反馈进行项目改进，最终推进智能空间服务效能的提升。

（一）基于人工智能的公共图书馆空间服务特征

NIST（美国国家技术标准研究院）给出智能空间应当具备的 6 大功能或服务：基于技术识别用户和感知用户行为，理解用户的目的和需求；实现用户与各种信息源的交互；实现移动智能设备与空间基础设施的交互；提供丰富的信息显示；提供记录过程和检索回放功能；支持多人协同工作和远程沉浸式协同工作。据此，结合公共图书馆馆藏资源特点、空间构建需求、馆员结构和空间服务特性，总结出基于人工智能的公共图书馆空间服务特征。

1. 空间虚实融合性

在人工智能相关技术支持下，虚拟空间在公共图书馆空间阅读服务中开始享有一席之地，随着信息技术的不断发展，受众群体接受程度和正向反馈愈加良好，其与实体空间的界限越来越模糊并开始趋向融合。公共图书馆的空间服务功能与范围在虚实空间融合的背景下得到了扩展。虚拟空间为用户虚拟化呈现出原本由于空间限制而无法带来的全方位的阅读体验，打破了公共图书馆实体空间服务的时空限制。

2. 资源管理智能化

图书馆在引入了无线射频技术后，馆藏资源的管理效率得到了很大程度上的提升。以往需要投入大量人力、时间的图书盘点、上架和整理等工作在使用了基于 RFID 和定位技术的智能标签管理系统之后，能够实时监测馆藏记录、馆藏状态、馆内定位、排除错架等，实现了资源的有效管理。

3. 信息交互实时性

图书馆空间智能服务能够实现实时的信息交互活动。在空间提供的智能服务范围内，用户的位置信息、行为信息等被实时获取，空间智能系统对这些数据进行实时分析解读，为用户提供导航和导读服务。当用户有文献资源找寻需求时，在智能设备上输入相应信息，即可得到智能系统的实时反馈，文献资源的获取路径以及相似资源推荐将在用户面前实时呈现。

4. 感知体验直接性

感知的直接性是指用户在图书馆智能化空间中，利用移动智能设备可以直接满足信息获取需求，同时，智能空间内的传感器可以通过对其携带的移动设备的数据感知，获取相关信息并通过数据分析为个体提供个性化阅读服务。当用户进入空间时，智能系统即刻响应，识别出用户类型，通过其过往的借阅和浏览记录，为其进行借还提醒、阅读推荐；当系统中没有该用户信息记录时，则为其提供注册流程指南引导进行借阅手续办理。

5. 服务方式智慧化

人工智能技术应用于图书馆空间的最终目的是赋能阅读服务，提高服务效能，通过深耕阅读服务细节推动用户服务向主动服务和个性化服务的方向发展。当用户置身图书馆智能化空间时，智能化系统能够感应用户行为，搜集其信息偏好，构建出能够反映用户个体需求特征的用户模型，从而为其提供较为精准的个性化信息服务。如室内地图导航服务、智能导览服务、嵌入式参考咨询服务、机器人问询服务等均属于智能化的用户服务范畴。

6. 环境控制智能化

图书馆环境的智能化管理与控制是利用传感器及智能控制系统对空间环境，包括温度、湿度、照明、新风、安防等方面进行智能监测与调控，使得空间环境运行呈现出智能化特征。如，智能书库中的环境控制系统可以保证馆藏古籍文献的保存环境处于最佳状态；在用户阅读空间，环境控制系统能根据空间内个体活动需求以及外部环境的变化进行智能调控，为用户创造舒适的室内环境，提供良好的阅读体验。

国内公共图书馆界基于人工智能开展的空间智能化服务目前仍处于依托传感技术、生物识别、语音交互等技术的弱人工智能应用阶段。随着人工智能相关技术的快速发展与成熟应用，未来的图书馆空间服务将从区域化走向泛在化，为用户提供超强的环境感知、内容感知的智能服务，成为真正意义上的智能空间。

（二）服务效能评估体系的构建原则

构建基于人工智能的公共图书馆空间服务效能评估体系目的在于考察依靠人工智能技术升级改造后的空间服务效能的释放情况，指导空间服务效能提升的路径选择，从而促进图书馆服务向主导型服务发展，充分发挥公共图书馆在信息社会发展中的作用。智能图书馆空间的服务效能评价与以往的图书馆服务效能评价既有联系又有区别，相较于图书馆综合定级评价、服务质量评价、绩效考核评估等已有的评价标准，其应该具有自身特征及需要遵循的原则。在评估体系的构建过程中，不仅要坚持客观性、科学性、合理性、公平性、针对性等通用原则，还要坚持趋势导向性、评价终端性、用户对接性等需要遵循的特有原则。

1. **趋势导向性**

服务效能评估实质上是对智能化空间职能实现程度的评价。其评估内容应围绕智能空间功能设计、空间服务等方面的职能实现状况进行展开。从评估本质来看，空间的服务效能评价是对空间资源、技术、人员、管理等诸要素联动产生的职能效应的考核，既包含对服务质量、服务效率的评价，也包括对服务创新和效能管理能力的评估。构建公共图书馆智能空间服务效能评价指标体系的初衷是顺应信息社会发展和图书馆数字化发展趋势，与其他评价指标体系不同的是该服务效能评估体系构建需要立足于公共图书馆职能与服务规范，顺应服务转型趋势，反映新技术新服务模式发展的本质，具有显著的图书馆事业的发展趋势导向性。

2. **评价终端性**

效能评估具有很强的终端性，效能评估是对智能空间工作目标达到程度的评估，强调智能空间服务结果的有效性。效能既是图书馆服务管理的内在要求，又是达成服务目标的外部显示。不同于传统的绩效评价，公共图书馆智能空间的服务效能评估可以理解为单向的，即忽略投入，针对智能空间服务实现程度和效能释放程度而进行的终端评价。

3. **用户需求的对接性**

为公众提供知识服务是公共图书馆的基本职能之一，融入新兴科技的图书馆智能空间及其服务需要时刻接受用户的检验，由此，用户需求的满足度和用户体验的满意度是衡量智能空间服务质量和服务效能的重要标尺之一，服务效能评估体系要把用户需求对接作为构建指标体系的重要原则。时代发展对图书馆提供的各项服务都有了更高的要求和更多的期待，用户评价是了解供需关系改进服务的重要环节，图书馆在探究服务效能的提升路径时首先需要建立起用户需求精准对接机制，而后构建资源深层次开发及服务的延伸动能。

（三）服务效能评估体系的价值取向

价值取向是以"价值"为衡量标准的取向，是指人们按自行的价值观念对不同价值目标所作出的行为方向的选择，它体现在关于选择的决策行为中。公共图书馆服务的拓展与创新也存在着价值选择和决策的过程。顺应大趋势而启动的创新项目应该采取什么样的方式进行启动和推广、达到什么样的预期效果，是在服务拓展和创新时必须要思考的问题。

实施评价有助于对图书馆空间的运行管理全面掌控，对改进服务水平、提升服务效能具有现实指导意义。而针对图书馆服务效能的评估，其价值取向则体现在评估本身和测评指标上。以评促建、以评促改、以评促管，最终达到推动图书馆职能实现、服务转型升级和事业持续发展的目的，这是服务效能评估的价值取向。在设计测评指标时，要充分考虑到目标实现程度和需求满足程度，着重考察用户需求的满意度、馆员的参与度、社会的美誉度、公共文化的贡献度，综合反映出效能的释放程度。

（四）服务效能评估体系的基本维度

基于人工智能的空间服务设计独特、特征鲜明，在功能和服务体现上与传统的服务相比，具有高效、灵活、多变等性质，随着人工智能、大数据等信息技术的不断发展，智能空间服务在公共图书馆对外服务工作中所占的比重越来越大。遴选和确定基于人工智能的空间服务效能评价的基本维度要具有针对性的同时具有导向性，既能指向当下公共图书馆智能化空间服务实践中所遇到的问题和挑战，又能带动公共图书馆服务模式转型步伐，促使智能化空间服务向更加规范化方向发展。同时，能体现出公共图书馆服务的优势、特色和强项的个性化品牌知名度、社会美誉度等因素也应在测评指标选取范围中。鉴于此，充分考虑到基于人工智能的公共图书馆空间设计功能特征和服务特性，提取资源配置、功能设计、用户体验、馆员评价、公共文化服务贡献作为服务效能评价的基本维度。在已选取基本维度的基础上，从资源配置与利用、新技术使用、用户需求与诉求、馆员能力、社会评价等方面寻找测评方向提取评价指标，构建评价指标体系。

（五）服务效能评估体系评价指标框架

前文中已分析并提炼出基于人工智能空间服务的六大功能特征，分别为空间虚实融合性、资源管理智能化、信息交互实时性、感知体验直接性、服务个性智能化和环境控制智能化。在服务效能评价的过程中，围绕以上功能特征，通过剖析服务过程中主体的履行职能状况、客体的体验反馈情况及相关信息载体的使用效率等因素来探讨服务效能发挥程度，进而指导效能评价指标框架的构建。需要说明的是，本章节探讨的效能评价不同于传统的效率评价，对投入与产出层面的影响进行了忽略和回避，是对服务职能的实现程度进行的单向性、终端性和结论性的效果评价。

基于人工智能的公共图书馆空间服务效能评价指标框架的搭建，应将其置于《公共图书馆法》的指导框架中，放在公共图书馆服务面临转型关键期的大背景下，在公共图书馆评估从强调建设规模和数量转向强调建设管理和服务效能这一发展趋势下，遵循服务转型内在要求和发展规律，去考察服务效能的实现程度。从评价的本质上，服务效能评价是对空间的资源配置、空间设计、技术应用、管理协调、馆员能力等诸多要素联动产生的服务效果的测评，其涵盖了对服务质量、服务效率、服务管控、服务创新等多个方面的评价，因此，能够反映服务能力、服务效果、用户满意度、品牌知名度、社会美誉度等因素均应纳入到评价指标体系中。基于对图书馆服务效能概念和内涵的理解，对构建公共图书馆智能化空间服务效能评价价值和意义的把握，根据图书馆智能化空间特征与服务特点，根据已提取的资源配置、设计及功能、用户体验、馆员评价、公共文化服务贡献 5 个基本维度，提出基于人工智能的公共图书馆空间服务效能评价指标体系的基本框架（表 4-1），通过 25 个分级评价指标来考察空间服务效能的实现程度。

表4-1　公共图书馆智能化空间服务效能评价指标框架

基本维度	评价指标	指标描述
资源配置（A1）	信息供应（A11）	数据库种类及数量，大数据服务供应便捷性、广度和精度
	设备支持（A12）	保障正常运行的设备完备性，支持功能实现
	技术嵌入（A13）	新技术嵌入后与相关场景对接契合度，用户指令的响应速度
	材料消耗（A14）	相关材料的消耗量及增减量推断用户的参与积极性
	网络环境（A15）	网络的流畅性、稳定性和安全性
功能设计（A2）	空间布局（A21）	满足用户个性化需求，包括布局合理性，环境舒适性、装饰材料的环保与和谐
	虚拟服务（A22）	虚拟空间的覆盖率、使用频度、与实体空间的融合度及服务范围的延展性
	信息交互（A23）	信息化程度、交互界面友好程度、交互的实时性、直接性和便捷性
	场景设计（A24）	场景设计与服务需求的关联度、合理性、多样性、灵活性
	个性化服务（A25）	个性化服务的智能化程度、精准度，提供个性差异化服务
用户体验（A3）	感知体验（A31）	用户到访记录、体验时长、感知设备的使用时长及频次
	知识获取（A32）	知识服务的可获得性、便捷性和AI匹配准确性
	用户黏度（A33）	用户重复使用度、依赖度、忠诚度，包括到访的时间间隔、二次到访率等

续表

基本维度	评价指标	指标描述
用户体验 （A3）	承诺兑现（A34）	是否达到事先宣传或体验说明中明示的效果，即服务承诺的兑现程度
	用户满意度（A35）	用户体验后对服务所提供的内容是否有帮助的评价
馆员评价 （A4）	认知水平（A41）	馆员对业务的认知程度，服务过程中的介入度
	意识与素养（A42）	是否具备服务意识及专业素养，包括教育背景、岗位培训考核情况
	服务能力（A43）	组织、协调、沟通、解决问题等能力，是够能关注用户需求，及时提供服务
	馆员培训（A44）	阶段时间内接受相关培训的时长
	自学与创新（A45）	保持知识储备和工作能力的提升，保证服务意愿的强度和持续性
公共文化 服务贡献 （A5）	品牌知名度（A51）	阶段时间内媒体报道数量及频次，大众关注度，用户问询次数
	社会美誉度（A52）	媒体报道的等级、篇幅、频次，取得的奖项与成果
	用户贡献率（A53）	阶段时间内用户占到馆总人数的比例
	辨识度（A54）	在同行业同类文化品牌中的关注度与辨识度
	辐射范围（A55）	业内的示范作用和带动性

在运用指标框架进行服务效能评价及功能实现的考察过程中，选取不同性质的评价指标彼此互补，客观评价指标（如用户到访次数、数据库访问量）和主观评价指标（如用户满意度）相互印证。采用定性和定量研究相结合的方法给出综合性评价，提高评价结果的广度和深度，帮助推断服务效能的发挥程度。定量方法通过用户信息行为所产生的数据（如查询日志、访问日志等），构建相应的数据模型。定性方法通过调查问卷、用户访谈等方法进行测评，主要考察空间功能设计与用户需求对接情况，通过反馈信息指导改进方向。此外，保证一定数量的样本可提高评价的可信度。评估方式可采用馆内自评、馆际互评、专家评估等方式。

公共图书馆空间职能的实现程度依赖于服务效能的高低。空间服务效能评价指标体系能够综合反映空间服务职能的释放程度，正是公共图书馆在服务转型期顺应自身发展规律和价值遵循的体现。成熟的评价指标体系，分级指标定义准确表述清晰，本章只是初步提出评价指标的基本框架，其准确性和实用性还有待进一步完善和验证。此外，在实际测评中，应根据实际需要和测评客体的服务特点赋予指标相应的权重来提高针对性和实用性，需要进一步研究和探讨。

三、辽宁省图书馆"敏学天地——男孩屋女孩屋"智能再造实践与效能分析

在科技的驱动下图书馆不仅是资料保存、书籍借阅的馆舍，更是集资源共享、信息交互、知识获取、发现阅读、社交互动于一体的社会文化休闲场所。从图书馆发展战略角度，空间服务要以维护和保持图书馆独特的价值和角色为目的，注重空间理念的先进性与时代性，坚持以人为本、与时俱进的空间布局。借助人工智能技术辅助与呈现，虚实融合的智能空间保证了用户的阅读行为包括信息获取、知识学习、信息共享、感知互动等顺利实施和智慧融合，在很大程度上提高了图书馆的服务效能。而受到资源、技术、人员等内外因素的影响，阅读空间的服务能力不是无限的，图书馆人需要在理论研究与实践工作中不断总结经验教训，分析服务效能影响因子及其关联性，探究效能评估方法的合理性，寻求效能提升的途径和办法。现以辽宁省图书馆"敏学天地——男孩屋女孩屋"智能再造为例，对空间再造理念和实践进行总结归纳，通过探讨空间再造后的影响和成效，为提升图书馆智能空间效能和创新升级提供思路。

（一）"敏学天地——男孩屋女孩屋"智能再造实践

智能空间再造与重构是新时期环境下公共图书馆谋求转型与发展的重

要突破口，近年来我国图书馆界掀起了一股空间再造热潮，通过馆舍空间的重新布局与调整，智能设备的大量投入与应用，实现知识获取方式转变和阅读功能拓展升级。在此背景下，辽宁省图书馆对少儿天地局部区域进行智能改造，于 2021 年 11 月推出少儿成长体验阅读智能空间"敏学天地——男孩屋女孩屋"，积极配合国家教育领域"双减"政策推进，进一步扩展图书馆儿童用户阅读服务范围。

1. 基本理念

图书馆空间再造是一项涉及到整体规划、环境布局、内容设计、管理运营等多项活动的系统工程，而空间再造理念是这一系列工作的基础和核心，科学定位空间理念，才能制定出合理的且符合再造目标的设计方案。2018 年，《国际图联儿童图书馆服务发展指南》提出了"为孩子提供所有的资源和媒体""为儿童、父母和看护人提供各种活动"等目标。2019 年11 月，国际图书馆协会联合会（IFLA）发布的《IFLA 工具包：构建素养和阅读国家战略》中指出图书馆应该积极参与到国家素养和阅读战略中去，发挥的作用不仅包括幼儿阅读指导、学龄前儿童入学准备等，更应该包含补充学校教育，提升学生的阅读兴趣等。《第六次全国县级以上公共图书馆评估标准》也将"针对低幼用户""对图书馆环境设计、分区空间的合理性"等列为评估标准。以上指南、战略及标准为公共图书馆创新服务理念，引入人工智能等现代信息技术打造契合儿童成长心理和行为特征的阅读空间提供了政策支持和实施准则。

公共图书馆作为国家阅读战略实施的主要阵地，在提升国民素质的阅读推广活动中扮演着纽带与媒介的角色，在儿童阅读启蒙以及知识学习领域发挥着不可替代的作用。儿童阅读空间再造的基本出发点是启发孩子独立思考，引导阅读习惯的养成。空间再造应基于人工智能技术的广泛应用，从少年儿童阅读的实际需求出发，强调兴趣引导优先，鼓励将人文科学、生命科学、艺术鉴赏、电子工程等多学科互融，开展跨学科式合作。"敏学天地——男孩屋女孩屋"智能空间再造项目以儿童需求为导向，借助智能触控、虚拟现实、体感捕捉等科技设备，围绕更易被儿童接受的趣味性任务开展阅读互动类活动，通过生动的声画影视呈现与感官体验感知，帮助实现少年儿童在成长中的自我认知和素质养成。

2. 设计思路

英国学者 John Berger 曾提出"观看先于言语"，相比于文字和语言，人们往往优先取用那些形象直观、易于理解的视觉讯息。图书馆是除家庭、学校以外影响儿童成长的一个重要社会机构，观念创新、设计合理的图书馆阅读空间有利于协助孩子顺利完成成长蜕变，培养儿童的求知探索精神。儿童的阅读心理和行为特征因年龄和性别的不同而呈现差异性，作为阅读学习和启蒙教育的主流力量，图书馆应充分考虑到儿童心理行为在年龄和性别上的差异，在空间布局、项目设立、技术支持、人才队伍等方面发挥自身优势，打造层次丰富的多元服务，为儿童提供一个阅读舒适、交互友好的阅读空间。儿童智能阅读空间的再造，须以培养孩子独立思考能力，解决实际生活中遇到的问题作为实施改造的出发点，通过智能设备的信息输出和新奇体验，紧密结合特色活动和品牌项目，让孩子得到良好的启蒙教育和意识形态培养。

辽宁省图书馆"敏学天地——男孩屋女孩屋"利用人工智能等新媒体技术，将少儿馆藏与数字影音阅读相结合，打造出一个百余平方米的全国首个专注孩子哲学启蒙与心理健康的沉浸式阅读体验智能空间。在这个智能阅读空间中，儿童可以通过体验智能设备，在寓教于乐中认识自己、认识他人、认识世界。空间再造启动前，对空间的结构与布局、设施设置、人性化服务等方面进行了充分的论证和细致探讨。空间再造过程中，合理规划统筹布局，有效利用现有空间，注重空间内部环境的改造，在设计上融合美学、平面、立体等多维理念，充分考虑到馆舍空间分布、设备更新、区域效果叠加等多方因素。在阅读功能延伸方面引入"互联网+"模式，形成线上线下相结合的课程体系和项目模板，同时，充分挖掘馆外资源，与知识平台、教育机构等寻求深度合作，陆续开发一批颇具创意的课程，探索资源共享、模式共享、人才共享的儿童阅读空间运行新模式。

3.再造实践

（1）空间再造整体设计。"我从哪里来""如何保护自己""男孩和女孩有什么不一样""怎么改正坏习惯"……这些儿童在生活中经常问到的问题，都可以在"敏学天地——男孩屋女孩屋"找到答案。空间的阅读服务从用户需求出发，在内容设置上分为六大板块："我是谁"——人体生理基本认知；"我要长大"——成长的疑问和困惑；"我要变强"；"榜样的力量"；"我的祖国我的家"；"阅·未来"。六个板块之间层层递进、逻辑严谨，构成了一套较为完善的儿童成长哲学体系，在自我认知、素质培养、文化熏陶、科学探索、爱国主义、创造精神等方面对儿童进行多元化导读和阶梯式培育，为儿童意识形态启蒙教育，人生观、价值观、世界观的初步形成开辟了新途径，可以有效弥补儿童在成长中的教育缺失和不足。

（2）空间硬件设施及资源配置。空间情景化构建需要考虑整体风格布局、动线、美学等元素的统一性，使陈设、软装、灯光浑然一体，动线设置科学合理，符合儿童读者的审美标准。环境布置以人为本，照顾儿童读者心理和生理特点，增加软垫、卡通桌椅等，营造舒适、安全、愉悦的阅读氛围，让孩子们从心理上获得归属感。此外，空间还引进了触控屏、VR、拼接大屏、体感捕捉等30余组智能设备，利用人工智能等新媒体技术将生理教育、传统文化、安全教育、模范榜样、爱国英雄等100余种资源展现在孩子们面前，全面实现了硬件升级和资源提质。空间情景化阅读通过情景元素全方位、多角度的视觉传达，循循善诱，让用户置身其中获取最直接的感官体验，犹如踏入一段享受的阅读之旅，让孩子们在潜移默化中掌握生理健康、意识形态、自我保护等知识内容，达到帮助儿童认识自我、提升自我、超越自我，树立正确的人生观、价值观，自觉延续文化基因、培养家国情怀的目的。

（3）空间效果实现及服务设计。"敏学天地——男孩屋女孩屋"通过提供智能化沉浸式的阅读体验，让用户身临其境感受到书籍的魅力，培养阅读兴趣，提升阅读能力。在效果实现方面，将原有的 6*2.5m 雷达触摸式电子涂鸦墙、体感游戏机、地面 3D 互动投影、投影书等智能设备纳入其中，打破物理界限，对空间单元进行灵活的拆分和组合，通过与数字资源的有机融合构建声光影应用场景，促进空间视觉效果叠加，营造一个可供聆听经典、独立思考、自由探索的视听空间。空间阅读功能的延伸并不是简单意义上多个智能设备的静态总和，而是将空间单元、资源内容、服务内涵的紧密关联，通过合理而灵活的设计，打造功能强大、场景多样的阅读体验空间。此外，"敏学天地——男孩屋女孩屋"智能空间服务还注重服务外延的扩展，增加了数字阅读体验项目，开展了一系列定制化、沉浸式阅读交流活动，并致力于服务模式的创新，保障少儿阅读权益的同时增强了阅读的趣味性，助力公共图书馆少年儿童阅读服务保量增质。

（二）"敏学天地——男孩屋女孩屋"空间再造效能影响因素分析

图书馆空间再造后服务效能提升的主要标志是图书馆的设施、资源、服务与用户需求实现有效对接，用户利用图书馆的范围、程度和效益最大化。本案例借助设备的智能搭建，引进并整合资源内容，打造出兼具趣味性与功能性的智能化阅读体验空间，满足了少年儿童多样化的阅读需求，吸引更多用户到馆参与体验，为图书馆提升文献资源利用率、空间使用率做出了贡献。

遵循此前提出的基于人工智能的公共图书馆空间服务效能评价指标体系的基本框架中的资源配置、功能设计、用户体验、公共文化服务贡献等四个基本维度，通过 17 个分级评价指标来考察空间服务效能的实现程度，测评辽宁省图书馆"敏学天地——男孩屋女孩屋"空间智能再造后在资源利用、空间使用、用户体验、用户反馈、社会评价等方面的表现，详见表 4-2。

表4-2　"敏学天地——男孩屋女孩屋"空间智能改造服务效能评价

维度	指标	表现
资源配置（A1）	信息供应（A11）	100余种资源构成完整的儿童成长哲学体系，具有多元化导读和阶梯式培育特点，针对性更强
	设备支持（A12）	3D投影、触控屏、VR设备、体感捕捉等30余组智能设备，支持声画影视呈现与感官体验感知等功能实现
	技术嵌入（A13）	人工智能、VR等新技术嵌入后与场景对接契合度较高，满足用户指令响应速度
	网络环境（A14）	五大网络技术可保障网络的流畅性、稳定性和安全性
功能设计（A2）	空间布局（A21）	注重空间内部儿童阅读氛围感打造，在设计上融合平面、立体、美学等多维理念，阅读环境舒适、装饰材料环保
	场景设计（A22）	构建声光影应用场景，促进空间视觉效果叠加，通过情景元素全方位、多角度的视觉传达，让用户获得最直观的感官体验
	信息交互（A23）	与馆藏数字资源的有机融合提高了信息化程度，交互界面对低幼用户尤其友好、具有很强的交互直接性和便捷性
	个性服务（A24）	通过增加定制化数字阅读体验项目，在后续的场景设计与服务需求的关联度和多样性上有待提高
用户体验（A3）	到访量（A31）	空间改造后第一、二、三个月用户到访量与改造前一个月相比，分别增长了0.3%、24.1%和25.4%

续表

维度	指标	表现
用户体验（A3）	文献借阅量（A32）	智能体验空间开放后文献借阅量较上一周期增长了17.5%
	用户饱和度（A33）	空间改造开放后举办的12次阅读推广活动用户饱和度均维持在0.8-1之间
	用户黏度（A34）	用户回访数据显示，改造后的空间开放一个月内用户回访率达22.7%
	用户满意度（A35）	在接受满意度调查用户197名，对改造后的空间服务非常满意105人，占比53.3%，满意66人，占比33.5%，基本满意26人，占比13.2%，不满意0人
	感知获取（A36）	信息服务的可获得性、便捷性和准确性方面表现不够显著
公共文化服务贡献（A4）	品牌知名度（A41）	全国首个专注孩子哲学启蒙与心理健康的沉浸式阅读体验智能空间，用户问询次数增多，在儿童用户群体中知名度较高
	社会美誉度（A42）	主流媒体辽宁广播电视台、沈阳电视台、辽宁日报、沈阳日报、沈阳晚报、网易新闻、东北新闻网等媒体报道十余次
	辐射范围（A43）	馆际、馆校、馆企合作铺陈不够，业内的示范作用和带动性尚不明晰

1. 资源配置（A1）

（1）信息供应（A11）：以儿童需求为导向，开展跨学科式合作，将人文科学、生命科学、艺术鉴赏、电子工程等多学科互融，形成了包含生理教育、安全教育、传统文化、模范榜样、爱国英雄等100余种资源在内的创意课程资源。构成了一套较为完善的儿童成长哲学体系，在自我认知、文化熏陶、素质培养、科学探索、创造精神、爱国主义各方面对儿童进行多元化导读和阶梯式培育，同时围绕更易被儿童接受的趣味性任务开展阅读互动类活动。

（2）设备支持（A12）：引进动线设置合理、符合儿童审美的软装陈设和灯光来打造空间情景化，拥有雷达触摸式电子涂鸦墙、地面 3D 互动投影、触控屏、VR 设备、体感捕捉机、投影书等 30 余组智能设备。通过生动的声画影视呈现与感官体验感知，帮助实现少年儿童在成长中的自我认知和素质养成。

（3）技术嵌入（A13）：利用人工智能、物联网、虚拟现实等新技术，在智能空间嵌入以上新技术适配的软硬件，对服务内容进行了拓展和改进，颠覆了传统服务方式，将少儿馆藏与数字影音阅读相结合，打造出一个百余平方米的全国首个专注孩子哲学启蒙与心理健康的沉浸式阅读体验智能空间。

（4）网络环境（A14）：设置网络专用接口，借助通信协议与授权认证、URL 签名等网络安全技术保障网络环境的安全与稳定。利用网络环境引入"互联网＋"模式，形成线上线下相结合的课程体系和项目模板，与知识平台、教育机构深度合作，陆续开发具有创新思维颇具创意的课程资源。

2. 功能设计（A2）

（1）空间布局（A21）：在对空间结构与布局、设施设置、人性化服务等方面进行了充分的论证和细致探讨的基础上，合理规划统筹布局，有效利用现有空间，注重空间内部环境的打造，在设计上融合了多维理念，空间布局和谐，装饰材料环保，充分考虑馆舍空间分布、设备更新和区域效果叠加。

（2）场景设计（A22）：通过与数字资源的有机融合构建声光影应用场景，促进空间视觉效果叠加，通过情景元素全方位、多角度的视觉传达，循循善诱，使儿童置身其中获取最直观的感官体验，在潜移默化中掌握生理健康、自我保护、意识形态等知识内容。

（3）信息交互（A23）：空间智能改造后打破了物理界限，可通过空间单元灵活拆分和组合营造出一个从聆听经典到独立思考再到自由探索的视听空间。交互界面对低幼儿童特别友好，在对举办的若干场次阅读推广活动数据统计分析后发现，用户参与、互动和反馈活跃性普遍较高，说明改造后的空间信息服务在儿童用户中具有较大的吸引力。

（4）个性服务（A24）：在个性服务打造上开展了一系列定制化、沉浸式阅读交流活动，增加数字阅读相关体验项目，个性化服务最重要的是实现设施资源、信息服务与用户需求的有效对接和彻底相融，打造兼具趣味性与功能性的个性化阅读体验项目，吸引更多用户到馆体验。个性化等定制服务将作为空间智能改造后的重点工作持续推进。

3. 用户体验（A3）

（1）到访量（A31）：以 2021 年 11 月 30 日"敏学天地——男孩屋女孩屋"智能体验空间正式对外开放为节点，对开放前一个月（2021 年 11 月）和后三个月（2021 年 12 月、2022 年 1 月、2022 年 2 月）少儿天地的客流进行统计后发现，到访人次分别增长了 0.3%、24.1% 和 25.4%。

（2）文献借阅量（A32）：智能体验空间开放后三个月（2021 年 12 月、2022 年 1 月、2022 年 2 月）的少儿文献借阅量相较上一周期（2021 年 9 月、10 月、11 月）增长了 17.5%，实现了大幅度增长。

（3）用户饱和度（A33）：用户饱和度是指某项活动的实际参与人数与场地可容纳最多人数的比值，用来反映活动的参与情况和用户活跃程度。在对空间改造后开放三个月内举办的 12 次阅读推广活动数据进行统计分析后发现，用户的饱和度均维持在 0.8—1 之间，说明用户活跃程度很高。

（4）用户黏度（A34）：图书馆的用户黏度是指用户对于某个项目或活动的忠诚、信任与良性体验等结合起来形成的依赖程度和再次体验期望程度。用户回访数据显示，空间开放一个月时间内用户回访率达 22.7%，智能改造后的阅读空间给用户留下了较为深刻的印象，新颖的知识授予形式和所见即所得的阅读方式激发了用户再次到访的兴趣。

（5）用户满意度（A35）：用户满意度调查结果显示，在接受满意度调查的 197 名用户中，对改造后的空间非常满意 105 人，占比 53.3%，满意 66 人，占比 33.5%，基本满意 26 人，占比 13.2%，不满意 0 人。用户普遍对空间设计的灵活新颖、智能设备的互联协作以及阅读功能的有效延展给予了肯定。

（6）感知获取（A36）：智能空间采用的新技术及其适配的软硬件对组织架构、业务流程、馆员素质等提出了新的要求，尤其是信息服务的可获得性、便捷性和准确性，需在后续组织结构重塑、业务流程规范、技术完善，人员培训等方面进行有针对性的创新与改进，才能提升用户知识感知与信息获取的幸福感。

4. 公共文化服务贡献（A4）

（1）品牌知名度（A41）："敏学天地——男孩屋女孩屋"致力于建成全国首个专注孩子哲学启蒙与心理健康的沉浸式阅读体验智能空间，成为除学校、家庭以外关注和影响儿童成长的又一个重要场所，观念创新、设计合理，充分考虑到儿童心理行为，为儿童提供了一个阅读舒适、交互友好的阅读空间。智能设备的信息输出和新奇体验对儿童用户具有很大的吸引力，通过新媒体宣发、馆校合作、用户口口相传，以及同步推出的特色活动和品牌项目的叠加效应，用户问询次数显著增多，在儿童用户群体中知名度大增。

（2）社会美誉度（A42）：经过智能改造后的启蒙教育与精神成长沉浸式阅读空间，将图书馆藏与数字阅读相结合，将阅读行为与人工智能相融合，一经推出便得到了社会主流媒体和广大民众的广泛关注。辽宁广播电视台、沈阳电视台、辽宁日报、沈阳日报、沈阳晚报、沈阳市浑南区政府网站、网易新闻、东北新闻网等媒体多次报道，详细介绍了智能空间的资源类型、功能特点和服务模式，在同行业同类文化服务品牌中具有广泛的关注度和较高的美誉度。

（3）辐射范围（A43）：引入学校、教育机构、文化团体等社会力量广泛参与并建立长期深度的合作可以形成馆校合作、教育孵化、协作共创的多元协同发展的良好趋势，可大幅提升智能空间的服务半径和效率。此外，借助新兴媒体开展多维度多层次的线上线下相结合的推广模式，采取以用户培育为目标的多元宣传策略，能够扩大辐射范围，有利于图书馆整体效能的释放。

（三）智能空间再造对服务效能提升的经验总结

1. 树立科学理念，合理制定规划

图书馆进行空间再造和升级首要的是价值选择和统筹决策，在改造方式、技术引进、推广模式、预期效果等方面给予全面考量进而做出合理决策，在进行充分调研和多方论证后方可实施。"敏学天地——男孩屋女孩屋"改造项目实施前，首先对相关政策和行业准则进行了深入研究和探讨，充分考虑到馆藏资源限制和技术壁垒，以人为本发挥自身优势，树立科学的基于儿童阅读需求的空间再造理念，合理制定改造规划，保证了预期目标的顺利完成。首先，明确了打造一个契合儿童成长心理和行为特征的新型阅读空间的再造目标，保证目标实现应配备哪些智能设备，实现什么功能，达到怎样的效果。其次，根据再造目标制定空间改造计划和实施步骤，在空间布局、功能设定和应用场景上充分考虑到小用户的心理特点和行为特征，从"启发独立思考，帮助解答问题，养成阅读习惯"出发打造出阅读舒适、交互友好的新型空间。此外，还应做好技术、资金、人员等相关保障，规范智能空间软硬件使用，健全管理细则和人员培训等相关制度，为空间再造顺利完成保驾护航。

2. 灵活布局空间，优化功能设计

空间再造的重点无疑是最大限度地利用有限空间，进行空间结构性区域的合理划分与空间功能性的择优设计，打破场所的固有限制，实现空间利用价值的最大化。"敏学天地——男孩屋女孩屋"在进行空间布局和区域划分时，将开放式与封闭式布局相互交织，将智能化多元化元素浓缩融入，体现了空间内部区域层次分明、外延拓展效应显著的虚实相结合的空间特征，在功能设计上考虑到低龄用户心理和生理特点，通过声光影场景构建完成视觉和听觉传达，满足小用户对空间情景化阅读沉浸体验、兴趣引导、交流互助等方面的需求。空间布局和功能设计本质上是构建一个空间服务的智能化体系，完成诸如用户导读、知识提取、实时互动、远程共享、协作创新、用户跟踪等功能架构。灵活的空间布局和多元优化的功能设计，让用户享受体验新鲜感和个性化服务的同时，更愿意深度参与到场景转换和功能深度使用中，使再造空间的使用效能得到充分释放。

3. 多元协同发展，提高整体效能

多元协同视域下，智慧图书馆组织结构从单一主体向多元主体转变，各主体相互协同，形成优势互补，有利于降低管理成本，提高整体效能。辽宁省图书馆的实践案例表明，引入学校、教育机构、文化团体等社会力量广泛参与并建立长期深度的合作，形成馆校合作、教育孵化、协作共创的多元协同发展模式，大幅提升了智能空间的服务半径和效率。多元协同发展下的智能空间服务让图书不只停留在"书本"层面，而是通过项目合作有效促进文献整合加工，实现空间资源全面整合、精准分类、深度聚合和泛在服务。儿童友好型的阅读空间依托人工智能、物联网、移动互联等技术媒介，能快速感知小用户喜好需求，给出资源和服务的优化策略。此外，借助新兴媒体开展多维度多层次的线上线下相结合的推广模式，采取以用户培育为目标的多元宣传策略，能够扩大智能空间的关注度和影响力，有利于图书馆整体效能的释放。

4.构建空间服务评价体系，赋予发展新动能

服务质量与效能发挥是对空间智能再造这一创新举措的重要反馈，构建智能空间服务评价体系有助于图书馆创新型服务顺利且持续开展。空间智能再造效能评价应侧重于空间设计合理性与功能性考评，注重用户的体验感和认可度，可以通过目标嵌入、流程嵌入、情感嵌入、协同嵌入等跟踪与分析用户的阅读行为。就智能空间而言，服务评价应充分考虑到资源投入、资源利用程度、馆员参与度、数据贡献率、用户满意度、品牌知名度、社会美誉度等因素，评价视角更侧重空间设计与功能表现，评价结果应更重视服务对象的满意度，综合反映其服务效能的释放程度。就儿童阅读空间而言，服务评价体系要兼具针对性和导向性，既能体现儿童阅读空间的独特设计和鲜明特征，又能指向服务实践中遇到的问题和困境，构建包括儿童友好型空间指标评价、空间创新创意评价、空间活动主体评分、小用户阅读成长观测、可持续发展回报等在内的空间服务评价体系，促使智能空间服务向更加规范的方向发展。

第五章　基于人工智能的图书馆空间再造与效能提升路径探索

近年来，随着信息技术的飞速发展，人工智能、区块链、大数据、云计算等新兴技术在各行各业的应用越来越广泛，智慧化已经成为当今社会发展的一个重要趋势。《"十四五"文化发展规划》中明确要求：建设智慧图书馆体系，发展云阅读、云展览等云服务，促进供需在"云端""指尖"对接；《关于推进实施国家文化数字化战略的意见》也明确提出：到"十四五"时期末，基本建成文化数字化基础设施和服务平台，形成线上线下融合互动、立体覆盖的文化服务供给体系；同时，国家还出台了一系列推动人工智能等技术产业快速发展的相关政策，包括基础研究、技术创新、产业应用、人才培养等，如我国先后发布了《新一代人工智能发展规划》《促进新一代人工智能产业发展三年行动计划》等。在这样的大背景下，公共图书馆作为文化服务供给主体，将有更多机会融入人工智能等信息技术，改进现有服务，提升自身效能，智慧图书馆是未来图书馆的新模式，已被越来越多的政府和社会各界所关注，其空间再造也成为加快实现图书馆智慧化的建设重点。未来，随着智能技术的不断发展和应用，作为公共文化服务体系重要组成部分的图书馆，要积极探索新的空间价值、服务模式和技术手段，同时注重用户体验和需求，从思维转变、价值重塑、技术应用、资源整合、服务创新、人才培养等多个方面进行空间再造的路径优化，使其服务更加智能化、便捷化、个性化，实现从单一空间再造——整体空间设计——全域空间布局，不断提高空间利用效率、服务质量、交互体验等，更好地适应时代发展需求。因此，基于人工智能的图书馆空间再造与效能提升路径可以从政府宏观政策、图书馆转型发展、用户智慧贡献3个层面展开探索，努力将公共图书馆打造成为新时代满足用户多样化需求的美好生活新空间。

一、宏观层面：政府政策环境调整

随着计算能力的提高和大数据技术的发展，人工智能在全球范围内取得了显著的进步，许多国家已将人工智能作为国家战略发展的重要组成部分，加大对相关产业和研究的投入。目前，各国政府都已经充分认识到公共图书馆在文化发展、教育普及和科技创新等方面的重要作用，纷纷出台相关政策支持公共图书馆的发展。这些政策包括资金投入、人才培养、技术研发以及与其他国家和地区的合作交流等。政府作为社会的管理者和引领者，应积极推动图书馆的智慧化发展，制定发展战略，建立政策体系，将其融入到政府的各项工作中，为公共图书馆智慧空间再造提供良好的外部环境，促进其稳步发展。

（一）纳入政府文化发展战略

1. 加强顶层设计

为有力推动智慧图书馆的建设发展，政府需要加强对图书馆智慧空间再造的顶层设计，主要包括制定明确的政策规划，以及建立完善的管理体系，从而确保图书馆智慧化建设能够有序推进。一是在政策规划方面，制定有针对性的公共图书馆发展战略，明确图书馆在未来发展建设的目标、任务和路径，并制定相应的政策措施来支持图书馆的智慧化转型。例如，北京市政府在"十三五"规划中就明确提出，要加强智慧化图书馆建设，进而推动智慧城市建设发展；上海市政府也出台了相关政策，支持智慧化图书馆建设，并将其列为智慧城市建设的重要内容之一。鼓励地方政府和公共图书馆积极参与智慧城市建设，将智慧图书馆建设纳入城市整体规划，从而形成统一的发展思路和行动方案，打造可借鉴、易复制、能推广的智慧服务空间，既能提升图书馆的服务水平和管理效率，还能推动智慧城市建设的发展。此外，政府还可以促进公共图书馆与其他文化教育机构、科研机构等跨部门合作，确保不同部门之间的协调配合，实现资源共享，提高服务效率，共同推动图书馆的智慧化建设。二是在管理体系方面，政府可以建立健全管理机制，主要包括设立专门的管理机构或部门，负责统筹图书馆智慧空间的规划、建设和运营管理工作；可以加强对智慧图书馆建设项目的监督和评估，确保项目按照规划和要求进行，并能达到预期效果；还可以建立图书馆智慧化建设的标准和指南，指导图书馆在智慧空间再造过程中遵循一定的技术标准和管理规范，提高建设质量和效果。

通过加强顶层设计，政府可以为图书馆的智慧化建设提供战略指导和政策支持，明确规划和政策措施将为图书馆提供发展的方向和动力，提供亲民、特色、智慧的高品质服务，使其能够在智慧城市建设中发挥更大的作用。同时，政府的管理体系和监督机制将确保图书馆的智慧空间建设运营具有高效性和可持续性，最大程度地满足用户需求和期望。

2. 列入政绩考核

为保证图书馆的智慧空间再造稳步推进，加快建设智慧化图书馆，政府可以将其列入政绩考核体系，纳入各级地方政府官员的绩效评估和考核标准，这样有助于提高地方政府对智慧图书馆建设的重视程度，并激励政府官员积极推动图书馆智慧化进程。一是通过纳入政绩考核，设定明确的指标要求来评估和评价各地图书馆的智慧化发展情况，评价指标主要包括图书馆智能设备的配备情况、智慧服务的覆盖范围、用户的满意度等。政府可以根据这些指标来评估图书馆智慧化建设的成果，并将其纳入政绩考核的评分体系中。二是通过纳入政绩考核，政府官员将更加关注和重视图书馆的智慧空间再造，积极争取政府的资源和支持，主动参与和推动相关工作，促进图书馆智慧化建设的顺利进行。同时，政绩考核的结果也将影响官员的晋升和奖惩，这将进一步激励他们积极投入到图书馆智慧化建设中。三是通过纳入政绩考核，政府官员会关注其他地区图书馆的智慧化发展水平，有助于促进各地之间的比较和竞争，通过借鉴和学习，推动自身地区图书馆的进步。这种比较和竞争机制有助于不断提高图书馆的智慧化水平和服务质量，进而推动整个行业的发展。

总之，将图书馆智慧化建设纳入政绩考核体系，可以提高政府对图书馆智慧空间项目的关注和支持，激励政府官员积极参与和推动图书馆的智慧化进程，提升图书馆的服务效能和社会影响力。

（二）构建长效支持发展机制

1. 设立专项发展资金

通过空间再造，未来图书馆将成为集知识传播、城市智库、学习共享等功能于一体的文化综合体，为用户带来全新的文化体验。政府应设立专项发展资金，用于支持图书馆的智慧空间再造和创新，如英国政府设立了公共图书馆现代化计划发展资金，用于购买数字资源、改善基础设施、引入新兴技术等方面，助力图书馆实现智慧化服务效能和社区参与的提升；北京市政府设立了智慧图书馆建设专项资金，用于购买智能设备、开展技术研发、推广智慧服务等方面，帮助图书馆引入先进技术，提升服务水平，满足用户的个性化需求，同时为全国各地图书馆积累经验并分享最佳实践。这些专项资金能够为图书馆智慧化建设提供可持续的资金保障，促进其不断创新，进而实现与社会的深度融合和共同进步。一是弥补资金缺口，图书馆智慧空间再造需要在技术采购、设备更新、系统升级、人才培养等方面投入大量的资金，而传统的图书馆预算往往难以满足这些需求，因此，可以通过政府的财政预算，或者通过与企业、基金会等社会力量合作筹集专项资金，同时制定相关政策，明确资金的投入规模和使用范围，确保专项资金的透明度和利用率。二是推动创新发展，专项发展资金可用于图书馆智能空间再造的全过程各方面，如自助借还机、智能阅读终端、虚拟现实设备等智能化设备的购置和更新；智能推荐系统、虚拟图书馆平台、人工智能助手等技术研发和创新应用。此外，还可以用于人才培养和培训，支持图书馆工作人员提升专业技能和综合素养，适应图书馆智慧化的发展需求。

通过设立专项发展资金，政府可以为图书馆智慧化建设提供持续的财政支持，不仅可以解决图书馆空间再造的资金问题，还可以推动图书馆在服务质量、科技创新、社会影响等方面创新发展，取得更大的突破。同时，专项资金的合理使用和管理将确保资金的有效利用，为图书馆智慧化建设的可持续发展提供坚实支撑。

2. 引导技术创新应用

在图书馆智慧化建设的过程中，政府应通过设立专项基金、制定科研计划、加强社会合作、组织培训研讨等各种政策措施，如挪威的图书馆数字化基金、美国的图书馆科技研究发展计划等，积极引导图书馆进行技术创新应用，打造智慧空间，推动服务升级，提升用户体验。一是鼓励图书馆与科研机构、高校、企业等合作，促进技术资源的交流共享，共同开展技术研发和创新应用项目，推动图书馆应用前沿技术进行智慧化改造。如大英图书馆与社会各方合作开展数字化资源共享项目。二是鼓励图书馆积极拥抱新技术，可以组织培训研讨会，向图书馆员介绍最新的智能技术，并提供相应的培训支持和咨询指导，帮助图书馆制定技术应用的规划和策略，以确保技术创新在图书馆空间再造过程中顺利落地实施。如新加坡图书馆利用 AI、VR、AR 等新技术，开发智能推荐系统，为用户提供沉浸式的阅读和学习体验，同时推出"AskNow"虚拟助手，为用户提供高效便捷的实时参考咨询服务。三是鼓励图书馆开展技术创新的示范推广，设立奖励机制，对在智慧化建设过程中取得显著成果的图书馆予以表彰奖励，以激励更多的图书馆积极参与其中。政府还可以组织展览和交流活动，为图书馆提供展示技术创新成果的平台，促进经验的分享和交流。

技术创新应用可以丰富图书馆的服务内容，提供个性化的阅读推荐、虚拟现实体验、智能咨询等服务，满足用户多样化的需求；还可以提高图书馆的管理运营能力，减少人力成本，提高工作效率。通过政府的引导和支持，技术创新应用在图书馆智慧化建设中将得到进一步推广，为用户提供更好的阅读体验和服务质量。

3. 加大人才培养投入

人才培养是图书馆智慧化建设的关键环节，只有拥有高素质的专业人才，图书馆才能更好地应对智慧化发展的挑战和机遇。政府应加大对人才培养的投入，提高图书馆工作人员的专业水平和技能素养，以适应图书馆智慧化的发展需求。一是制定系列培训制度，包括职业培训计划、继续教育补贴等，鼓励图书馆工作人员参加相关培训课程和学习活动，主要涵盖技术应用、智能服务、数据分析、数据管理等方面的知识和技能，不断拓展馆员的知识和视野，掌握最新的技术方法。政府还可以提供经费支持和奖励机制，鼓励图书馆员积极参与学术研讨和专业培训，提升自身的能力和素质。二是实施人才引进计划，支持图书馆面向信息技术、图书情报、教育心理等多学科领域，引进国内外具有不同专业背景和技能的人才加入，打造图书馆智慧空间，为智慧图书馆建设提供国际化视野和经验。同时，政府可以提供相关的福利和待遇，提供良好的工作环境和发展机会。三是开展跨学科人才培养，图书馆的智慧化发展需要既具备图书馆学和信息科学等专业知识，又具备计算机技术、数据分析等相关技能的综合型人才，政府可以与高校、科研机构开展合作，推动联合培养项目、制定研究交流计划，培养适应智慧化图书馆发展的复合型人才。同时，政府可以设立奖学金和资助计划，鼓励学生选择图书馆相关专业，并提供就业机会和发展平台。

加大人才培养投入能为图书馆智慧空间再造提供坚实的人才保障。通过制定培训政策、实施人才引进计划、培养跨学科人才等举措，政府为图书馆空间再造提供了更多的资源和支持，能够促进图书馆在智慧化建设过程中实现跨越式发展，提升服务质量和管理水平，满足不断变化的用户需求。

（三）常态化引入社会力量

1. 挖掘引入社会资本

为促进智慧图书馆的快速发展，政府应充分利用社会各界的力量和资源，与企业、基金会、非营利组织等建立合作伙伴关系，鼓励和引导其共同参与智慧图书馆建设项目，提供资金、技术和管理支持。一是设立专项合作基金，投资建设智慧空间基础设施、捐赠数字资源和智能化设备等，以资助智慧图书馆的建设和运营。同时政府可提供优惠政策和税收激励，吸引社会资本投入智慧图书馆领域。二是提供智能技术支持，通过研发智慧图书馆相关软硬件产品，提供智慧服务和解决方案，如开发智能化图书馆管理系统、虚拟现实技术设备、人工智能助手等。此外，社会资本可以提供专业的咨询和管理服务，帮助图书馆规划和实施智慧化建设，如提供项目管理、技术咨询、市场营销等方面的支持。三是建立规范合作流程，在挖掘引入社会资本时，要明确各方的权责和利益分配，通过招标和评审等方式，选择合适的机构和项目，确保合作的有效性和可持续性。同时完善监督机制，对社会资本的参与运作进行监督和评估，确保合作的公平公正、合理合规。

总之，社会资本参与智慧图书馆建设，可以丰富服务内容，创新技术

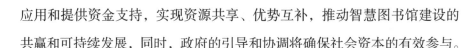

应用和提供资金支持，实现资源共享、优势互补，推动智慧图书馆建设的共赢和可持续发展，同时，政府的引导和协调将确保社会资本的有效参与。

2. 加强社会合作共享

政府要鼓励社会各界都积极参与到智慧图书馆的建设中来，充分发挥社会资源优势，通过搭建合作平台、开展志愿服务、推动社区合作、组织创意活动、推进媒体互动等方式，共同参与智慧空间再造，实现深度合作共享，推动图书馆高质量发展，为用户提供更加智慧化、个性化、多样化的服务。一是深度合作共建，鼓励图书馆之间，图书馆与教育、科研、旅游等相关机构建立合作，共享资源、经验和最佳实践，打造智慧空间，实现互利共赢；政府可与教育机构、科技企业等签署战略合作协议，共同推进智慧图书馆与教育、科技等领域的深度融合。2023年6月12日，文化和旅游部、北京大学、抖音集团在京签订《共建全国智慧图书馆体系框架协议》，三方将以古籍智慧化服务为突破口共建全国智慧图书馆体系。此外，政府可以建立信息共享平台，组织行业交流研讨，资助跨地区、跨机构的合作项目，促进社会各方的互动与合作。二是推动社区参与，通过招募志愿者、开展社区活动、征集用户意见等方式，让社区参与到图书馆的智慧化建设中来，增强社区居民对图书馆的认同感和归属感，提升用户满意度。三是推进媒体互动，社交媒体和数字技术为引入社会力量提供了更广阔的平台。图书馆可以利用社交媒体平台发布图书馆动态、分享资源推荐、回应用户反馈等，以此增加用户参与度，提升用户黏性。

总的来说，常态化引入社会力量是图书馆发展的必然趋势。通过与不同层次的社会力量合作，分享成功案例、技术经验和管理模式，图书馆可以获取更多的资源和支持，提升自身的智慧化发展水平。社会合作共享还可以扩大图书馆的服务范围和社会影响力，实现资源的优化配置和互利共赢。

二、中观层面：图书馆的转型发展

图书馆是国家文化发展水平的重要标志，是滋养民族心灵、培育文化自信的重要场所。随着人工智能等信息技术的发展变革，人们获取知识信息的渠道和方式愈加丰富多元，智慧化充斥着每一个人的工作、生活和学习空间，使得公共图书馆在信息服务领域面临着巨大的压力挑战，这必将引发图书馆空间结构的变迁与服务模式的演化。随着国家图书馆牵头实施的"全国智慧图书馆体系建设"项目的正式启动，预示着我国智慧图书馆建设将在"十四五"期间迎来一轮高潮，实现图书馆资源、服务、空间、管理等全方位智慧化转型升级，中国图书馆事业开始迈入智慧时代。目前，图书馆空间再造与功能重组已日益受到图书馆人的关注重视，如何借助人工智能等现代信息技术进一步打造便捷、智慧、个性的服务空间具有重要的现实意义。因此，面向智慧化发展的未来图书馆应在思维理念、服务方式和价值功能等方面进行全局创新，不断提升服务供给能力、资源使用效率、用户阅读体验等，形成一个形态更多样、功能更完善、体验更美好的图书馆综合知识服务空间，满足用户不断增长的新需求。

（一）转变思维模式

1.用户思维：以用户需求为核心

在传统的图书馆服务中，资源一直是图书馆服务的核心。图书馆以收藏和保存文献资源为主要使命，以提供资源服务为工作重点。然而，随着信息技术的快速发展和用户需求的不断变化，图书馆需要创新思维，从以资源为中心转向以用户为中心，以便更好地满足用户需求，提升服务品质和服务效率。首先，加强用户需求调研，通过问卷调查、用户反馈和数据分析等方式，图书馆可以深入了解分析用户的阅读习惯、信息需求和互动偏好，从而为用户提供个性化推荐、精准化搜索等服务。例如，图书馆可以利用智能算法，根据用户的阅读历史和借阅偏好，为用户推荐相关书籍资料和展览讲座等主题活动，提供个性化阅读建议。此外，还可以打造主题空间，推出健康阅读、生活指南、就业指导等优质、贴心服务，为用户提供全方位服务体验。其次，做好用户服务规划，根据用户的需求和偏好，预见并思考空间再造的发展趋势，利用智能技术优化馆藏资源的组织和布局，开发智能化工具和系统，打造新型空间，提供个性服务。如国家图书馆积极营造的 5G 阅读体验新空间，根据用户需求变化，配置数字触摸屏、朗读亭等互动阅读体验设备，为用户提供智能机器人、全景视频、全息影像等沉浸式的阅读体验。最后，建立用户参与机制，通过门户网站、社交平台、评价系统、专业机构等，畅通用户表达渠道，加强与用户的互动沟通，邀请用户参与空间再造的决策和规划过程，提高用户参与感和满意度。如芝加哥公共图书馆（Chicago Public Library）：在其官方网站设置在线调查问卷，鼓励用户提供对图书馆空间再造的意见和建议；澳大利亚昆士兰州立图书馆（State Library of Queensland）：通过社交媒体平台与用户互动，分享最新活动动态，同时回应用户关于空间再造的提问和建议；丹麦奥胡斯市立图书馆（Aarhus Public Libraries）：在移动应用中设置了用户评价系统，通过用户对图书馆空间服务的评价打分，实时了解用户反馈，并不断改进和优化；新加坡国家图书馆（National Library Board of Singapore）：通过专业调研机构进行用户调查，了解用户的空间服务需求和满意度，基于调查结果优化空间服务。此外，图书馆还应建立持续改进机制，通过用户参与互动和评价反馈，及时了解用户对服务的满意度和需求变化，从而不断优化服务流程和用户体验。持续改进可以帮助图书馆保持与用户需求的契合度，并不断提升服务效能，实现创新发展。

建立用户思维是图书馆智慧空间再造过程中的重要内容，通过对阅读查阅数据、用户行为数据等各种细节数据的分析，了解把握用户需求，实

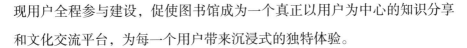

现用户全程参与建设，促使图书馆成为一个真正以用户为中心的知识分享和文化交流平台，为每一个用户带来沉浸式的独特体验。

2. 创新思维：以技术应用为关键

当前，在信息环境和用户需求不断变化的背景下，图书馆需要具备创新精神和创新能力，积极拥抱新技术、新理念，不断探索新的技术手段、服务模式、管理方式，推动智慧空间再造，进一步向智慧图书馆转变。首先，引入最新技术。人工智能、大数据、虚拟现实、增强现实等新技术的不断涌现，以及《关于促进文化和科技深度融合的指导意见》等系列文件的陆续出台，为图书馆智慧空间再造提供了新的发展机遇，图书馆应积极跟踪最新的技术发展趋势，探索适合空间再造的技术创新应用，改进信息检索、数据分析和用户体验等方面的能力。如利用5G、人工智能、区块链、云计算、大数据（简称5ABCD）技术，打造数字化学习共享空间，配备高科技的软硬件设备，创新服务体验；引入AI助手，实现回答用户问题、提供图书推荐、找到所需资源等高效便捷的咨询服务；利用VR、AR技术打造虚拟空间环境，使用户沉浸其中进行参观互动，获得身临其境的阅读学习体验。同时，推动开放获取，促进信息的共享和传播。其次，创新服务模式，随着用户信息需求和阅读习惯的不断变化，图书馆应积极利用新技术探索新的服务模式，打造共享阅读空间等新型空间，推出定制化服务、个性化推荐、智能化搜索、开放式空间、互动式平台等，拓宽服务内涵，提高服务的灵活性和便捷性。如新建成开放的上海图书馆东馆，提供的智慧服务触手可及、无处不在，全场景预约、图书智能查找、手机扫码借书、设备自助借还、智能机器人服务、24小时不停车还书亭等，用户可以随时享受线上线下相结合的智慧服务体验，其智慧空间打造为越来越多的图书馆空间建设及升级改造提供了参考范本。最后，改变管理方式，打破传统的思维模式不仅涉及技术应用和创新服务，还涉及完善管理，如智能化资源管理，利用物联网技术，安装智能感应器，监测图书的流动情况，帮助馆员更有效地管理图书的借还和归架；数据驱动的决策，利用大数据技术进行数据分析和挖掘，了解用户的阅读兴趣、借阅习惯，通过数据驱动的决策，优化资源配置、提升服务效能。此外，还需要建立健全创新变革机制，主要包括设立研发团队、创新基金、评估监测等，持续推动图书馆智慧空间再造。

图书馆通过建立创新与变革的思维模式，保持与时俱进，实现服务优化，满足用户需求，这种思维模式的转变将推动智慧空间再造落地落实，使传统图书馆成为一座集图书文献信息资源、科技创新研发资源、社科智库研究资源、特色地方文献资源为一体的大阅读时代复合型智慧图书馆，从而提升图书馆可持续发展能力和社会影响力。

3. 协同思维：以开放合作为基础

协同思维是图书馆智慧化发展的重要理念，强调图书馆通过与外部组织、机构以及社区协同发展，构建开放合作的生态系统，实现资源共享、知识传递和服务协同。在协同思维的指导下，图书馆积极协同各方，明确智慧空间构建的目标、模式、技术、路径等，推动资源整合，促进知识流通，创新交流环境，激发社群活力。首先，建立合作伙伴关系，通过开放合作，充分发挥各自优势，共同策划活动、共享馆藏资源、开展联合项目等，如上海图书馆、南京图书馆、浙江省图书馆、安徽省图书馆联合发布的《长三角智慧阅读倡议书》，共同倡议大力推进智慧阅读，提高全民阅读水平，促进长三角地区公共图书馆高质量一体化发展。其次，建立资源共享平台，正如《国际图联 2019—2024 战略报告》中提出的美好愿景："激励、参与、赋能并连接全球图书馆界"，利用智能技术构建馆内、馆际各类资源之间的即时性知识组织系统平台，如中国的"国家数字图书馆"和美国的"数字公共图书馆"等平台，真正实现馆藏资源无门槛、即时性、全语种面向全球用户开放，做到即时性调取阅览查看，享受数字资源多元化流动性体验学习。最后，推动跨界合作共生，图书馆不仅可与其他图书馆、文化机构开展合作，还可与高校、研究机构、企业、社会团体等各种组织开展合作，形成协同发展的系统生态，不断创新服务模式，拓展服务范围，比如与科技公司联合推动人工智能技术在图书馆空间再造中的应用，或与文化艺术机构合作推广文化创意活动等。2019 年，江西省图书馆与阿里云公司合作探索智慧图书馆建设项目，将文化与科技相融，引入了人脸识别、无感借阅、虚拟讲解、4D 全景观摩等新型科技元素，合力打造了江西省第一个智慧图书馆样板。同时，要考虑将智慧图书馆有机嵌入智慧社区、智慧城市等上一层智慧平台，明确图书馆在智慧社区、智慧城市中的功能定位与作用机制。

通过促进协作与共享的思维模式转变，图书馆可与外部世界建立更加紧密的联系，充分利用外部资源和智慧，将图书馆整体打造成一个知识共享和协作创新的平台，促进图书馆与其他机构和用户之间的互动与合作，为用户提供更广泛、多元化和有价值的智慧服务，推动我国图书馆事业不断向前发展。

（二）加强资源重塑

1. 资源体系建设：从数字化到数据化

随着信息化进程的加快，图书馆的数字资源整合与信息组织检索要适应时代发展变化，从简单将纸质资源"扫描"转化为数字资源，到利用人工智能、大数据、数字人文等新技术，进行文献内容的知识化、数字化、智慧化加工，并通过多种语义技术、可视化技术进行知识内容关联，构建以数据为主导的数字资源体系，进行跨资源类型的整体服务。一是建立数字资源平台，在智慧空间建设中，图书馆要以数据为核心，汇集来自不同领域、不同来源的各类数字资源，包括电子图书、学术期刊、音视频资料等自有数字资源，还包括来自合作伙伴、开放获取渠道、学术出版社等的数字资源，通过全面收集整理，构建一个涵盖多领域、多类型的数字资源库，支持资源的存储、检索和分享，并通过数据分析，为用户提供个性、精准的服务体验。如欧洲的"Europeana"就是一个跨地域、跨领域的数字文化遗产共享平台，汇集了欧洲各地的图书馆、博物馆、档案馆等机构的数字文化资源，为用户提供多样化的文化体验。二是丰富多媒体内容，通过大数据分析和用户洞察，深入了解用户需求偏好，创新资源形式，优化资源配置，引入多媒体资源，提升图书馆的资源使用效率、服务价值和用户体验。图书馆可以通过收集展示与文化、科学、艺术、历史等相关的多媒体资源，包括有声读物、视频课程、虚拟展览等，用于数字展览、文化推广、艺术鉴赏等领域，为用户提供打破时空、沉浸互动的学习娱乐体验，如通过虚拟实景参观名胜、模拟实验等。三是注重可持续利用，图书馆在构建数字资源体系的过程中，要注重资源的长期保存和持续利用，包括对数字资源的持续更新和系统维护，确保资源始终保持最新和有效的状态，满足用户不断变化的需求。同时，要遵守相关的版权法律规定，确保数字资源的合法性、合规性，可与版权方、出版社等建立合作关系，获取数字化授权，以便更好地为用户提供服务。

为更好适应当前万物互联的网络信息环境变化，图书馆应利用智能技术加快建设以数据为主导的数字资源体系，通过建立全面、开放、互联、智能的数字资源库，共享多媒体资源，确保资源长期有效，为政府决策、科学研究、企业发展以及个人成长提供数据支撑。同时图书馆还要积极争取政府和企业的支持，共同推动数字资源的开放共享和智能利用，进而实现图书馆智慧化转型发展。

2. 知识环境构建：从资源整合到智慧服务

在智慧空间建设过程中，为满足用户学习研究、休闲娱乐的需求，图书馆应通过资源整合、知识管理、智慧服务等各种手段，整合不同类型、来源、形式的知识资源，引入大数据、机器学习、自然语言处理等智能化技术，构建一个丰富、多元、智能的知识资源环境，为用户提供更广泛、更便捷的知识获取和学习体验。一是加速资源整合，图书馆要加快转变资源呈现方式，积极整合来自不同渠道的知识资源，包括图书、期刊、学位论文、学术研究成果、多媒体资料等，使其能够在线访问和利用，如由联合国教科文组织和美国国会图书馆等多个国际机构合作推出的"世界数字图书馆"，致力于整合展示全球不同地区的文化遗产，包括手稿、地图、照片、音频和视频等。用户可通过该平台浏览和了解来自世界各地的多样文化，跨越时空感知不同文明的发展和交流。同时基于智能技术的智慧图书馆系统、智能检索系统、咨询系统（聊天机器人）、用户行为智能分析与预测系统等也需要图书馆对自身资源进行重新整合，以提供更为高效、精准的个性化服务。二是加强知识管理，图书馆应采用知识管理技术，对整合后的知识资源进行有效分类、标注和索引，例如建立智能化的主题分类体系，利用自然语言处理技术对文献进行关键词提取，便于用户快速、准确地找到所需知识资源；通过语义链接技术，实现不同资源之间的关联和交叉引用，支持数据分析和知识发现，使用户能够更便捷地找到所需知识内容；通过知识图谱等技术，实现知识资源间的语义推理和智能搜索，提供精准、全面的信息检索服务。上海图书馆构建的"中国家谱知识服务平台"，将全球范围内600余家机构、团体和个人收藏的家谱目录集中于此，支持地图检索、分面统计、名人导航、迁徙图、世系表可视化展示等功能，打造提供查阅服务的综合性数字人文平台。三是开展智慧服务，图书馆通过应用人工智能、大数据、机器学习、自然语言处理等技术，对数据进行深度挖掘和分析，以及对资源内容和质量进行评估，实现个性化的阅读推荐、学术合作推荐等智慧服务。如哈佛大学图书馆利用用户历史阅读数据和兴趣偏好，通过机器学习算法实现个性化推荐，为用户推送相关学术论文、参考资料和研究工具。

建立多元立体知识资源体系，并对其进行基于知识内容的精细加工与揭示，形成面向深度学习和智慧决策的知识图谱，是图书馆智慧空间建设的重要方向。同时，需要图书馆不断引入先进的技术和理念，与其他机构和合作伙伴紧密合作，挖掘资源，加强管理，促进知识共享与传播，共同推动社会的学习、创新和发展。

3. 开放合作共享：从开放获取到共享传播

开放合作共享作为图书馆智慧空间建设中资源重塑的重要方向，强调促进知识资源的开放获取和共享传播，为用户提供更广泛、免费和可持续的资源获取途径，满足用户多样化的信息需求和学术交流需要。一是开放获取，图书馆要积极参与开放获取运动，与学术出版机构、研究机构和学术社区合作，推动开放获取政策的制定和实施。建立开放获取的门户平台，通过数字技术和网络平台，图书馆可以整合开放获取的学术论文、期刊、图书等资源，用户可以自由访问、免费获取和使用研究成果，这样不仅可以扩大知识资源的可访问范围，还可以促进全球化的学术交流和知识传播。如 arXiv（美国）是全球最大的面向物理学、数学、计算机科学等学科的预印本平台，堪称开放获取运动的先驱，科研人员可以在该平台分享和获取最新研究成果，图书馆在智慧空间再造过程中可以将 arXiv 的资源整合到数字资源库中，方便用户访问这些开放获取的科研成果，并实现免费全文下载。二是开放共享，图书馆可与其他机构跨界合作，探索科学合理的知识共享合作模式，共同开展活动。美国数字公共图书馆（DPLA）就是一个知识共享合作的典型范例，该平台汇集了来自美国各地的公共图书馆、大学图书馆、博物馆等机构的数字资源，采用开放数据的模式，允许其他机构和个人参与到数字资源的分享和贡献中，促进了知识资源的开放共享。图书馆在智慧化转型的过程中，可与高校、科研机构合作，建设数字学术资源库，共享研究成果，促进学术交流；与教育机构、教育平台合作，建设数字教育资源库，提供学习支持和社交互动功能；与博物馆、美术馆等文化机构合作，建设数字文化遗产库，传承创新传统文化；与社会机构、企业合作，推动知识产权的合作共享和知识资源的创新应用。此外，图书馆还可以支持开放教育资源建设，提供在线课程、教学视频、学习指南等，帮助用户自主学习并提升技能。如麻省理工学院（MIT）开放课程项目就是一个成功的案例，该项目提供了大量的免费在线课程，吸引了全球数百万学习者参与。三是开放传播，在数字资源整合和智慧空间建设中，图书馆要采取开放式的知识传播策略，实现"人人共享知识、人人获取知识、人人创造知识"，提供免费或低成本的访问和下载服务，有力推动科学进步、教育普及和文化发展。例如，鼓励用户采用开放许可证（Creative Commons）发布自己的作品，授权他人可以在一定条件下共享、传播和再利用这些知识资源，使得知识资源能够更广泛、更有效地传播和分享，激发更多的思想碰撞和创新活力。同时，可以保证知识资源的来源、内容、质量对用户透明可见，有助于提高知识资源的可信度和可靠性，促进知识交流与合作。

通过开放合作共享，图书馆在智慧空间建设中不仅能提供更丰富多样的知识资源，还能促进知识资源的多元传播和跨界合作。同时，开放式知识共享传播在当今数字化时代得到越来越广泛的推崇和应用，需要图书馆与其他机构和个人紧密合作，共同推进知识资源的共建共享共用，这样的努力有助于提高知识资源的可访问性和可利用性，通过互动交流，推动知识传播和共同进步。

（三）创新空间服务

1.线下服务泛在化

随着各类智能技术在经济社会各领域的广泛应用，图书馆必然面临着适应新技术、新理念、新需求的挑战。在日常生活、学习、工作中，人们已经习惯了智慧化场景，对于图书馆这一实体馆舍空间的智慧服务体验的需求也日益增长。因此，图书馆要利用智能技术和设备，实现对空间、设施、资源等的实时监测和管理，为用户打造具有情景感知、人馆交互、虚实融合特点的智慧空间，提供全方位、泛在化的空间服务，满足用户随时随地获取智慧服务的需求，芬兰赫尔辛基市图书馆利用智能技术将服务覆盖到城市的各个角落，就是一个成功实现线下服务泛在化的典型案例。一是智能设备的全面部署，图书馆在智慧空间布局中，要充分利用智能摄像头、温湿度传感器、光线传感器、智能巡检机器人、移动盘点机器人等，打造一个无处不在的智能服务网络，覆盖图书馆内的每一个角落，从书架、阅读空间到共享大厅，实时监测和记录内部各区域人流量、座位使用、设施状态等环境参数，为用户创造舒适宜人的学习空间和阅读氛围。智能设备的运用能使图书馆的资源定位和调配更加智慧，如采用 RFID 技术的智能书架，可以快速准确识别图书的状态，为读者提供便捷的导航服务。美国芝加哥大学图书馆、苏州第二图书馆等已建成的智能立体书库，通过智能书架与搬运机器人，实现书刊自动存取、分拣传输系统的全智能化管理。此外，智能设备还能实时监控馆内的安全状况，及时发出预警信号，保障读者和工作人员的安全。二是智能推荐系统的构建，图书馆在实现服务泛在化的过程中，核心内容就是构建个性化服务与推荐系统，通过收集用户行为数据，包括借阅记录、阅读时长、关注领域等，对其进行数据挖掘和分析，以了解每个用户的阅读偏好和学习习惯，为其量身定制个性化的图书馆服务和资源推荐，帮助用户更加高效地获取所需资料，提升资源发现效率。如佛山市图书馆于 2023 年 3 月推出了 AI 智能图书推荐系统，在 OPAC 界面新增热门图书推荐区，适配 PC 端和移动端，用户在各类生活、学习、工作场景都可便捷使用，享受个性化推荐服务，获得借阅参考。此外，个性化服务还体现在空间布局和功能设置上，根据用户阅读兴趣和个性需求，图书馆可以合理规划不同主题、不同功能的智慧空间，提供贴心、高效的服务体验，促进知识的传播和创新发展。如纽约公共图书馆在空间再造中增加了许多互动性空间，包括学习空间、会议空间、创客空间、灵感空间、表演空间，提供更加灵活、多样的服务。三是智慧空间的边界拓展，图书馆可以通过与周边社区和公共机构的合作，建立智慧空间联盟网络，共享资源、知识和技术；还可以通过开发智能手机 App，实时查询图书馆的藏书情况、预约座位、参加线上阅读活动、享受个性化图书推荐等，为用户提供线上线下一体化服务，增强用户对图书馆的认知度和参与度。这种智慧空间的拓展不仅将推动图书馆的现代化转型，还将为建设智慧城市和促进社区发展做出积极的贡献。

总的来说，未来图书馆线下服务的泛在化将通过智能设备与传感器的全面部署、个性化服务与推荐系统的构建和智慧空间的边界拓展 3 个方面实现。这些创新技术和服务模式将使图书馆成为一个高效、舒适、安全的知识共享空间，满足人们对便捷、智能服务的需求，为智慧图书馆的可持续发展奠定坚实基础。

2. 线上服务一站式

近年来，人工智能、大数据、物联网、元宇宙等技术的飞速发展，为图书馆智慧空间服务创新提供了新技术、新场景、新契机。图书馆要顺应时代发展，借助人工智能强大的数据分析能力，为用户提供便捷访问的数字资源、阅读推荐和学术咨询等，实现一站式学习支持服务。一是建立综合数字资源平台，这是实现图书馆智慧空间服务一站式的关键，图书馆可以采用开放式数字资源管理系统，汇集电子图书、在线期刊、网络课程、多媒体资源等各种类型资源的访问权限，实现资源的集成。同时利用数据标准化和元数据规范化，将各类资源进行分类、索引和检索，方便用户根据主题、关键词或作者信息等进行快速查找。还可以提供在线预览、全文检索、远程访问、参考文献管理等数字服务功能，实现资源的便捷利用。此外，图书馆还可以开发适配不同终端设备的移动应用程序，实现便携式访问，满足用户学习研究和休闲娱乐需求。二是支持跨平台用户体验，图书馆要采用响应式设计和多平台适配应用程序，使用户不受设备限制，随时访问平台。为了提供跨平台一致性体验，图书馆可实现单一账户登录功能，简化用户操作，提升平台使用便捷性，畅享图书馆的丰富资源和一站式服务，进而增强用户黏性和忠诚度。三是建立用户画像，图书馆要注重收集用户注册信息、借阅历史、阅读偏好等数据，利用数据挖掘、机器学习等技术，分析用户的学术背景、关注领域、阅读习惯等，为每位用户提供专属的图书馆服务导航。同时基于用户画像和在线咨询功能，学科馆员可与用户进行一对一的学术咨询和指导，提供更加个性的学术支持。此外，图书馆还可以根据用户浏览历史、搜索行为和兴趣标签，推送用户关注领域的新书上架、最新研究成果、学术会议资讯等，帮助用户发现符合学术需求的资源，提高学习研究效率。

综上所述，图书馆智慧空间的线上服务一站式平台通过综合数字资源平台、跨平台用户体验和用户画像，为用户提供便捷高效的学习环境和丰富多样的阅读体验，实现人馆交互，满足人们对知识获取和学习交流的不断追求。

3. 虚实服务融合化

随着互联网和数字技术的迅速发展，图书馆智慧空间将实现实体空间和虚拟空间的深度融合，空间服务也进一步向时空虚拟化和服务智慧化方向发展，这样可以大大拓展图书馆智慧服务范围，还可以为用户提供虚拟场景、沉浸阅读等服务，增加服务的趣味性和吸引力。一是实体空间与虚拟空间的无缝连接，利用虚拟现实技术，将实体空间转化为虚拟体验的延伸，例如，在馆内搭建虚拟现实场景，用户通过智能头盔、智能眼镜等可穿戴设备，身临其境般参观博物馆、名胜古迹等；利用增强现实技术，将虚拟信息融合到实体空间中，例如，在书架上贴上增强现实标签，用户在阅读实体图书时，通过手机或平板电脑扫描标签，可以获取与书籍相关的虚拟内容，如书评、作者访谈等，增加了阅读的互动性和趣味性。通过智能技术应用，用户可以在图书馆内或虚拟空间中自由切换，获得丰富多样的资源和服务，图书馆可以实现虚实服务的有机结合，打造学术交流、文化传承和社交互动的全新模式。此外，虚实空间的无缝连接还可以实现虚拟社交与合作，扩展图书馆的社区功能。二是虚实服务的互动体验，通过融合虚拟技术和实体服务，图书馆能够开展虚拟社区的合作互动、虚拟导览与互动展示、虚实融合的学习活动等，创造更加动态、更具价值的用户参与模式，激发用户的主动性和积极性，为其带来全新的参与感和互动体验。例如，用户穿戴智能头盔，参观艺术展览、历史文物展示等虚拟展览，通过逼真的视觉效果和交互体验，用户可以在虚拟空间中欣赏艺术品、文物，甚至与展品进行互动。通过虚实服务的互动体验，图书馆智慧空间将不再局限于传统的实体服务模式，而是打造更加丰富多样、具有无限活力的服务生态。三是数据驱动的个性服务，通过收集分析用户数据，建立用户画像，提供智能推荐；通过用户满意度调查、反馈问卷、用户访谈等方式，建立用户参与和反馈机制，优化图书馆服务，提升图书馆的知名度和影响力。

（四）打造智慧馆员

1. 培养人机协作能力

智慧图书馆的持续发展，离不开图书馆员的参与和推动，通过馆员与人工智能系统的协作，提供更高效、更个性的智慧服务，满足用户系统化知识需求。为了推动图书馆智慧空间的建设发展，培养馆员的人机协作能力至关重要。这意味着馆员不仅要具备传统图书管理等专业技能，还要具备更高的信息素养，能够与人工智能系统协同工作，灵活运用数字技术和智能工具，如熟悉掌握数字资源的分类、索引和检索方法；了解运用 RFID 技术、自助借还机等现代图书馆管理系统和自动化设备，提高资源管理和服务效率。培养人机协作能力需要从培训、教育和实践 3 个方面入手，图书馆可以开设相关的培训课程，帮助馆员了解人工智能的基本原理和应用场景。通过教育和培训，馆员可以学会与人工智能系统进行交互，合理利用技术工具提高工作效率。同时，实践是培养人机协作能力的重要途径，图书馆可以推动智慧空间的建设，让馆员在实际工作中不断磨炼与人工智能系统的协作能力。

在未来的智慧图书馆中，人机协作将成为常态，馆员的角色将得到全面发展和提升，将会驱动大量机器馆员共同工作，为图书馆的发展和用户需求贡献智慧。同时，馆员的专业知识、情感支持和个性服务将为用户提供人文主义关怀，带来更加人性化的服务体验。

2. 提供个性服务

在新的信息技术环境下，图书馆员可以借助智能技术有效感知或预测用户需求，并基于掌握的数据、软件和机器，能够及时地有针对性地为用户提供适合其需要的个性服务。智慧图书馆的发展将使得馆员的服务重心从传统的机械图书管理逐渐转向更加关注用户需求的个性服务，馆员可以通过智能化系统了解用户的偏好和需求，为其推荐适合的学术资源和娱乐内容；还可以发挥其独特的情感支持能力，与用户共享互动，提供心理咨询、艺术指导等方面的服务。此外，馆员还可以成为用户的良师益友，为其提供学术指导，帮助他们克服学习和研究中的困难，促进个人成长和发展。

3. 建立规章制度

智慧图书馆在引入人工智能技术时，需要建立相应的规章制度，以确保人机协作模式的顺利进行。规章制度应明确馆员和人工智能系统各自的职责和权限，确保两者之间分工明确、无缝协同、高效服务；还应规定数据隐私保护措施，确保用户的个人信息得到保护，避免数据泄露和滥用。同时，也需要制定合理的道德框架标准，涵盖技术的合理应用、信息隐私保护、人机交互的友好性等方面，防止技术滥用引发的潜在危机。

三、微观层面：用户智慧贡献行动

图书馆智慧空间的建设发展不仅依赖于先进的技术手段和智能化设施设备，还需要用户的积极参与和智慧贡献。用户作为智慧图书馆的主要服务对象，其参与建设和贡献智慧对于提升图书馆的服务品质和满足用户需求至关重要。图书馆应打造一个以用户参与为核心的智慧图书馆项目，通过线上线下相结合的方式，引导用户参与图书馆的各项服务活动，为图书馆的智慧化发展贡献智慧。通过用户参与反馈和评价、用户数据分析和挖掘、用户参与活动和推广以及用户智慧集成和利用4个方面，邀请用户全程融入图书馆智慧空间建设，其需求和意见将被纳入空间设计和服务优化的考量，确保智慧空间符合用户期望。

（一）用户参与反馈和评价

用户参与反馈和评价是图书馆智慧空间再造中的重要环节。图书馆可以通过多种方式征求用户的意见和建议，包括在线调查、反馈表单、意见征集等，深入了解用户需求喜好以及对现有空间服务的满意度，基于此有针对性地设计和改进智慧空间，提供更加贴近用户需求的服务和体验。还可以加强与用户进行互动，举办用户培训、工作坊等，让用户亲身体验智慧空间的功能和服务，鼓励用户就图书馆的服务个性化、资源丰富性、设施便捷性以及智能化应用体验等方面提出自己的看法和评价。图书馆应认真倾听用户的反馈，积极改进和优化服务，不断满足用户的期望和需求。

加拿大多伦多公共图书馆是北美最大的公共图书馆之一，在智慧空间建设中注重用户参与调研，定期开展用户满意度调查和用户需求调研，并与社区合作，以确保提供符合用户期望的服务和资源。

（二）用户数据分析和挖掘

图书馆智慧空间建设中，通过数据分析工具和方法，对大量的用户数据进行挖掘，发现用户需求背后的隐藏信息和潜在需求。数据挖掘可以帮助图书馆发现用户群体中的共性和差异，找到用户的痛点和期望，从而为改进和优化智慧空间的服务和功能提供依据。通过对优先级较高的用户需求进行深入分析，了解用户提出这些需求的背景和原因，考虑这些需求对图书馆智慧空间建设的影响和挑战，以及满足这些需求的可行性和可操作性。此外，通过数据挖掘，图书馆还可以发现用户的潜在需求，预测热门图书和电子资源，为图书采购和资源配置提供科学依据。

（三）用户参与活动和推广

图书馆可以通过组织创新活动，增进与用户的互动和交流，例如，组织智慧空间设计比赛、数字化服务创意大赛等，鼓励用户积极参与创新，贡献自己的智慧。这样的活动可以激发用户的创造力和想象力，促进用户之间的交流与合作，也为图书馆提供了新的创意和灵感，推动图书馆智慧空间的不断发展和完善。同时，这些活动也能够增强用户对图书馆的归属感和参与感，促进用户对智慧空间的认知和使用，提升图书馆智慧空间的价值和影响力。此外，用户的积极参与也是图书馆推广智慧服务的重要手段。用户的口碑宣传和推荐对于吸引更多用户使用智慧图书馆具有积极的促进作用。

（四）用户智慧集成和利用

图书馆鼓励用户积极参与知识共享和智慧集成。用户可以在智慧空间平台分享个人研究成果、学术心得、阅读感悟等，并与其他用户进行交流和互动，增强参与感和获得感。同时，用户生成内容也为图书馆提供了更多的参考和反馈，有助于图书馆更好地了解用户需求，优化服务，不断提升智慧空间的品质和价值。为了鼓励用户参与内容的标注、修订，共同完善和丰富数字资源，提高资源质量和使用性，图书馆可以采取一系列措施，例如，提供便捷的标注和修订工具，让用户可以在浏览数字资源的同时直接进行标注和修订；举办标注和修订比赛，为优秀的参与者颁发奖励或荣誉证书；设立数字资源贡献者名单，将积极参与标注和修订的用户列入其中，向其他用户展示贡献。

第六章　研究展望

一、技术应用的深入化

《国家图书馆"十四五"发展规划》明确提出"不断加强先进技术研发应用，全面提升数字化、网络化、智慧化发展水平""推进线下服务空间智慧化升级，提升用户到馆服务体验""建设'数字孪生国家图书馆'，增强空间设施的智慧化管理能力"。为了实现"数字中国"战略目标，未来的研究将致力于构建智慧互联的"智慧图书馆"空间服务体系。随着新馆建设浪潮和公共空间的回归，研究将关注如何利用互联网技术和新的机遇，推进线下服务空间的智慧化升级，提升用户到馆服务体验，并增强空间设施的智慧化管理能力。

图书馆作为重要的文化场所建设主体，它将积极运用无接触掌脉识别、人脸识别等技术，实现对读者身份的安全、快捷识别，未来的研究将运用RFID、5G技术、大数据、云计算、人工智能、数字孪生等技术，加快实现用户即时问答、刷脸认证、多元化移动阅读服务、定位导航、机器人服务、提供可视化服务（如360度全景导航）、智能在线咨询等，丰富各种"小而美"的阅读空间的服务价值体系。未来的智慧空间布局建设需同时关注实体空间和虚拟服务空间的建设，通过引入智能技术，提高虚拟空间的服务品质，让虚拟空间的服务变得更加智能化。为了顺利实现智能技术的应用，研究需要提供更为精细、切实可行的运行条件，消除智慧图书馆中应用环境的障碍和软硬件的缺乏，确保新技术能够无缝接入智慧图书馆并持续优化虚拟服务空间。

当前，广东、浙江和上海等地的图书馆正在积极运用各种人工智能技术进行空间服务创新，将智慧空间与区域性新型公共文化空间的发展相结合，以提高社会服务效率和认同感为目标。例如，深圳盐田区图书馆建立了"智慧+"的总分馆服务系统，即"1+5+10+N"的总分馆服务系统，包括 1 个总馆、5 个街道分馆、10 个智慧书房和 N 个社区服务网点。深圳南沙区图书馆采用了 AR 眼镜个性化服务模型。上海市图书馆新建馆不仅注重基于智慧的建筑设施，还专注于智慧图书馆服务平台的建设，其中包括身份识别、智慧服务、室内导航、智能控制、行为控制、信息发布、运维管理等智慧空间。

随着人工智能技术的不断发展，未来的研究将进一步深化图书馆的智能化应用，实现单一空间到整体空间再到全域空间的智慧化。例如，图书馆可以创建自己的元宇宙空间，基于虚拟现实和增强现实技术构建一个数字虚拟环境，用户可以在其中浏览和获取图书馆的资源，并参与数字创作和互动体验等活动。通过将个人空间和整体空间融合，图书馆可以提供全域化的智慧服务，为用户提供更丰富的信息资源和交互体验。元宇宙等智能化技术将成为未来图书馆研究中重要的方向之一。

二、用户需求的个性化

基于当前的研究现状和空白点，我们可以预测未来智慧图书馆将进一步发展个性化服务，以满足新一代用户的需求。通过应用智能化技术，图书馆可以更好地了解用户的需求和行为，并提供更加个性化的服务体验。利用人工智能算法和大数据分析，图书馆能够收集、整理和分析用户的个人偏好、阅读习惯、查询历史等信息，从而为用户提供个性化的推荐图书、定制化的学习路径和个性化的账户服务。这一发展将有助于满足用户对于个性化信息获取的需求，并提供更加智能、高效的服务体验。

　　未来智慧图书馆还将改变传统的、被动的、单一的书目信息推荐和阅读服务模式，充分发挥"智慧+"的优势，通过信息化手段对用户的阅读资源进行分析，重点关注对用户潜在阅读需求与偏好的发掘，从而为用户提供多样化的阅读服务。这一趋势将扩大知识服务的渠道，构建"智慧+"新型阅读服务生态圈。另一方面，图书馆将采用以用户为中心的"智能+阅读推送"模式，通过分析用户在平台上的浏览、评论、收藏、分享等行为，向其推荐具有较强针对性和知识性的阅读信息。通过统计分析用户行为数据并深入挖掘用户需求，图书馆可以为不同用户提供不同层次、不同内容的信息服务。这种模式有望提高用户的阅读效率，从而提高阅读质量。

　　研究的最终目标是实现以人为本的智慧化图书馆服务。作为知识和文化的载体，图书馆的根本服务对象是读者用户。为了体现人文精神，图书馆需要尊重用户的自主性，满足其个性需求，并将智慧化的服务理念付诸实践。图书馆可以根据用户类型进行分类，例如学术共享用户、行政用户、借阅用户、科研用户等，积极主动地为用户提供服务，并构建用户之间的沟通渠道。用户反馈将作为提高图书馆智慧化服务水平的动力。图书馆应该以充满激情和温情的工作态度来感动用户，并通过高质量、高水平的服务态度来留住用户，这是图书馆智慧化服务可持续发展的根本源泉。

三、服务模式的创新化

　　自图书馆存在以来，可以将图书馆服务分为三个层次，分别是文献服务、信息服务、知识服务。文献服务是把文献资源展示给用户，以满足用户对信息的需要。信息服务则是指在信息化条件下，根据用户的需求，利用计算机技术、网络技术和现代通信技术，及时、有效地向用户提供各种信息的活动。信息服务的主要目的是通过各种信息传递渠道，使用户能及时获得有用的信息，并利用这些信息为自己解决问题。知识服务是智慧图书馆"智慧+"服务的高级进阶，是依据用户需求而专门定制的。其基本特征是：强调对图书馆馆藏资源的整合和重新加工，将馆藏资源转换为知识产品；强调在面向用户的个性化需求中，把分散、碎片化的知识信息和资源重新组织起来，通过对信息加工使之成为新的知识库或服务产品，强调为用户带来"知识赋能"的增值服务。

未来图书馆服务的研究将专注于服务模式的创新化，实现智慧化服务。目前，图书馆的服务已经从传统的馆藏资源和信息技术服务转变为提供智慧化服务的阶段。然而，仍存在许多研究空白点需要关注和探索。

一项重要的研究方向是在云计算平台下建立数据资源整合系统，以实现图书馆服务的智慧化。这包括对物理空间进行创新改造，建立一个智能的资源库，并利用技术如5G、大数据、云计算和物联网等来实现智慧化的服务系统。这将对馆员的服务理念、服务意识和服务方式提出更高的要求，让他们能够与智慧图书馆的发展同步，让资源服务的知识效能和价值高度得到提高，提升服务效率与质量，实现服务模式智慧化。

另一个研究方向是关注用户的体验和反馈，并根据用户反馈不断改进图书馆的服务。图书馆应积极感知用户的潜在需求，了解用户的信息偏好，并扩展服务渠道，以构建一套成熟的智慧化服务评价机制。这种人性化的服务模式将使用户获得更好的体验，并增强图书馆服务的价值。

建立"智慧资料库"和"智慧服务体系"，为图书馆提供多种场景的智能化服务。在智能化的资源库方面，通过5G、大数据、云计算、物联网等技术来建立一个智能的资源库。在智能化的服务系统方面，利用5G等技术建立一个智慧服务体系，在资源配置上，进一步优化各种资源的数字呈现形式，提升资源的利用率，让信息的传播与交流更加高效，在有效时间内，实现高效沟通和互动。

总之，未来图书馆服务的研究将聚焦于服务模式的创新化和智慧化。通过建立智能的资源库和服务体系，利用智能化技术和数据分析，图书馆可以提供更高效、个性化的服务，满足不断发展的用户需求。这些研究方向将推动公共图书馆朝着创新发展的方向前进，最终实现智慧化。

四、空间功能的多元化

未来的研究将聚焦于图书馆空间功能的多元化，以将其转变为涵盖信息共享、文化交流、科技创新、娱乐休闲等多种功能的综合场所。通过深入探索智能化技术的应用，图书馆有望实现空间功能的智能化和多样化，为用户提供更加方便、高效、舒适的服务体验。未来的研究方向包括引入虚拟现实和增强现实技术，创造丰富的数字体验，如虚拟展览和虚拟阅读空间。此外，利用智能化的环境控制系统和智能家居技术，图书馆可以提供满足用户多样需求的舒适学习和休闲环境。

为实现智慧图书馆空间布局的最终目标，需要先进行前期调研，了解用户对空间规划的个性化和多元化需求，以有针对性地构建空间布局。因此，未来的研究应注重前期调研，全面了解用户需求，为智慧图书馆的空间布局提供基础。

未来图书馆要践行"两手都要抓，两手都要硬"的发展理念，重视虚拟空间（数据平台）与实体空间（物理场所）的双重构建。通过重构物理空间并融合数据资源，可以打造具有"感知、交互"属性的"知识空间"。在虚拟空间中，通过物联网、云计算等智慧科技，构建具有"感知、交互"属性的"学习共享空间"。同时，在实体空间中，通过将物理空间与数据资源融合，可以建立具有"感知、交互"属性的"创客空间"。这种转换与升级将推动虚拟空间和实体空间的发展，并从信息的角度提高数据空间的服务效率。因此，未来的研究可以关注虚拟空间和实体空间的融合发展，以提升图书馆的服务效能。

五、空间建设的合作化

　　未来的研究将致力于加强图书馆与其他机构、科研机构和创新企业等的合作，以实现资源共享和协同发展。通过与"图文博美"的融合发展，图书馆可以扩展与文化创意产业的合作领域，共同进行数字文化创意项目和多媒体制作等活动，为用户提供更加多元和富有创意的服务。此外，图书馆还可以与科研机构、创新企业等合作，推动科技创新和信息技术应用的发展，并共同构建智慧图书馆生态系统，促进图书馆事业的发展。

　　综上所述，未来基于人工智能的图书馆空间再造研究将关注智能化技术应用的深入研究、用户需求的个性化解决方案、服务模式的创新、空间功能的多元化以及合作与共享等方面的发展。此外，也需注重安全性和隐私保护、人才培养和团队建设、持续创新和发展以及评估和反馈机制的建设和发展，以确保研究的全面性和可持续性。

下篇
实践篇

　　当前，智慧图书馆体系成为了继数字图书馆之后推进国家文化事业高质量发展的新一轮变革浪潮，已被纳入国家"十四五"规划纲要与文化发展规划。智慧空间作为智慧图书馆体系中的关键服务设施，与智慧数据、智慧服务等业务模块共同构成了我国智慧图书馆的总体框架。作为下位类概念及重要的实现因素，智慧图书馆空间在公共图书馆的整体智慧化转型中扮演着链接资源、技术、服务、管理与人员等其他因素的关键枢纽角色，特别是技术的飞速发展为智慧图书馆空间功能拓展及服务创新提供了技术支撑，推进了空间中各类核心要素的发展。我国目前已有众多公共图书馆应用新技术开始尝试和打造智慧图书馆空间，并取得了一定的进展，现如今国内智慧图书馆空间再造主要着眼于优化图书馆空间结构，提升图书馆服务效能；改善图书馆空间环境，提升用户对图书馆空间的价值感知；优化图书馆空间功能，提升空间智慧化程度等方面，整体呈现出建设主体广泛化、空间功能多样化、空间表现人性化、空间技术升级化、空间边界模糊化等特点。智慧空间兼具实体空间及虚拟空间的特征及功能，如泛在化的协作学习空间、特色场景空间均是智慧图书馆空间的表现形式，国内已有丰富的建设经验值得更多的公共图书馆学习，本篇将重点介绍国内公共图书馆通过空间再造或者新馆建设打造智慧图书馆空间的典型案例，以供大家参考借鉴。

第七章　首都图书馆

一、建设背景

首都图书馆始建于 1913 年，原名京师通俗图书馆，1956 年正式定名为首都图书馆。经过百年发展的首都图书馆，遵循"大开放、大服务"的服务理念，成为全国开放度最高、融合度最好的公共图书馆。2017 年，首都图书馆充分利用馆藏资源、广泛应用新智能技术，开启了智慧图书馆建设阶段。2019 年，北京大兴国际机场通航，为首都图书馆的智慧图书馆空间布局提供了新的增长点。作为北京市重要的公共文化机构，首都图书馆在大兴国际机场建造了具有中国特色的文旅融合图书馆和阅读空间——首都图书馆大兴机场分馆（以下简称大兴机场分馆）。该分馆作为首都文化传播平台和展示窗口，主要服务来往于北京与世界各地之间的旅客和机场工作人员，是具有国际水平的文旅融合体验式图书馆，是"身体和灵魂总有一个在路上"的有机结合体。作为北京重要的知识枢纽和交通枢纽，首都图书馆与大兴机场的结合，不仅拉近了旅客与图书馆之间的距离，还充分利用双方优势，以特色鲜明的"书香国门"为载体，打造了北京乃至全国公共文化服务文旅融合的新地标。随着移动互联网、云计算、大数据、AI、VR 等新技术的快速发展，在国家不断完善公共文化服务体系、推动文旅融合发展的背景下，首都图书馆借助文化旅游的思路，不断探索文旅融合方式，拓宽服务内容和服务方式。

为适应北京城市发展，满足读者不同的阅读需求，首都图书馆不仅在大兴机场创建了"大兴机场分馆"，还在首都体育学院创办了"奥运书屋"、与燕山出版社创办了"春明籍阅读空间"等特色鲜明的主题分馆。除此之外，于 2023 年 12 月 27 日正式开放的位于北京通州区的北京城市图书馆，为广大读者打造了多元、复合、智慧化的复合式阅读空间。北京城市图书馆通过集成 5G、物联网、大数据、虚拟现实等技术，充分利用空间的可塑性，打造信息技术互动空间、交流讨论互动空间和社交休闲互动空间等多种互动式阅读空间。其中信息技术互动空间内，将利用高清交互设备、高端影音设备、互动游戏开发设备等，将信息技术与社会教育相结合，让读者在数字化、网络化的空间内，享受新技术给予文化生活的乐趣。

二、建设内容

图书馆传统的实体服务空间正被虚实融合的空间发展趋势所取代，且逐步发展成为面向全社会开放的阅读、交流、体验、科技感十足的城市智慧空间，进而使得公共图书馆的社会职能与社会价值得以充分体现与发挥。大兴机场分馆的设计理念突出场馆地域特色，以大兴机场建筑外观为依托、浴火凤凰的寓意为思想主导，将图形设计主题定为"龙凤呈祥凤凰涅槃"，其寓意为不畏艰难、义无反顾、不断追求、提升自我的执着精神，以橙色为主色调，象征图书馆人的阳光、温暖、活力、高昂。

（一）空间布局

整个大兴机场分馆由一层、二层两部分空间组成，总面积约 500 平方米，藏书近万册，文献资源突出北京文化与旅游特色。除了文旅方面的图书，还根据服务对象的特点和需求，设置了历史、文化、艺术、小说、外文、青少年读物等图书专架。旅客不仅可以在馆内阅读，消磨候机时间，还可以将书带到飞机上，享受阅读之旅。

（1）一层空间：位于大兴机场航站楼一层国际到港大厅西侧，16 号门对面，为集阅读与活动于一体的独立空间。该阅读空间占地面积约 150 平方米，设置读者座席 3 个，设计可藏书 3500 余册，主要文献内容包括旅游、历史、人物传记、艺术、外文、少儿、文学等畅销类读物及介绍北京地域文化的地方文献类图书。该空间内还有电子阅读器、电子地球仪、自助借还机、视听计算机等先进的阅读体验设备，让读者通过看、听、读、品等多种体验方式触摸北京、体验中国。

（2）二层空间：位于 A 指廊 A01 登机口附近，占地面积约 320 平方米，为开放式阅读区域，半弧造型，与机场内部环境相融合。空间设计堪比美术馆，处处展现东方建筑之美，整体采用中国古代建筑屋檐的造型与阅读空间相得益彰。墙面以祥云、北京地标建筑及城市剪影形式组合而成；地面采用祥云线条，与墙面呼应。该空间设计强化了文化和旅游主题与空间内容的一致性，体现地域特色的装饰格调，拥有读者座席百余个，配有获奖文学、儿童绘本、经济管理和期刊等读物。

（3）"云上书屋"：由首都图书馆与南方航空公司北京分公司工会委员会共同打造，于 2023 年 3 月正式开馆，位于大兴南航城 2 号楼。该分馆有图书资源 7000 余册，电子报刊万余种，电子图书 300 万册，有声书 50 万余集，优质的数字资源，可供读者和南航员工随时随地阅览。

（二）人工智能技术应用

"十四五"时期，是信息技术高速发展的时期，我国公共图书馆面临着全面转型发展的新挑战。基于人工智能技术的智慧化图书馆是集人工智能技术、现代化设备、智慧化馆员与图书文献资源于一体的新型图书馆模式。在全社会智慧服务的大背景下，公共图书馆从供给侧需求出发，依靠智能技术，充分利用社会各类有效资源，积极向全新型智慧型图书馆转型，是图书馆转型发展的重要途径。大兴机场分馆通过利用移动互联网、物联网、5G、人工智能等新一代智能技术，实现了图书智能分拣、自助借还书、

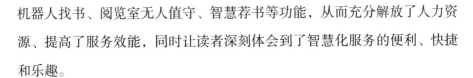

机器人找书、阅览室无人值守、智慧荐书等功能，从而充分解放了人力资源、提高了服务效能，同时让读者深刻体会到了智慧化服务的便利、快捷和乐趣。

1. 先进的智能设备

大兴机场分馆是一座集旅游、阅读、娱乐、智慧于一体的文旅融合体验馆。通过引进先进设备，让旅客不仅能阅读文化历史、认识秀美山川，更能通过科技触摸北京、体验中国、感受世界。在一层阅读空间内，全部使用智能书架。智能书架是一套高性能的图书实时管理系统，它将人工智能技术与图书管理系统充分结合，利用 RFID 技术实现在架图书识别功能，可同时完成在架图书的实时监控、图书盘点、定位查询，以及错架统计等功能，不仅减少了人力支出，还降低了在架图书的错架率，有效地提高了文献资源盘点效率。读者不仅能够通过智能书架上的人机交互式触摸屏，浏览、搜索在架书目情况，还可以自助进行借还书操作和查询账户信息。为充分展示文旅融合特点，阅览室内还安装了互动地球仪，该地球仪直径为 1.5 米，以球型屏的形式悬浮空中，多角度展示世界各地的旅游风光。

2. 虚拟馆员服务

大兴机场分馆一层服务空间内，设有虚拟主播提供问答、引导等智能化服务。虚拟馆员代表名叫"小图"，在场馆内的读者，只要面向它，轻声呼唤"小图你好"，即可以与虚拟主播对话。"小图"可回答的咨询内容既有与图书信息相关问题，还可回答天气、所坐航班、航站楼具体位置导航等机场有关信息服务。值得一提的是，"小图"作为智能机器人，不仅可以进行开展信息资讯类服务，还能"带你找书"。只要读者对"小图"说出想找的书目名称，如果分馆内有该图书资源，"小图"即会带您准确地找到该书所在书架位置，减少读者找书的困扰。智能机器人馆员丰富了图书馆的多元化服务，提高了工作效率，助力推动图书馆转型升级。

3. 异地借还服务

作为小型公共图书馆，大兴机场分馆要为日均客流量 10 万人次的机场旅客提供文献借阅服务，具有服务人群多样化、服务内容复杂化、异地借还需求旺盛的特点。基于以上特点，大兴机场分馆突破空间上的地域限制，探索异地还书服务，读者可通过手机移动应用完成图书借还服务。通过"移动借阅"平台，在机场内的旅客通过支付宝里的"阅读北京"小程序，可在分馆内利用手机扫码的方式，一键完成图书借阅，手机即可化身为专属"自助借还书机"；需要还书时，身在北京的旅客，可以不用返回机场进行还书，继续通过支付宝里的"阅读北京"小程序，选择"预约寄回"，确认需要还回的文献，系统可根据文献数量计算运费，快递员根据预约信息上门取件完成图书还回服务，非常适合到京旅游、公务、探亲等旅客读者进行图书归还。目前，大兴机场分馆已加入北京市公共图书馆"一卡通"服务体系，除线上预约借还以外，读者在大兴机场内所借的图书，还可以在北京市"一卡通"通还服务的 424 家成员图书馆实现通借通还服务。通过手机查询，读者自主选择距离自己最近的可通还图书馆进行线下还书。大兴机场分馆通过文献流通移动服务系统，打破服务空间的局限性，不断创新服务方式，为图书馆智慧服务发展、移动应用建设，提供了更加广泛的建设空间和有益探索。

4. 便捷的数字阅读服务

除了传统纸质图书资源以外，大兴机场分馆将数字阅读资源作为重点资源形式进行配置。在大兴机场分馆内分别设有 12 块 LED 滚动电子屏幕、触摸屏电子读报刊系统等，读者用个人微信客户端，通过扫描屏幕上的二维码，即可免费阅读 200 多种顶级数字期刊、300 余部精品广播剧、3000余册精品电子图书、10 万余小时的有声图书。为打造特色"文化 + 旅游"主题阅读空间，大兴机场分馆依托首都图书馆自建的"北京记忆多媒体数据库"，新建了"听北京""读北京""看北京"三个不同形式的特色专题数字资源库，搭建了"让世界了解北京"的平台，最大程度满足了来自世界各地的旅客了解北京、了解中华优秀传统文化的需求。

大兴机场分馆数字阅读服务无须下载任何软件，也不需要绑定读者卡或注册会员，通过手机扫描，随时将电子信息存储在手机内，在享受方便、快捷的服务的同时，还避免了人群聚集，真正实现带着"图书"去旅行。大兴机场分馆的数字资源建设时刻围绕实现智慧型服务目标开展，通过统计分析数字资源使用情况，及时对内容进行调整和优化，推荐其感兴趣的数字资源内容，以更好地满足读者阅读需求。

三、建设成效

在公共图书馆向智慧图书馆转型的过程中，空间在设计与建设时充分利用人工智能技术，才是图书馆持续发展的必然选择，才能充分承担起当代公共图书馆的社会责任。创新驱动是公共图书馆事业发展的动力源泉，基于人工智能技术的空间建设与再造，从而改变传统服务形式，是当代图书馆事业发展的一大重要特征。通过广泛使用智能机器人、无线蓝牙技术、人脸识别技术、智能消防、智能安检等新技术，实现了对图书的智慧化管理、对人的智慧化服务，以及对物理空间环境的智慧安防管理，使公共文化服务水平进一步提高和改善。

大兴机场分馆于2021年6月28日试运行，7月28日正式开馆，作为旅途中的驿站，大兴机场分馆实现了365天开馆，开馆时间为早8点到晚8点，已成为主题突出、特色鲜明、服务便利的"网红打卡地"。截至2023年7月，大兴机场分馆正式运营2年来，已累计接待到馆读者15万余人次，开展诵读演出、展览、读书会和文创交流等特色阅读活动67场次，线上线下吸引36万余人次参与。

（一）定位准确，彰显公共服务社会价值

《中华人民共和国公共图书馆法》中规定，"公共图书馆是社会主义公共文化服务体系的重要组成部分，应当将推动、引导、服务全民阅读作为重要任务。"《"十四五"公共文化服务体系建设规划》中，要求图书馆要围绕当地经济社会发展战略任务，围绕各级党委政府的中心工作，充分发挥文献保障和智库作用。在总馆强大的信息资源支持下，大兴机场分馆的"文旅信息中心""北京记忆"等内容不仅为机场等相关企业的发展提供智力支持，还与社会各界共享研究成果，彰显公共文化服务的社会价值。大兴机场分馆在修建的发展过程中，首都图书馆作为总馆，以引领图书馆行业发展为己任，积极促进公共图书馆服务水平创新发展、促进资源综合利用的先进典范。作为公共图书馆，大兴机场分馆不断输出多元化的阅读资源，不仅促进了全民阅读推广的开展，还在传承与发扬中华优秀文化方面起到了重要作用。

（二）文旅融合，实现跨界合作

公共图书馆谋求发展，不再拘泥于馆舍围墙，打破固有的场馆物理空间限制，提倡泛在服务，与其他公共空间开展跨界合作，创建了如"图书馆＋公园""图书馆＋景区""图书馆＋咖啡吧"等跨界空间合作，不断延展公共文化服务范围，提高公共图书馆资源的利用率，提升服务效能。

2020 年 10 月，在北京大兴国际机场运营一周年之际，为推动大兴国际机场建设成为人文机场的共同目标，首都图书馆与北京大兴国际机场签署了五年战略合作协议，在国内开创了公共图书馆进驻大型航空枢纽机场的先河，拓展了公共服务空间的维度。首都图书馆紧密围绕着"文化与旅游"的主题，与大兴国际机场采取共建共享模式，依托总馆的资源、技术、服务等优势，充分、合理利用有效社会资源，加速了公共图书馆转型的步伐，使得图书馆公共阅读空间兼具了知识传播、社会融合、文化育人、市民参

与体验的多元化社会职能，从而不断推进文化和旅游的深度融合，有效地提升了图书馆公共文化服务水平。

大兴机场分馆不仅是阅读空间，还是服务于机场旅客的旅游信息服务中心。在提供航班信息等机场基础信息咨询以外，还通过智能化服务手段，为广大读者提供了海量的"文旅融合"主题的文献资源与电子资源。针对旅客在机场停留时间不确定、停留期间娱乐内容较少的特点，分馆还设置了各种文化体验活动，如《永恒的经典》交响音乐会、"伟大征程"主题展览、新书分享会、活字印刷体验、"非遗"手工制作室等等，形成了独具特色的公共文化阅读空间展示平台。

（三）科学规划，运用前沿科学技术

大兴机场分馆在建设设计之初，政府各有关部门、各级公共图书馆、北京大兴国际机场、人工智能设备提供方、平台数据厂商等各方相关机构，组成了一个有机整体，针对主题空间创意设计、软硬件配置、文献资源类型、个性化服务提供等问题进行统一规划，第一时间解决建设过程中出现的不可预见的问题，使得各方资源更加科学、高效地进行配置，将先进的服务理念、系统的管理理念与人工智能等前沿技术有机融合，贯穿始终。

四、相关启示

首都图书馆利用人工智能技术、运用现代化管理理念，打破空间与行业的局限，在北京大兴国际机场建设分馆，为其他公共图书馆打造了一套可推广、可复制的建设范本，为公共图书馆入驻机场、火车站等公共交通枢纽空间建设特色阅读空间，提供了宝贵的经验。大兴机场分馆的成功实践，对于推动智能技术在文化和旅游等公共文化领域应用、提升服务效能、推进文化与旅游的深度融合有着重要的启示作用。

（一）开展跨界合作，拓宽服务领域融合发展

对现有实体物理空间进行改造，改变空间布局，以主题为单元重组文献资源，赋以新的服务理念和管理方式，是对图书馆空间、资源、服务与管理的优化整合，是对传统图书馆管理与服务模式的优化升级和转型发展。公共图书馆服务转型，要积极拓宽服务领域，寻找合作伙伴，依托新技术，实现空间、服务、资源的智慧化升级，强强联合开展跨界合作，以此拓宽公共图书馆的服务领域。近年来，一些图书馆与社会力量合作，合理利用社会空间资源，积极开展主题图书馆建设实践。这都是符合潮流的图书馆建设发展模式，是对图书馆资源优化利用的有益探索，是对社会公共文化服务体系的有益补充。跨界合作是当代社会发展的必然选择，各领域各行业之间正是在不断深入挖掘内外部潜力、资源的基础上，进行必要的合作、融合、重构，才使得社会效益最大化，才得以不断持续发展。因此，公共图书馆为满足公共文化多元化、个性化需求，必须创新服务方式、整合社会各类资源、提升服务效能，走跨界合作之路。通过开发更广阔的空间和舞台，使图书馆有更新更多的服务思路，从而形成了多种多样的服务新业态。

（二）运用虚实结合，创新空间智慧服务模式

在数字技术和智能环境的冲击下，面向未来的公共图书馆想要高质量发展，必须突破现有的服务方式，注入全新理念，重构多业态共通的公共文化服务空间，实现合作共赢的局面。公共图书馆空间服务需要从单纯的馆藏图书馆服务逐渐向虚实结合的智能化、多元化服务方向转变。图书馆在空间再造时，可充分利用人工智能等先进技术，充分重视虚实空间结合的利用，扩展虚拟空间服务，提供数字人文服务，在有限的物理服务空间内，最大限度内为读者提供更多的智慧服务内容。图书馆需要精准化把握用户的需求，充分利用智能技术，建设集成式服务平台，建立规范化服务流程，

培养专业化的智慧馆员，在有限的资源环境下，为社会公众提供更加优质的文化服务，实现公共文化服务的长足发展。

（三）利用前沿技术，助力智慧空间建设

当前，图书馆正在进入以人工智能设备和技术手段为代表的第三代图书馆时代。第三代图书馆不仅仅是服务主体、管理手段、阅读途径和服务方式的改变，还是人们观念和理念的突破。2017 年，国务院关于印发《新一代人工智能发展规划》中指出，充分发挥人工智能技术在增强社会互动、促进可信交流中的作用。在当前人工智能技术广泛应用的背景下，面向第三代的图书馆建设，离不开前沿技术的有力支持。图书馆以人工智能技术为基础，依靠 RFID、室内精准导航系统、万联网等技术，建立全新的理论体系，助力智慧空间建设。RFID 技术为图书馆开展自助服务提供必要技术保障；区块链技术助力图书馆组织系统管理；5G 通信技术助力无感借阅、精准推送、机器人咨询等服务；还有多种人工智能技术，诸如人脸识别、智能书架、智慧座椅、无人书车、智能触屏等，前沿技术在支持未来智能信息服务方面有着相当广阔的前景。

第八章　辽宁省图书馆

一、建设背景

辽宁省图书馆是辽宁省文献资源共建共享中心、全民学习教育中心、开展阅读推广的文化活动中心、省内外图书馆间协作协调及业务研讨交流中心以及辽宁文化成果展览展示中心。2015 年 8 月 22 日新建馆舍正式对读者开放，新馆建筑面积 103150 平方米，藏书容量可达 1000 万册，馆内设有阅览座席 7000 余个，同时规划了 4000 个信息节点，WiFi 全范围覆盖，每年可接待读者数量超过 350 万人次。馆内公共阅读服务空间包括：一层共享大厅、展览展示厅、多功能报告厅、少儿敏学天地、特殊群体服务中心、零点自助图书馆，二层保存本阅览室、电子资源阅览室、多媒体众创空间，三层古籍与历史文献阅览室、社会科学文献借阅空间、信息咨询服务中心，四层自然科学文献借阅空间、期刊报纸借阅空间、地方文献资源服务中心、辽宁文化成果展示空间。作为一座省级综合性公共图书馆，全年无休向全社会免费提供文献借阅、专业讲座、文化展览、专题咨询、文献保护与开发、业务培训等社会化、公益性的专业服务，涉及领域十分广泛，包含图书资料、文化产业、社会教育、人文历史、自然科学等诸多学科。

随着我国经济社会的快速发展和物质水平的不断提高，人们的精神文化需求日益增长，图书馆界已经形成共识：未来的实体图书馆应该是集学研空间、交流空间和创新空间为一体的文化综合体空间。新时期智慧图书馆的建设目标对图书馆的阅读空间、馆藏空间、借还设施、流通管理、数字存储等方面提出了全新的挑战，公共图书馆迫切需要通过自我革新来适应公众对图书馆现代化服务需求变化的新形势。2021 年 3 月，文化和旅游部等部委联合发布的《关于推动公共文化服务高质量发展的意见》主要任务中，明确指出要"对公共图书馆功能布局进行创意性改造"，营造小而美的公共阅读和艺术空间，创新拓展城乡公共文化空间。对许多公共图书馆而言，面对入馆率及资源利用率下降的困境，扩充空间服务功能尤为重要，尤其是在现代网络信息技术爆炸的当下，公共图书馆偏守旧较传统的资源服务优势已不复存在，图书馆亟须通过强调空间的价值属性与功能扩充，鼓励用户在图书馆新型阅读空间中获得思想与知识的交流碰撞，激发创意与创新，从而重新定义知识获取与发现。合理利用公共图书馆已有的空间资源、文献资源和专业人才等优势，通过科学再造挖掘出空间功能的拓展性和服务的延展性，完成从空间物理改造到资源个性利用再到用户学习习惯及创新思维的深度养成等一系列空间再造任务，实现从传统的信息资源服务过渡到以获取知识服务为最终目的的新型空间再造，成为公共图书馆转型发展中的新理念和新实践。基于此，探索公共图书馆空间再造理念与原则，研究公共图书馆空间再造策略和方法，进行具有前瞻性、开放性、创新性的空间再造实践成为公共图书馆在智慧赋能服务转型过程中进行积极探索的重要途径之一。

二、建设内容

"十四五"时期，公共图书馆服务体系发展重点从"外延式量的扩展"转变为"内涵式质的提升"，公共图书馆如何通过再造或改善现有空间，来拓展服务功能、优化服务供给，以此促进阅读空间高质量发展成为业内探究的重要议题。在构建智慧城市的时代背景下，在公共图书馆智慧转型的必然趋势面前，辽宁省图书馆在空间价值挖掘和再造方面进行了诸多的尝试与探索。将空间重建与改造作为图书馆转型与发展的重要突破口，紧跟信息通信技术的应用潮流，依托人工智能、数字化、互联网＋等技术，打破传统的图书馆服务边界，进行空间资源的整合、开发和再利用，通过对空间的重新设计、改造升级或重建，赋予阅读空间新的立意和内涵，满足人们对图书馆建筑和空间功能多元化、个性化的阅读需求，让图书馆真正成为百姓阅读、交流、休闲的综合性活动空间。

（一）图书馆整体建筑空间设计

1. 建筑外观

辽宁省图书馆建筑外观俯视呈现英文字母倒 E 造型，在设计上以 1.5m 作为基本模数单位，建筑的模数协调和标准化加强了整体与细节的比例和谐，玻璃幕墙的外立面造型与光线交相辉映，营造出知识长河闪烁流动的活络景象。在沿袭文化场馆建筑群总体风格的原则下，建筑外观设计体现出图书馆建筑有容乃大的独特属性和文化传承的深厚底蕴。图书馆的外观造型和空间框架均采用"图书架"的展示形式，将建筑本体化作一个巨大的展示平台，建筑内所有空间的设计理念均依托这个创意来组织和布局。

2. 内部设计

（1）空间功能性。在室内设计上除了满足文献的"藏、查、借、阅"功能，凸显"以人为本、服务至上"的理念，突出功能性进行科学布局，采取没有间隔的敞开式空间设计方案，按照动静分离的原则，保证对外开放区域与办公区域的相对独立，同时根据活动类型不同，读者活动区域又细分为阅读空间和互动空间，各个空间功能相对独立又紧密联系，达到了布局的科学性、便捷性和实用性，让其成为百姓学习研究基地、信息集散枢纽、文化交流中心和公众文化休闲的综合性场所。

（2）设计艺术性。保证室内设计与建筑外观设计的协调统一，内部设计呈现开放、通透、简洁的艺术特征，将"书架书墙"作为设计元素单元，充分发挥其区域功能划分的载体和媒介作用，将建筑外观的大气磅礴延续到室内装潢，把图书馆建设成为一个承载知识、传播文化的发展有机体。

（二）阅读推广服务品牌类空间再造

1. 零点书房——"想看就看"的全时阅读空间

作为东北首家可提供全时阅读服务的自助图书馆，辽宁省图书馆零点书房夜间免费对外开放，市民可随时享受安静又温馨的阅读时光。零点书房前身为 24 小时自助图书馆，自 2015 年 8 月开放以来，累计接待读者超过 130 万人次。零点书房在空间改造过程中既沿袭了总馆建筑理念和设计风格，又遵从功能性需求融入了新的立意和元素，与总馆浑然一体又自成一派。改造后的零点书房占地面积约 400 平方米，醒目的外部亮化导引、阅读桌上的一个个暖光源护眼灯、舒适的人体工学座椅、柔和的墙面喷涂设计，处处体现着空间设计的人性关怀。空间内部按照格局与功能划分为三个子空间：借还区配备了 RFID 智能借还设备，支持读者自助办证、借还图书；藏书区配备智能一体式开放书架，为读者提供 22 大类、近 3 万册图书的借阅服务；休闲区设置阅览座席 30 余个，10 余个读者自修写字台。其中，同步推出的图书推荐品牌服务"辽图好书榜"位于藏书区醒目的一处主题书墙，集中了各大读书网站以及本馆借阅排行榜中的精品图书，深化导读和荐读服务，让好书唾手可得。零点书房一方面坐拥图书馆丰富的馆藏文献资源，一方面依托新技术应用，在延续已有优质借阅服务的基础上，进行借阅空间再发现，创新服务模式，打造了一个集阅读学习、科技体验为一体的城市空间。这种"小而美、全而精"的全时阅读空间具有占地面积不大、环境舒适优美、文献种类齐全、文本精良的特点，自助办证、自助借还、通借通还等功能齐全，没有任何门槛即可享受到文化惠民的温馨和便利。2023 年，零点书房将继续进行空间合理性改造和功能性升级，依托人脸识别、射频识别、人工智能等技术，引进智能借阅设备、智能办证设备、视听资源体验设备等，实现自助借还书、查询馆藏及活动指南、公告、数字资源等智慧服务的升级，数字技术赋能空间再造，将进一步增添读者"悦"读的新体验。

2. 奉天记忆——兼具文化与美学的阅读空间

"奉天记忆"城市阅读空间是辽宁省图书馆进行阅读空间拓展外延，延伸服务触角的一次成功实践与尝试。"奉天记忆"城市阅读空间地处沈阳市工业老城区，设计理念具有鲜明的地方经济特色且贴合历史发展沿革，在对原有建筑（原沈阳自行车飞轮厂老车间）进行空间改造中，巧妙融入工业元素及文化标记，工业老物件与书籍穿插陈列其中，营造出老工业区氛围的同时，还起到空间功能划分的作用。整体空间布局和设计上充分考虑到百姓需求和地域文化，将老工业元素和场景与阅读空间情境相融，建成一座闹中取静、智慧赋能、功能多元的城市第三空间，读者置身其中，享受阅读满足感的同时见证了历史车轮的滚滚向前，也见证了沈阳工业的发展历程。城市空间分设藏书区、阅览区、数字体验区、沙龙空间、儿童活动空间等多个区域，独立书架、阅览桌椅、自助借还机、数字阅读屏、安全系统、无线网络等服务设施配备齐全。馆内还设有小剧场、艺术展览与创作空间、体育运动与轰趴空间、众创办公路演空间等特色区域，满足不同读者群体日益多样的阅读活动需求。先进理念嵌入智能技术、建筑美学融入地域元素，自带文化热点的"奉天记忆"城市分馆规模适当、布局合理、功能多元，将更多读者从电子阅读、快餐式碎片化阅读吸引到实体阅读和深度阅读中。个性化强、自由度高的阅读空间不仅契合当下人们的生活方式，让市民在家门口即可享受精神食粮，且能够成为展现城市文化底蕴和市民文化个性的平台。融入地域特色、对空间进行创意性改造后的综合性阅读空间，既是读者收获知识的殿堂，也是凸显地方特色的文化地标和城市名片。

（三）新技术驱动下的阅读空间智能再造

图书馆空间再造利用信息技术重塑图书馆功能与读者服务，塑造并延伸了新阅读的广度和深度，深化了空间的内涵与价值。随着以 AI、5G、云计算为代表的新兴技术的迅速崛起，人脸识别、行为分析技术、智能监控、智能分拣及 RFID 智能设备等智能化广泛应用，极大提升了用户的阅读兴趣和体验感观，使之成为图书馆创新空间服务新的路径和选择，图书馆空间再造不断向着多元、开放、共享、包容的方向发展。

1. 敏学天地——儿童沉浸式阅读体验空间

敏学天地是辽宁省图书馆引进新媒体技术将少儿馆藏与数字影音阅读相结合，重点打造的全国首个专注孩子哲学启蒙与心理健康的沉浸式阅读体验智能空间。空间再造以儿童需求为导向，围绕更易被儿童接受的趣味性任务开展阅读互动类活动，借助智能触控、虚拟现实、体感捕捉等科技设备，通过生动的声画影视呈现与感官体验感知，帮助实现少年儿童在成长中的自我认知和素质养成。

空间智能再造启动前，对该项目进行了准确定位和充分论证，首先明晰理念是以儿童需求为导向的智能空间再造，其基本出发点是启发孩子独立思考，帮助解答实际生活中的疑问，根据设计理念和改造目标对空间的结构与布局、设施设置、人性化服务等方面进行了充分的论证和细致探讨，最终将打造一个层次丰富、多元服务、阅读舒适、交互友好的智能阅读空间定为改造目标。空间再造过程中，首先，通过硬件升级和资源提质双管齐下，实现阅读体验情景化。对整体风格布局和动线、美学等元素进行统一筹划，使陈设、软装、灯光浑然一体，动线设置科学合理。环境布置以人为本，照顾低龄读者心理和生理特点，增加软垫、卡通桌椅等，营造舒适、安全、愉悦的阅读氛围，让读者从心理上获得归属感。引进触控屏、VR、体感捕捉、拼接大屏等 30 余组智能设备，利用人工智能等新媒体技术将生理教育、安全教育、传统文化、爱国英雄、模范榜样等100余种资源展现在小读者们面前,实现了硬件升级和资源提质。其次,灵活拆分组合,促进效果叠加,实现空间功能多样化。通过提供智能化沉浸式的阅读体验,让读者身临其境感受到书籍的魅力,培养阅读兴趣,提高阅读能力。打破物理界限,把空间单元进行灵活的拆分和组合,将原有的6米×2.5米雷达触摸式电子涂鸦墙、地面3D互动投影、体感游戏机、投影书等智能设备纳入其中,通过与数字资源的有机融合构建声光影应用场景,促进空间视觉效果叠加,营造可供聆听经典、独立思考、自由探索的视听效果。最后,从用户需求出发,在内容设置上划分为六大板块:"我是谁"——人体生理基本认知;"我要长大"——成长的疑问和困惑;"我要变强";"榜样的力量";"我的祖国我的家";"阅·未来"。六个板块之间层层递进、逻辑严谨,构成了一套较为完善的儿童成长哲学体系,在自我认知、文化熏陶、素质培养、科学探索、创造精神、爱国主义各方面对儿童进行多元化导读和阶梯式培育,为儿童意识形态启蒙教育,人生观、价值观、世界观的初步形成开辟了新途径,可以有效弥补孩子在成长中的教育缺失和不足。此外,智能空间服务还注重服务外延的扩展,致力于服务模式创新,在阅读功能延伸方面大胆引入"互联网+",形成线上线下相结合的课程体系和项目模板,与知识平台、教育机构等寻求深度合作,陆续开发一批具有创新思维颇具创意的课程资源,开展了一系列定制化、沉浸式阅读交流活动,增加数字阅读体验项目,保障少儿阅读权益,增强阅读的趣味性,助力公共图书馆少年儿童阅读服务求质保量。

2. 酷雅空间——智慧阅读 2.0 体验空间

利用数字科技与配套场景对图书馆闲置空间进行全面升级改造后的酷雅智慧阅读空间于2023年读书节期间正式对外开放,酷雅智慧阅读空间是涵盖了 VR 科普、5G 阅读树、朗读亭、库克智慧钢琴、数字书画台、3D

数字展厅等先进技术和设备的极具"科幻效果"的智慧服务空间。空间改造主旨意在让读者体验到国内最新科学技术在文化领域内的投射和应用，激发读者创新灵感和学习兴趣，可以更多更快更好地享受科技进步和文化发展的成果。在数字展览智能改造方面，精选辽图经典展览，应用三维建模与全景场景技术对展览进行全面数字化，实现场景漫游，超大屏幕多媒体，配备智能语音讲解、手势识别、人机互动等核心技术，为读者提供打破时空界限、身临其境般的感官盛宴。在数字阅读智能改造方面，专门为青少年读者打造的 VR 科普阅读体验区，可通过 VR 设备身临其境般获取科普知识，寓教于乐激发青少年对科普读物的阅读兴趣。此外，数字文化长廊中的图书可以直接在线阅读，也可通过第三方扫描工具获取在线阅读服务或通过配套的手机客户端扫描图书二维码，下载至智能终端进行离线阅读。智能改造后的传统文化空间，融入国内首次研发的以水代墨技术、毛笔三维空间力智能检测技术、数字化毛笔智能仿真技术、红外电磁双触控技术。数字书画台系统可以水代墨，以屏代纸，挥笔台上，作品立现。从三国至今各个时期、不同风格的海量书法精品，可二次创作、查询和下载，在数字书法体验中可自由学习、自由创作、分享、互动、展示，让读者真切地体会到传统文化带来的精神熏陶。在数字视听智能改造方面，设置了畅听有声墙，精选党史党建、人物传记、文学文摘等 30 余个专辑，无须下载任何 APP，手机扫码即可收听，还提供 8 万多小时的有声头条、有声图书、有声期刊、专辑、电台广播等丰富的有声资源免费畅听服务。酷雅智慧阅读空间面积 300 平方米，需要满足数字展览体验、青少年科普智能体验、数字传统文化、数字阅读视听体验等多种功能的实现和完美呈现，改造的重点和难点是进行空间结构性区域的合理划分与空间功能性的择优设计，打破原有空间的限制，实现空间利用价值的最大化。酷雅空间在进行空间布局和区域划分时，将开放式与封闭式布局相互交织，利用智能化多元化的元素融入，体现出内部区域层次分明、外延拓展效应显著的空间特征。空间充分利用渐进式数字阅读、VR科普体验、数字书画台系统、畅听有声墙等数字科学技术配套应用场景，这种灵活的空间布局和多元优化的功能设计促使传统文化与现代阅读科技融合与碰撞，让用户享受体验的新鲜感和个性化服务的同时，更愿意深度参与到场景转换和功能深度使用中，运用科技阅读手段打造现代阅读时尚，赋予再造空间文化肌理和科技生命的同时进一步促进效能释放。

三、建设成效

辽宁省图书馆自2017年4月23日全面开放以来，在阅读空间服务理念、服务功能、服务内容等方面进行不断探讨与实践，致力于图书馆阅读空间转型升级，赋予公共图书馆更多的空间动能和活力。依托智能新技术发展智能阅读空间、新型阅读空间，对于强化公共图书馆管理、提高公共阅读服务覆盖面和可及性、新阅读文化再发现具有重要价值。尤其是在空间再造中尝试多主题阅读空间、数字虚拟阅读空间等的构建，积极与社会力量合作共建，对软硬件资源进行整合再分配，进行新型阅读空间的打造和再造，努力为读者提供创意新颖、文献丰富、环境舒适的新型空间阅读服务，从而更好地发挥图书馆作为城市"第三空间"的社会职能和文化价值，为广大读者输出优质高效服务的同时，在图书馆智慧服务转型关键期取得了很大成效。

（一）打造阅读新方式，丰富了图书馆服务模式

在信息大爆炸的新时代，获取信息的途径越来越多，信息量也越来越大，国民的文化价值观更需要正确的引导和培育。辽宁省图书馆空间再造不局限于传统空间改造范畴，致力于打造一个品类多样、功能整合、渠道便捷的多元化服务体系，在其功能定位上加以全面拓展与升级，为读者开

启了内外多元融合与交互的新型阅读空间和全新的阅读方式，以适应图书馆服务对象需求多样化和个性化的发展要求。在外部选址和规划上，从方便进行多元文化的交流交融考虑，选址定址和整体布局做到了"四馆合一"（图书馆、档案馆、科技馆、博物馆），四大场馆风格统一而又不乏独特特征。在内部布局上，注重空间序列组织来展现不同的空间关系，布局大气设计多元，充分满足用户的学习、科研、创新和交流等阅读需求。在空间改造过程中，注重空间的过渡和流通，内外元素多元融合，讲究功能齐全和内容多样，并辅以多角度多手段的宣传引导，持续进行阅读知识教育、阅读价值引导，培养大众的阅读兴趣，促进全民阅读习惯的养成，最终全面提高大众的阅读素养。经过智能改造后的空间由于内外部空间互为融合与补充，强化了硬件与软件的统领效用，促进了集文献服务、阅读启蒙、用户学习、共享交流、创新创造、数字体验、全家便利等于一体的一站式阅读新方式的诞生，成为新阅读理念的生力军，丰富了公共图书馆服务模式的同时全面提升用户阅读体验。

（二）空间功能多元表达，开启了阅读新形态

依托新理念新技术进行的空间再造将同一空间内可提供的功能服务形态进行了多样化处理，如辽图近年来开设的敏学空间、创客空间、鉴赏空间等多种空间服务类型融合了体验、学习、交流、创新等服务需求，通过不断拓展和延展空间功能，搭建了一个集功能、互动、共享于一体的多元表达空间服务体系。尤其是融入智能元素的图书馆空间搭建与改造，采用既开放又独立的布局设计，进行灵活的空间划分和界定，新技术同时赋予了空间智能化、感知性、实时性等特性，进而开启了沉浸互动式的空间阅读多元化表达下解锁了更多阅读功能。随着更多的新技术嵌入和使用，改造后的空间将根据服务需求，设计并构建出不同的应用场景，整合固有资源发挥全新的功能。空间再造后必然产生结构优化，进而催生了空间功能的多样延展，充分展现出新时期公共图书馆谋求发展进行多层次阅读服务的社会价值。辽宁省图书馆的空间再造实践表明，空间再造后功能性的多元表达能够让用户与用户之间、用户与图书馆乃至图书馆与图书馆之间进行多元交融互动，促进知识的获取、利用、创新、再造的实际效率，让图书馆的空间阅读属性以多渠道、立体式、高效率来表达和传递。

（三）为图书馆文化育人提供了新渠道

公共图书馆是各类型图书馆中数量最多、分布最广、藏书最多的一类图书馆，肩负着藏书公用、信息民主、文化传承等重要的社会职责和教育使命，是人们获取知识和文化，享受信息平等权利的重要载体。新时期公共图书馆在履行文化育人的职能时，更重视对观点碰撞、知识创新和成果孵化的助推作用，辽宁省图书馆的空间再造尤其是融入了新技术和智能元素的新型智能空间，如众创空间、酷雅空间为用户提供便利可信赖的交流创新的环境和机会，吸引更多新思维发起者、科研爱好者甚至行业精英参与到特定的空间阅读行为中，通过资源供给方式、知识获取渠道、交互共享效率等环节的创新和优化，充分发挥其新时代守正创新的全民教育作用。此外，借助于空间再造实现了对用户的组织和培育，使用户基于公共图书馆新型的服务空间而完成了一定的理论学习、手工实践、知识共享、思想交流和思维碰撞等行为，并在这些行为过程中实现了对用户阅读方式的培养、文化团队的形成、新型服务的培育，如依托创客空间举办的程序设计体验活动、3D打印技术讲解以及工匠精神创客木艺交流等，实现了从公共图书馆传统的文化阵地功能向文化组织功能的转移与发展，进而在读者和用户的阅读习惯培养、科学技术创新、知识交流共享、思维碰撞激发等方面起到孵化作用。

（四）空间数字化改造助推图书馆服务提质增效

随着信息技术水平快速攀升，高新科学技术在空间再造中充分渗透，国内涌现出一大批新型智能阅读空间，给人们的阅读生活带来极大便利的同时构建了数字阅读的新观念。在辽宁省图书馆空间智能改造实践中，无一例外地运用了数字化技术，其与空间设计理念有机地结合在一起，为读者提供最佳的阅读实践，突破固定格式与老旧观念，使空间阅读朝着更广阔的智能化方向发展。空间数字化改造显著扩大图书馆数据开放程度和共享范围，降低了数字资源的阅读门槛，切实扩充了区域阅读资源储备，直接拓宽了服务的辐射面。如"敏学天地——男孩屋女孩屋"在空间数字化改造中尝试多渠道挖掘资源融合和共享交换的提升办法，完成资源数字化从单项突破到整体覆盖的过渡，再如酷雅智慧空间通过数字化改造激发知识生产、扩散及应用动能，改造后的空间展现出更加直观、深入、广阔的特质，推动空间效能释放及品牌塑造。空间数字化改造可以高效整合"信息""空间""人"三类资源，更具灵活性和专业性，助推图书馆服务提质增效，提升全民的数字技能与文化素养，增强国家创新体系的发展动能。

（五）完善了图书馆设施和服务体系

辽宁省图书馆近年来凭借着空间再造的创新举措和服务品牌的专项打造，取得了丰硕成果和广泛好评，逐渐形成了适应地区发展和民众需求的发展特征。在空间再造实践中，更注重布局合理、和谐统一、绿色发展、功能多样和服务周到，具有图书馆未来设计发展的前瞻性，同时响应国家政策号召，顺应社会发展规律，适应时代发展要求。辽宁省图书馆的空间建设尤其是智能空间再造项目从无到有，从旧到新，从单一到复合，完成了内外融合交互、数字化立体呈现的属性转变，进一步拓展了图书馆空间阅读功能，加快了空间服务与阅读品质升级。正是以此为基石，发挥省馆全省文献中心的资源优势，联合省内各馆实现了文献资源的共建共享，集全省馆藏文献、地方文献与数字资源，通过数字资源聚集和整合，形成以辽宁省图书馆为中心，辐射市、县（区）、乡镇、村的四级文献服务体系。"双

创"背景下的众创空间、与智慧城市建设俱进的酷雅空间、构建书香中国
背景下的全民学习中心等空间，使辽宁省图书馆不仅成为辽宁地区图书馆
事业引领者，也成为当地的研学进修、文化创意、创客实践中心。展现国
潮精粹的文溯书房、凸显地方文化的"奉天记忆"城市书房等空间，均融
合了地域特色文化，有效放大了地区社会文化价值，是地方文化沿革和留
存的生动缩影，在保护和传承地方历史文化、加强精神文明建设、促进社
会和谐发展等方面发挥着重要作用。辽宁省图书馆一系列优化资源配置举
措和科学空间再造实践引领了区域内图书馆群文化设施的智慧搭建工作和
数字化平台共享共建，极大地完善了辽宁省公共图书馆的服务体系，对公
共图书馆的空间再造与持续发展工作起到了一定的示范、引领和借鉴作用。

四、相关启示

空间再造是我国图书馆转型升级的重要课题之一，辽宁省图书馆空间
再造从改造理念贯彻、空间价值体现和服务效能增益方面均得到了一定程
度的实现，结合再造实践和运行现状，总结出几点启示：

（一）树立具有人性化和创新性的空间再造理念

图书馆空间再造是一项系统性工程，科学人性化的再造理念是这个系
列工程的基础和核心，科学地确立空间理念是制定改造方案和达成改造目
标的前提，空间再造的终极目标是满足日益多元的用户需求，最终提升图
书馆整体服务效能。空间再造首先要遵循"以人为本"的原则，以用户需
求为导向，通过征询机制来掌握用户的实际需求与真实意愿，及时摸清改
造前效率低下、服务供需不对等的根源，为全面提升用户的体验感和参与
度做足前期准备。再者要进行空间再造理念创新，在吃准政策支持、审慎
决策的前提下，积极引进人工智能等现代信息先进技术及设备，打造以提
升空间运行效率为目标的契合当代人信息素养要求的新型阅读空间。基于

人工智能等技术的广泛应用，空间再造强调需求引导优先，提倡通过普适性的体验式活动助推空间再造优化进程，鼓励开展多业态合作，促进多领域互通互融。

（二）重视品牌营销在空间再造中的应用价值

打造具有辨识度的空间品牌，引导用户认识和发掘再造空间的应用价值，对于公共图书馆空间再造的可持续发展具有重大实践意义。开放、自由、平等信息时代的用户具有获取和学习各类知识的自由，在信息及其获取方式越来越同质化的今天，唯有赋予再造空间以品牌灵魂，才能精准击中用户的需求重点，形成品牌资产进一步发掘空间的应用价值。良好的品牌搭建和运营吸引更多读者走进空间、使用空间、依赖空间，互利互惠的品牌发展模式赋予再造空间可持续发展的持久动力。在品牌运营方面，应本着"开放、共享"的原则，主动聚集吸纳社会各方创新力量，推动空间新品牌的碰撞和打造，提升图书馆的文化价值创造能力，打造空间专属的文化品牌。在品牌宣传方面，提高对媒体的运用和掌控能力，抓住新媒体时代品牌宣传的红利机遇，合理利用传播速度快、互动性强、渗透率高的媒介和平台，将品牌宣传模式转变为主动传播、互动传播、联动传播，提高读者积极性和读者黏度，引导大众阅读良性发展。

（三）强调先进技术对空间运行效率的驱动作用

技术及设备升级更新是空间进行数字化、智能化再造的主要途径，目前国内公共图书馆普遍重应用轻开发，较大部分的空间再造是靠业务外包实现空间智能化转变，这必然导致图书馆自身对再造空间的维护跟进不足，新功能开发力度更显不足，此外一些智能设备的日常利用率低，甚至出现平时"隐身"重要活动"现身"的情况，违背了先进技术及设备驱动空间运行效率的初衷。先进技术及设施不仅是空间智能再造的代名词，更要成为提升空间服务效能的驱动支撑，切实保障图书馆空间再造后的服务质量和效果。目前国内图书馆空间再造相关技术应用主要集中在人体感知、信息传导、指令处理、结果输出等领域，包括 RFID、Wi-Fi、iBeacon、5G、人脸识别、物联网、人工智能、区块链、大数据技术等，运用先进的数字通信技术将馆藏图书、电子资源、用户数据、系统数据等进行大数据处理与利用来实现智能服务，如智能导航、无感借阅等。构建符合图书馆发展需求和趋势的技术及设施引进与利用机制，促进先进技术的共建共通与融合发展，将整个服务范畴和工作流程高效贯穿起来，加快人机协作与认知转型，才能顺利重塑再造空间的服务格局。

（四）构建服务效能评价体系促进空间健康发展

公共图书馆的空间再造不仅要重视改造理念、整体设计和实施步骤，更要重视空间改造后服务实践中的效能评价。空间智能再造服务效能提升的重要标志是空间设施、服务和用户实现快捷高效对接，用户在空间中的阅读效益和满意程度均得到一定程度的提升。空间再造的效能发挥程度是公共图书馆服务转型与业务拓展成果的衡量标准，是对空间再造与服务智能转型的重要反馈，是新型阅读空间长足发展的关键所在。研究公共图书馆空间服务效能的影响因素并提取评价指标，构建空间服务效能评价体系有助于空间健康发展和服务顺利转型。常见的空间服务效能评价集中在影响因素分析、评价维度选择，运用多样且成熟的测评方法和工具构建评价模型，建立以空间效能发挥为核心的评价体系，以科学评价结果为依据，保证空间再造的科学实施和健康发展。

第九章　上海图书馆东馆

一、建设背景

（一）时代背景

20世纪90年代，自美国社会学家欧登伯格提出"第三空间"的理念以来，全球便掀起了"图书馆空间的重构与再造"的热潮，涌现了一批批对自身功能布局进行创意性改造的图书馆，共同探索图书馆转型发展与复兴之路。与此同时，近20年，全球图书馆事业逐渐迎来高质量发展阶段，逐渐从"以藏书为中心"过渡到"以人为中心"的建设发展理念。2013年，IFLA（国际图联）发表《图书馆与社会发展宣言》，强调了图书馆要跟社会发展相适应，要增强与社会的紧密联系，在参与社会发展中实现自身价值。2021年3月，我国文化和旅游部等部委联合发布的《关于推动公共文化服务高质量发展的意见》的主要任务中明确指出要营造小而美的公共阅读和艺术空间，拓展城乡公共文化空间。从近些年国际图联（IFLA）评选年度最佳公共图书馆奖的标准也能体现出这一内容，如主要基于"与周围环境和当地文化相融合"（Interaction with the Surroundings and Local Culture）、"建筑品质"（Architectural Quality）、"空间设计灵活性"（Flexibility）、"可持续性"（Sustainability）、"学习空间"（Learning Space）、"数字化"（Digitisation）等方面进行评选。历经20多年的图书馆建设高速发展时期，我国公共图书馆建设发展逐渐步入成熟阶段，探索人本理念的核心价值追求，总结出许多空间再造的思路，向世界贡献出中国方案。

上海图书馆东馆是"十三五"时期上海文化设施建设的重点项目，于2022 年 9 月正式开馆，无论从外部的建筑设计，还是到内部的空间构造，都可称作是新型公共图书馆建设的典型代表，对其他图书馆的空间再造具有重要的参考价值。上海图书馆东馆致力于打造大阅读时代智慧复合型图书馆，探索普惠均等兼具个性化、体验性的集学习、活动、交流于一体的公共文化服务中心。通过阅读向大众普及文化、艺术和科技，与此同时推进阅读推广，提升全民文化素养。

（二）现实需求

1995 年 10 月，上海图书馆与上海科学技术情报研究所合并，1996 年12 月，上海图书馆淮海路新馆正式对外开放。截至 2015 年底，上海图书馆馆藏 5600 余万册（件），总面积 8.4 万平方米，其中约 80% 的空间面积作为馆藏空间，其余 20% 作为读者活动空间开展服务。在经历快速发展的近 20 年时间，图书馆的传统服务模式已不能满足读者日益增长的精神文化需求。因此，2016 年新馆建设被提上日程，恰逢其时地赶上了转型发展的风口期，上海图书馆东馆耗时 5 年建造而成，总建筑面积为 11.5 万平方米，并已于 2022 年在上海浦东新区正式对市民开放，是目前国内单体面积最大的公共图书馆，可称为世界瞩目和具有影响力的作品。上海图书馆东馆与中心馆最大的区别是中心馆只有 20% 的面积是对公众开放的，而东馆开放区域面积占比达 80%，其与中心馆形成优势互补的服务格局，中心馆侧重于专业性服务，东馆则专注于提供公共服务空间，两馆协同发展、相辅相成，专业图情服务与阅读推广服务相得益彰，使各年龄段市民都能在图书馆找到属于自己的角落。

（三）着眼未来

上海图书馆原馆长吴建中说，"上海图书馆东馆的建筑理念要保证 20年不落伍"，传统图书馆仅供藏书和阅读的功能将被进一步拓宽，新馆将成为"国内唯一集图书馆文献信息资源、科技创新研发资源、社科智库研究资源、上海地情研究资源为一体的上海科学文化中心"。这样的上海图书馆理念一直融入其空间再造过程中。上海图书馆东馆自开馆伊始，便吸引了不少市民前来打卡这座新的"都市书房"，图书馆共有 22 个主题阅览服务空间、智慧文创区，以及散布在各楼层的活动室、研讨室、学习室等，设有 6000 个座位，可满足图书馆各部门每年开展 200 余场讲座、上千场各类学术活动的服务需求，为大众提供普遍均等的公共文化服务，打造激扬智慧、共享包容、交流创新的"知识交流共同体"。

同时，上海图书馆东馆建于浦东世纪公园附近。其把一部分馆内功能延展到馆外，在馆外举办亲子阅读、森林阅读等阅读推广活动，还配置了自助朗读亭等基础设施，可满足读者多样化的阅读休闲需求。古罗马哲学家西塞罗曾说过："书房若有花园相伴，我将别无所求。"上海图书馆东馆秉持着以人的需求为中心的理念，正将这一梦想变为现实，使大众的阅读旅程更加舒适惬意，真正地享受阅读。

二、建设内容

（一）建设理念

上海图书馆东馆是一座对标世界最高等级标准打造的新型图书馆。设计上海图书馆东馆的是有着丰富的图书馆设计经验的丹麦 SHL 建筑事务所建筑师团队（Schmidt Hammer Lassen Architects），该团队曾为全球数十个国家的城市带来重量级图书馆建筑，屡次获得国际专业奖项。SHL 建筑事务所董事、设计总监 Chris Hardie 说："设计这座对上海市民充满重要意义的文化地标，我们的理念是'从书籍到交集'—— 一个能够将人们聚集在一起的空间。这是城市对市民的馈赠。"上海图书馆馆长、上海科学技术情报研究所所长陈超说："上图东馆的核心设计理念是：以人为本、开放、灵活、包容、可互动的。"东馆在设计初期的需求书中就明确了智慧（intelligence）、包容（inclusiveness）、互联（interconnection）的3个"i"的设计理念，将艺术氛围、科技文化、互动交流有机融合，力求将东馆打造成为以人为中心的高品质城市公共阅读空间和知识分享平台，提高阅读体验，使阅读更具魅力。故从一开始东馆就强调尽可能把更多空间留给公众，拓展活动空间，使读者能在图书馆相互交错的空间中阅读、思考、交流，获得体验和启发。

（二）总体布局

上海图书馆东馆在设计理念上一以贯之地体现了以人为本的思想。陈超在解读上海图书馆（上海科学技术情报研究所）"十四五"发展规划纲要中重点强调，上海图书馆（上海科学技术情报研究所）未来将继续强化"1+2+3+n"馆舍体系。上海图书馆东馆主要承担向大众提供多元化、主题式、体验型的全媒体阅读服务，通过展览、体验、分享等阅读推广活动促进阅读。与中心馆相辅相成，着力建立完善的中心馆和东馆"一体两馆"的公共文化服务机制。作为目前国内单体建筑面积最大的图书馆，为打造"知识交流共同体"、大阅读时代的智慧复合型图书馆，上海图书馆东馆共设立了22个主题阅读空间，此外还建有文化创意区、学习研讨室、阅读静音舱等不同类型的场地散布在9个楼层中，提供普惠均等，并兼具个性化、精准化的公共文化服务。陈超说："这里不仅是'藏书楼''借阅室'，更是具有开放性的文化艺术空间。""展览、讲座、音乐、艺术、科技体验甚至进入上图东馆本身，就是一种'阅读'。"

（三）按楼索骥

上海图书馆总建筑面积11.5万平方米，6000余个座位，地上七层，地下两层，以下概述地上七层各楼层空间布局亮点。

一楼：首层大厅汇集了书店和咖啡厅，还可以举办各类阅读活动和展览，此外还专设了少儿阅览区，除中外文少儿文献，还有符合他们身高的自助借阅设备，还策划各种适合少儿的阅读推广活动。

二楼：报刊服务空间中，有适老化的设施、设备，可以读到近期的报纸、杂志。还有中国第一家以广播为主题的互动空间，以全国广播内容为特色，打造可视、可听、可读、可录播、可交互的沉浸式体验空间。

三楼：阅读广场，大型阅览空间。这里有大片、成排的阅览桌，非常有学习氛围。

四楼、五楼：主题馆，20余个开放式主题馆是上图东馆的一大特色。四楼设有法律馆、全球城市馆、地方文献馆、家谱馆和手稿馆。五楼分布着设计馆、前沿科技馆、健康生活馆、表演艺术馆、音乐主题馆和美术文献馆。每一个主题阅览区都分成阅览、展陈、活动三部分。

六楼：有全国第一家面向市民开放的社会科学馆，实现了社科界学会、学者、学术成果的融合。

七楼：馆藏精品馆，展出名家名作、艺术珍品，读者可以参加各类阅读活动与展览。

（四）具有代表性的特色主题阅读空间

为了迎合读者的多元化需求，上海图书馆东馆也在创新服务内容，创造性地打开自我，开辟了20多个主题阅读空间，不只提供丰富的纸质资源，还将资源分门别类，精细化管理，提供更具直观、更为立体的主题性的服务。主题阅读空间将阅读服务与多媒体资源融合起来，可以更好地发挥馆藏优势，聚焦红色文化、海派文化、江南文化，彰显"上海文化"品牌标识度。走进图书馆，读者不仅可以读书自习，还可以看展览，听讲座，搞创作，进行交流互动，欣赏视听资源等，全方位提高图书馆的舒适感和体验度，使每一个读者都可以在图书馆找到属于自己的角落。见表9–1。

表9-1　上海图书馆特色主题空间及服务内容

特色主题空间	服务内容
音乐主题馆	提供中外文音乐图书及工具书一万六千余册，设有音乐制作室、欣赏室、演奏室等多元化空间，读者可在这里实现音乐创作、演奏、录制等工作
地方文献主题馆	依托馆藏近代文献资源库，与高校科研团队合作，采用可视化技术、高光谱图像重建技术等，提供特色资源的数字化陈列服务
美术文献馆	VR互动体验和人文主义交融，不定期举办"拓古传新——碑帖传拓非遗体验活动"，发挥公共图书馆美育职能
家谱馆	依托"中国家谱知识服务平台"，结合多媒体互动展示技术提供数字人文服务
手稿馆	开展讲座论坛、读者导读、读写互动等阅读推广活动，彰显手稿文献史学价值
上海社会科学馆	展现了社会科学界学者、学会、学术成果，整体呈现了上海哲学社会科学的成就
上海通志展示馆	立足"上海地情中心"的新定位，弘扬和发展上海地方志事业

此外，为了突出主题空间的特点，上海图书馆邀请了10位中外知名的艺术家围绕空间功能与服务，进行了展品创作，如《高山仰止》《往来春秋》《鸟飞了》，将艺术之美融入阅读空间之中。

（五）智慧化呈现

上海图书馆东馆不仅是一座公共文化服务场馆，也是一座科技场馆。从图书自助借还、分拣到机器人导览，再到室内温度、灯光的智能化管控和智能感知……都需要智能化的嵌入与完美融合。上海图书馆东馆通过应用多种智慧化手段来满足智慧空间、智慧服务与智慧业务的需求，可以说智慧化服务贯穿了上海图书馆东馆建设的整个过程。

上图东馆中的"机器人"可以帮助馆员实现图书的智能管理与服务，如有的提供导引、借还、咨询服务，能够更便捷地满足读者需求；有的则可以辅助完成书籍的搬运工作；还有的能够定时完成图书的清点工作。上海图书馆东馆打造的智慧图书馆全预约系统是其一个亮点工程，可实现馆内空间、座位等的智能化预约，将资源、空间与活动高效连接起来，更好地满足读者需求。此外，利用物联网、大数据、人工智能、虚拟现实等技术，可以优化服务内容，使资源更为立体、鲜活，增强读者的阅读体验。可以看出上图东馆正向着更加包容、连接、智慧的方向发展，不断探索满足读者个性化、品质化的需求的路径。

三、建设成效

（一）服务效能显著提升

上海图书馆东馆作为目前国内单体面积最大的公共图书馆，开馆前的三次公测就有数以万计的读者进行预约体验服务，正式开馆不到两周时间就有 11 万多人预约，举办了约 60 场文化活动，读者参与次数达 8000 多人次。东馆开馆前，上海图书馆一卡通的年图书借还量现已高达 6000 万册；东馆开馆后，其将为读者提供超大空间的公共文化高品质服务，一卡通年借还量达上亿册作为发展目标。可见，即使是进入网络化、智能化时代，环境友好、品质优良的公共图书馆依然为读者所热爱。

此外，作为智能楼宇的上海图书馆东馆采用了如云计算、大数据分析、人工智能、区块链、物联网、5G 技术、AR、VR 等智慧化技术，并在建筑内嵌入了多种类型的物联网智能感知设施设备，利用这些技术设备对图书馆进行数字化、智能化的改造升级。

借助第三代图书馆服务平台（FOLIO）相关服务功能，可提供数字读者证、馆内导航、运营数据可视化展示、智慧化图文展示、机器人馆员、APP 馆内服务全预约、知识发现等服务。这种智慧化的服务和管理，不仅可以使用户平等、高效地获取图书馆的资源与服务，还能带给用户更优质的体验感和舒适感，让用户感到在图书馆一切皆有可能，展现了大阅读时代图书馆带给人们的新视角，同时也影响着人们对现代图书馆功能的新认识，这也是图书馆谋求高质量转型发展的追求所在。

可以看出上海图书馆东馆将物理空间、虚拟空间与信息服务有机融合，创建了许多虚实相生的服务场景，能带给用户更加高效、优质的服务体验。

（二）服务网络体系逐步完善

1. 打造"一体两翼、一江两岸"服务格局

上海图书馆依托淮海路馆和东馆两大服务空间，打造"一体两翼、一江两岸"服务格局。上图淮海路馆进一步加强面向读者和机构的研究型、知识化、专业化、个性化的图书馆服务，努力转型为新一代的服务专业阅读的学习和学术中心。上海图书馆东馆是大阅读时代的智慧复合型图书馆，侧重于提供面向大众的主题化、多元化、体验型的图书馆服务，力求打造包容、创新、共享、智慧的"知识交流共同体"，努力成为市民的书房、会客厅，力求打造成新一代的阅读文化服务中心。

2. 探索"1+2+3+n"馆舍体系

为发挥不同馆舍的空间价值与资源特色，着力打造凸显研究型和综合性主题特色功能相辅相成的馆舍新格局，探索"1+2+3+n"馆舍体系。1个综合性总馆即上海图书馆淮海路馆，主要以大规模馆藏为基础，提供偏向于专业化、研究型的知识服务。2个功能中心（东馆阅读文化中心和智库楼决策咨询中心），在这里上海图书馆东馆主要承担向大众提供更加多元化的主题性、体验性服务。3个历史建筑，则以自身专业特征提供专题化的服务，例如徐家汇藏书楼将以收藏西文古籍为主，定位于中西文化交流资料中心，合众图书馆旧址将改建为中华家谱主题馆等。n则代表未来有无限可能，例如网络文学也有可能入馆。

3. 建立完善淮海路馆和东馆"一体两馆"的公共文化服务机制

上海图书馆东馆更倾向于通过阅读推广活动来推广阅读，使其成为大众文化、艺术、科普的学习及活动中心。完善上海市中心图书馆"一卡通"

服务体系：2010年底，上海中心图书馆"一卡通"实现了全市区、街道（乡镇）基层公共服务点全覆盖，基本实现了惠及全民的公共文化服务体系的建设目标。最新出炉的"上海市中心图书馆年度发展报告2022"显示的数据，截至2022年底，上海中心图书馆"一卡通"服务体系成员馆包括总馆1家，市级公共成员馆1家，区级公共成员馆18家，街道（乡镇）成员馆218家，其他成员馆18家，总计256家机构，服务网点数达到412个。2022年新增"一卡通"服务点20个，其中上海图书馆东馆就是新增的市级图书馆。为方便读者借阅书刊、享用图书馆数字资源远程服务，上海图书馆开通了线上诚信免押金办理普通外借电子读者证。申办成功后，读者凭"随申码"或"二维码读者证"可以在上海图书馆和上海市中心图书馆服务体系内已开通"随申码"或"二维码读者证"识别功能的各级成员馆享受公共图书馆服务。

四、相关启示

图书馆空间再造的内容涉及从外形到内在，让读者始于图书馆的外形布局颜值，终于内在功能价值。读者可以在图书馆探索和发现更多的可能性，最终强调的是图书馆能给读者带来什么样的价值实现。而图书馆应是站在以人为本的角度，对图书馆进行架构、布局，可以是基于馆舍空间内部的再造，也可以是建设新馆或分馆的空间建造，这里包括物理的空间再造，亦包括实体空间再造，它涉及各馆自身的功能定位与服务目标，更涉及整个区域的体系规划与格局。它既要体现传统图书馆的继承与发展，也要体现现代图书馆的创新与突破。业界对于图书馆空间再造的目标大都是将图书馆建造成一个集阅读、交流、展览、科研、创造等场所于一体的综合性图书馆，但如何权衡"静"与"动"，馆藏空间、学习空间与活动空间，乃至图书馆与周围环境的和谐统一，都是空间再造的课题。空间再造的意义还在于图书馆应主动打破自身给予公众的刻板印象，做好宣传和推广，

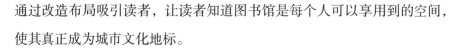

通过改造布局吸引读者，让读者知道图书馆是每个人可以享用到的空间，使其真正成为城市文化地标。

（一）回归本源——全流程"以人为本"

上海图书馆东馆筹建之初就明确了"以人为本"的设计理念，并在建筑的最终呈现上提出了图书馆与周边环境的协调统一、图书与公共活动空间之间的融合等一些具体要求。在确定了 SHL 担任主设计以后，上海图书馆又反复与负责该项工程设计的 Chris 团队进行深入沟通，在让上海图书馆东馆真正成为"为人设计的图书馆"这一点上高度统一。对于"图书馆阅读与城市功能的空间融合、以人为本的阅读空间营造、打造人与自然和谐共生的中国式现代化图书馆"都应该是这个建筑呈现出来的内容。

上海图书馆东馆建设过程中，也始终坚持一切为了读者的服务理念和价值追求。东馆的管理系统、内部物理设施设备、后勤保障等各类软硬件条件堪称国内外一流的水平。图书馆从读者的角度出发，着力解决各年龄段读者群对图书馆的需求期盼，提供多样化的使用空间和场景应用，高质量地满足他们多层次的文化休闲需求，以满足其日益增长的精神文化需求，推动人的全面发展。如东馆专门在一楼开辟少儿区，二楼设置了适合老龄群体进行终身学习的教室，以及面向特定读者群的停车位，报告厅专设席位和卫生间等无障碍设施设备等。

正式开馆前的公测阶段，根据读者的需求不断完善包括图书上架、人机感应、餐饮服务等，充分尊重读者需求，真正实现构建"以人为本"的图书馆宗旨。在测试阶段收集到的读者调查问卷中，读者对此阶段各项服务均给予了较高的评价。正式开馆后，图书馆积极调动读者的主观能动性，通过线上读者留言、评论，线下建言献策等形式，为读者开辟窗口和途径，营造人人可参与建设东馆的氛围。秉承着平等、开放、共享的价值追求和服务理念，东馆通过普遍均等包容的智能技术以及丰富多彩的阅读活动，

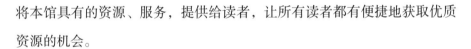

将本馆具有的资源、服务，提供给读者，让所有读者都有便捷地获取优质资源的机会。

（二）空间美学与实用价值并举

图书馆空间再造的本质在于充分利用图书馆空间并赋予其美感和实用性，精心而巧妙的空间设计既可以便于读者的利用，又能满足读者的审美需求，因此如何平衡得当便显得尤其重要。近 20 多年里，国内外出现了一批兼具艺术性和实用性的公共图书馆建筑，如天津市滨海新区图书馆、苏州第二图书馆、上海嘉定图书馆等，不仅仅是作为文化属性的图书馆而存在，也是一个个建筑美学艺术作品，而建筑美学的意义最终又应该体现在建筑的实用价值上。上海图书馆馆长陈超说，上图作为一家研究型公共图书馆的定位，界定了它不能像一些城市建造网红型的图书馆，在颜值和价值之间选择，必须要确保价值优先，而不仅仅关注建筑的审美价值。而如何平衡则可以从建筑的设计理念出发去寻找答案。

上海图书馆东馆无论从建筑外观还是从室内设计来看，都可谓被学习的典范。东馆从建馆之初就将人本思想一以贯之，秉承着这样的价值观和服务理念去追求建筑美学和使用的统一。东馆以"无限延展、内外不分、通透开放"的博尔赫斯式设计理念，在外部设计上注重与周边环境的协调，通过借世纪公园之景，将西塞罗（Marcus Tullius Cicero）倡导的花园与书房一体的思想融入设计之中；在内部设计上注重人流、物流和信息流的流畅性，并将阅读广场打造成连接各楼层的枢纽空间。

上海图书馆东馆的总建筑面积为 11.5 万平方米，而其开放区域面积就占比达 80%，它把大部分空间都留给了读者，从设计之初就能够体现出它的开放性，让读者可以看到更广阔的空间，接触到书、目及到人、体验到活动，读者在这个巨大的书房里不仅可以安静地看书学习，参加讲座、论坛、展览，还可以实现创作体验，听一场音乐会，或者就是找一个地方对着世纪公园的树木冥想，使其能够全身心地调动读者的视觉、听觉、触觉，让读者在这里都可以找到属于自己的一个空间。东馆通过丰富多样和均等包容的智能技术，这就是时代赋予的东馆如何在整个空间体系中去探索作为城市图书馆的智慧、包容和互联。

（三）智慧化技术应用赋能智慧复合型图书馆

智能化时代，智慧化阅读成为时代发展的必然趋势。智慧图书馆不仅为读者提供了更加便捷、高效、个性化的服务，也为图书馆事业发展注入了新的活力和动力。上海图书馆东馆定位"全媒体时代的智慧复合型图书馆"，智慧型图书馆既包括建筑管理的智慧化，也包括服务和后台业务流程的智慧化。"十四五"期间，上图上情所要持续实施"3i"转型战略，真正实现服务、业务和管理的全面转型，全力建设大数据时代的智慧图书馆（Smart Library）和大阅读时代的复合型图书馆（Hybrid Library），把上海图书馆东馆重新定义为智慧复合型图书馆（Smart Hybrid Library）。

智慧化技术应用场景：

智能书架：智能书架集成了先进的人工智能技术和图书管理系统，拥有图书定位和快速查询的功能。如需找一本图书，可在控制面板输入检索词查询图书位置信息，通过立体导引图，快速找到图书。同时通过后台大数据分析处理系统，可对读者阅读习惯进行统计分析，实现精准推送服务。

机器人馆员：上海图书馆东馆"机器人馆员"主要分为 4 类：一是提供咨询和导航服务，可解答"如何办证""带我去服务台"等常见问题；二是借还服务，提供借书、还书基本服务；三是搬运服务，可实现自动分拣和自动搬运服务；四是盘点服务，实现图书的排架校验及定位。

馆内导航服务：使用 APP 和微信小程序体验。上海图书馆东馆定位导航系统包括地图展示、路径规划、实时导航等功能，室内电子地图基于绘制好的室内模型，对展馆楼层分层管理，用户通过点击楼层按钮进行楼层切换，同时显示当前楼层索引信息，并且在涉及跨楼层地图导航线路时，展馆导航系统会为用户提供电梯、楼梯、手扶梯多种方式的地图线路规划。通过与预约系统的对接，用户可以高效、准确地找到想要去的空间或座位，东馆定位导航服务不仅仅是智慧图书馆的体现，也为用户提供了良好的入馆体验。

大数据东馆：基于上海图书馆上海市中心图书馆，尤其是上海图书馆东馆运营数据所做的信息可视化的展示，分为阅读推广、到馆读者、阅读环境、馆藏流通、读者画像几大部分。

全流程预约服务：登录"上海图书馆"微信公众号便可体验全流程预约服务，读者可提前预约车位、活动、展览、视听体验等服务，在国内图书馆业界尚属首创。

云瀚（FOLIO）智慧图书馆服务平台：可实现对馆藏资产从验收到剔旧全生命周期的精细化管理。

智慧图书馆的发展并非增添几台智能设备、引入一些大数据分析那么简单，归根结底，要以读者需求为导向，深层次创新服务理念、管理模式，利用智慧化手段优化知识服务体系，提供品质化知识内容和阅读推广活动，不断满足读者对高质量图书馆的服务需求。

第十章　安徽省图书馆

一、建设背景

随着信息时代的发展和知识经济的兴起，个人知识的获取和更新已成为一种新的生活方式。而图书馆作为社会文化信息的主要场所之一，其文化传承和知识普及的重要性也不言而喻。尤其对于少年儿童，阅读能够陶冶情操、传递人生道理、拓宽视野，是少年儿童健康成长的重要组成部分。为了更好地服务读者，安徽省图书馆积极推进图书馆数字化转型，依托现代信息技术手段，开展了一系列的服务创新，包括推广数字阅读、开展在线服务等。而机器人技术的应用，正是数字化转型的一项重要内容。特别是针对少儿阅读这一群体，安徽省图书馆引入了智能化机器人，使得服务更加便捷和互动。因此，安徽省图书馆推出少儿阅读服务机器人，是顺应社会发展趋势的必然之举。

儿童阅读能力的培养关系祖国的未来。"儿童优先"是国家 2011 年颁布的《中国儿童发展纲要（2011—2020 年）》的主要方针，同时提出了"国家在制定法律法规、政策规划和配置公共资源等方面需优先考虑儿童的利益和需求"。脑部早期发育研究显示，一个人的脑部发展最为关键的时期是出生后的头五年。随着脑容量的增大，孩子的行为、语言、学习能力逐步发展。儿童从 0 岁开始就可以进行阅读，早期的阅读能力发展对孩子的终身能力发展具有非常重要的意义，而这种阅读能力的形成是需要人为干预或促成的。

　　早期阅读能力包括了丰富的词汇，自我表达，阅读理解，为孩子上学后的正式阅读与写作打下了良好的基础。早期阅读能力的发展不仅与儿童在学校里取得的学业成就有关，而且对儿童日后在学校取得更好成绩也非常重要。这些能力包括：（1）发展丰富的词汇量，提高儿童语言表达的准确性和流畅性；（2）发展良好的自我表达能力，包括较强的写作兴趣；（3）发展良好的阅读理解能力，包括在一项或多项任务中较高水平的认知理解能力。

　　这些多年来一直为孩子们提供服务的公共图书馆，正逐渐变成一个社区中心，以方便孩子们的参与。少儿阅读服务，既可以体现出儿童权利与儿童优先原则，又可以对儿童友好型城市的建设起到推动作用，同时，还可以发挥出社会教育的功能，对社会资源不均等的问题进行改善。在资源中介方面，公共图书馆起到了很大的作用，它把家庭与服务、资源联系在一起，并与社区等机构合作，提供低幼儿童阅读的扩展服务。

　　儿童阅读服务是我国公共图书馆的一项主要职能，在传统的服务中，图书馆员扮演着"知识传播者"和"知识管理者"的角色。他们面对面地为少儿提供着各种各样的服务，包括图书借阅、少儿阅览、文化讲座、兴趣培训、活动组织等。儿童阅读和绘本图文在某种程度上是分不开的，而特定的服务对象又不能完全独立地享有阅读服务。虚拟参考咨询机器人、资源智能分类、智能空间、智能学习中心、图书盘点机器人、自助图书馆、咨询机器人、3D 打印等是当前图书馆行业人工智能技术应用的主要方向。但是，这些应用不能完全实现以年龄分段为基础，对少儿进行精细化阅读推广服务，因此，它们在满足少儿个性化阅读需求和节约人力成本方面存在着一定的局限性。在此背景下，我国的少儿阅读推广工作已进入了一个全面、迅速的发展阶段。但是，与此形成鲜明对比的是，当前图书馆将人工智能技术运用到少儿阅读服务中的数量寥寥无几。

2018 年 9 月，安徽省当地政府投资 800 万元，建成了一座 800 平方米的"省级儿童亲子阅读体验馆"，为年龄在 1–16 周岁的少年儿童提供了多种形式、多种内容的少儿阅读服务。安徽省图书馆利用部分建设资金，启动"安徽省图书馆少儿阅读服务机器人"项目开发，是安徽省图书馆响应国家文化和旅游融合发展号召，探索图书馆少儿传统服务模式，创新"人工智能 + 少儿阅读"服务和阅读场景体验的一次有益尝试。开发"安徽省图书馆少儿阅读服务机器人"，旨在以"人工智能 + 少儿阅读"服务和阅读场景体验为导向，激发儿童早期阅读兴趣，培养孩子良好读书习惯；以人工智能技术激发儿童想象力和创造力，开发孩子的想象力和创造力，提升公共文化服务效能。安徽省图书馆目前已经建立了多个业务系统，包括业务自动化系统、业务大数据分析系统、读者流量控制系统、读者无线网络系统。其中，业务自动化系统存储着馆藏书目数据、读者数据（包括图片）、图书流通数据等。读者流量控制系统存储着读者入馆以及各阅览室的流量数据。读者无线网络系统的后台存储着读者向图书馆查询各种馆藏资源的信息。基于云计算的业务大数据分析系统，通过多维度分析业务数据，结合其他平台数据，分析用户行为，实现用户聚类，挖掘用户历史借阅数据，实现书籍推荐，构建类似的读者群等。

基于少儿精准阅读的人工智能服务平台研究及应用具有必要性和可能性。安徽省图书馆在人脸识别、语音交互、机器学习和自然语言处理等技术的基础上，利用现有各系统数据对阅读行为数据进行挖掘，极大地提高了图书馆少儿阅读服务的精准性和科学性，创新性地形成了"少儿阅读"服务的新业态。该系统在 2019 年成功获得了软件版权注册，希望为人工智能技术在服务图书馆不同人群的应用研究方面提供可借鉴的实际案例。因此，开展面向儿童精准阅读的智能服务平台及其应用研究是十分必要和可能的。

二、建设内容

安徽省图书馆智慧空间建设的主要内容有：（1）以"儿童精准阅读为核心的智能阅读服务平台"为平台，建立儿童阅读模型。（2）开发儿童阅读服务机器人（小安）。机器人是通过语音输入的方式来回答用户的问题，用户只需要简单地说出问题，机器人就可以自动识别并回答。这种方式可以让咨询变得更加简单，让用户感受到更好的体验。"一个中心，多个后台"的管理模式，只需要一个管理中心，就可以统管多个后台终端。读者可以在馆内举办的各类活动中，通过咨询管理中心获得更多的活动资讯和活动信息，也可以在馆内进行检索，获取更多的馆内动态，拓宽了读者了解馆内的渠道。同时，还能基于读者需求和反馈情况，形成图书馆阅读服务知识库，为更好地满足少儿读者的阅读需求提供决策支持；以语音合成技术为基础，服务机器人实现多语种、多方言、多角色的朗读，并对父母的声音进行个性化复刻，营造出一种亲朋好友陪伴的亲子阅读情境；通过人工智能平台，对少儿读者的使用情况进行分析、测算、反馈，从而提高少儿用户的阅读效率，并向他们提供机器答疑、智能提醒、成长定制、内容推送、读后效果测算等服务，让图书馆中的少儿读者可以在人工智能的陪伴下进行阅读和学习。以"少儿精准阅读"服务模式为核心，重塑少儿阅读服务场景，营造科技化、智能化的阅读体验场景，帮助儿童读者更加深入地理解、获取和学习阅读内容。构建智能交互式阅读服务场景，通过知识图谱、算法推荐等技术实现主动导航式阅读服务。

（一）"基于少儿精准阅读的人工智能服务平台"

在安徽省图书馆内的服务器中部署系统，以私有云服务的方式为应用终端提供语音服务，通过集成标准的 SDK 控件 /API，为用户提供语音识别、语音合成、自然语言理解等功能和服务。系统总体框架包括基础设施层、数据资源层、技术处理层、服务应用层。

（1）基础设施层：指软硬件基础，既包括了传统的计算机操作系统、存储设备、计算设备，也包括了移动互联网、感知设备、机器人、中间件等。

（2）数据资源层：主要包括资源数据、用户数据、感知数据等。

（3）技术处理层：技术处理层是人工智能技术服务的核心层，通过综合运用统计分析、数据挖掘、机器学习、自然语言处理等方式对数据进行深入分析，研究用户行为特征、发现用户服务需求、预测用户服务满意度等。

（4）服务应用层：服务应用层是整个人工智能精准化服务的终端体现，安徽省图书馆通过建立儿童阅读服务模型，深入挖掘和准确理解用户的服务需求，帮助用户获取、使用和共享数据资源，从而达到为用户提供智能服务的目标。

（二）少儿阅读服务机器人

"基于少儿精准阅读的人工智能服务平台"是安徽省图书馆和科大讯飞联合打造的智慧阅读解决方案，其中，"基于少儿精准阅读的人工智能服务平台"的前端和具体应用，由安徽省图书馆少儿阅读服务机器人小安提供。作为该平台的重要组成部分，安徽省图书馆少儿阅读服务机器人小安在少儿亲子体验中心实现了人脸识别、交互式语音咨询服务、智能化交互书目检索、阅读个性化推荐、图书馆知识库构建、智能化活动推送、亲子伴读、阅读能力测评等智能化服务功能。

当读者进入机器人小安的主页面时，机器人会自动识别语音，读者可以点击特定的按钮，或者说出特定的功能名称，机器人来执行特定的任务。以儿童精准阅读为基础的人工智能服务平台主页的主要功能有：图书查询、阅读测试、智能推荐、亲子伴读。

（1）进入图书查询页面，点击书名查询或类别查询后，即可进入查询页面，读者可以通过语音输入或输入框输入书名查询目标图书，查询出的图书将以列表的形式展现在机器人屏幕上。点击具体书目，屏幕上会显示该书所在的位置，同时机器人导航读者至所在位置，或进行语音播报目标图书所在地点。

（2）进入阅读测评页面，使用者可以点击按钮进入答题页面，答题系统将会统计用户答题成绩，并评估读者对该书目的理解程度。在测试完成后，系统将会给出本次答题的分数，用户可以选择是继续答题还是回到系统主页面。

（3）进入智能推荐页面后，系统首先会要求使用者登录自己的页面，读者可以语音请求"人脸识别"指令，进入人脸识别页面。在此页面上系统会对使用者进行人脸识别，如果识别失败，屏幕会展现失败页面，使用者可通过扫描二维码进行现场注册。

（4）进入亲子伴读页面，读者可以点击"立即体验"按钮打开亲子伴读 APP，使用体验亲子伴读功能，而通过扫码可以下载讯飞有声 APP，点击查看按钮则可以查看相应的帮助指南。

研究和实践表明，虽然机器人在应用过程中暴露了相关技术的成熟度不高等问题，但其在一定程度上提高了图书馆管理和服务的智能化、智慧化程度，从而提高读者服务满意度，增强读者的黏性。该项目的主要创新点如下：

（1）拓展服务内容：从大数据与人工智能双驱动的视角，以少儿群体为研究对象，通过人机交互进行少儿阅读效果测评，构建少儿阅读模型，开展精准图书推送及服务，提升服务水平。

（2）构建阅读场景：通过语音合成技术，定制化复刻家长声音，构建陪伴式智能亲子阅读系统场景，弥补家长在时间以及精力上的不足，加深亲子之间的感情，提高儿童对图书的阅读兴趣。

（3）提升阅读效率：为用户提供个性化的阅读内容、阅读进度与阅读方式，提高用户的阅读效率和改进学习效果。

（4）产生科普效果：引导家长、少儿体验人机服务，了解智能语音技术奥妙，普及人工智能知识，提升少儿科学素养。

三、建设成效

安徽省图书馆始建于 1913 年，至今已有 108 年历史，至 2020 年总藏量 375 万册（件），数字资源 782.6TB，有效持证读者 24.9 万人，"十三五"期间，年均读者接待量突破 150 万人次；数字资源点击和下载量逐年增加，2020 年分别超过 2000 万次和 150 万篇次。在继承传统文化优势的基础上，安徽省图书馆坚持"守正""创新""传承"三个方面，对"智慧图书馆"的建设作了有益的探索。比如，在空间方面，将老馆的实体空间进行改造，扩大网站的远程检索功能，完善手机微信的移动服务，使这座具有百年历史的博物馆焕发出新的生机。在硬件方面，重点提升芜湖路老馆的各项设施和装备。经过改扩建后，老馆拥有了更大更宽敞的活动空间。在网络方面，增加带宽，扩大存储空间，升级核心交换机，实施安全等措施来强化网络的基础设施。馆内服务方面，采用 RFID 技术，可以实现图书馆的自助借阅、自助办理证件，开通了"信用办证"和"社会保障一卡通"业务，安徽地区的居民可以使用已经激活的社会保障卡到安徽省图书馆进行刷卡、存取；设立网上订座预约系统；通过网络书库的平台，使读者可以"足不出户"地享受图书快递到家的服务。在服务管理方面，利用读者服务大数据分析系统，完成了从业务自动化系统到自助终端的全面数据统计与分析，并以大数据聚类算法分析为基础，对热门图书进行推荐。智能墙系统利用业务系统和摄像机对数据进行采集，并将实时的流量统计以及图书借阅信息公布出来，让读者可以更好地了解到图书馆中的热门书籍、阅览室中的人群分布；在数字阅读空间中，为读者们提供了小型数字影院、Kindle 电子阅读、光影阅读屏、蛋壳视听开放式 3D 打印机、人工智能激光切割机、机械臂机器人、音乐机器人、

XY绘图仪等多种数字阅读体验，将数字科技与阅读完美结合起来，让读者们可以感受到一种沉浸式的阅读体验。在资源共享服务上，安徽省图书馆借助国家数字图书馆推广工程基层图书馆互联互通项目，实现了安徽省馆与各市级县级图书馆的资源共享，使得各馆可以访问国家推广工程数字资源。同时，上线了"安徽省图书馆数字资源远程访问系统"，可为各地区的异地读者提供文献检索参考。2019年，安徽省图书馆在"儿童亲子阅读体验中心"的建设过程中，提出了"儿童精准阅读智能服务平台研究与应用"，并对人工智能技术在儿童阅读服务方面的应用进行了初步的探索。

为有效满足少儿读者对图书借阅的需求，进一步提高服务效能，2020年1月，安徽省图书馆联手中标厂商开发了"安徽省图书馆少儿阅读服务机器人"。它将当前最先进的语音识别技术和人脸识别技术结合起来，并与OPAC检索系统、大数据分析平台等第三方应用进行了对接，从而实现了阅读能力测评、个性化阅读推荐、智能化活动推送、亲子伴读、交互式语音咨询服务、智能化交互书目检索、人脸识别、图书馆知识库构建等功能。"安徽省图书馆少儿阅读服务机器人"的出现，改变了传统的人工借阅方式，实现了对少儿读者的全天候服务，重塑了少儿阅读服务新场景，营造了科技化、智慧化的阅读体验。"虽然受新冠肺炎疫情影响，2020年少儿读者的办证量和服务接待人次均较2019年有所增长。"安徽省图书馆阅读服务机器人系统V1.0版已经顺利通过版权局的审核，获得了安徽省图书馆自主版权的计算机软件著作权登记证书。为配合智慧图书馆建设，安徽省图书馆还新设立"数字资源部"负责数字资源建设；并加大了智慧图书馆建设人才引进储备，多途径开展馆员智慧图书馆技能培训。

（一）服务效果显著

安徽省图书馆的少儿阅读服务机器人建设取得了显著的成效。一方面，机器人的引入为读者和孩子提供了与人互动不同的、令人新鲜和好奇的阅读体验，激发了少年儿童的阅读兴趣与认知；另一方面，机器人精确和迅速地解答读者的各类问题，极大地提升了读者与安徽省图书馆之间的互动效率和用户体验，同时增强了阅读体验的乐趣性。这些优势，大大提高了安徽省图书馆的群众工作水平，为读者及少年儿童们打造了一个更加广阔、丰富和有趣的文化阅读空间。

（二）促进和方便了服务的推广与普及

引入机器人，可以大幅度消除因人员不足而导致的服务瓶颈，以及因时间限制造成的服务不足问题。这对于受困于基础设施较薄弱的图书馆和长期人员招募难的图书馆有着积极意义。而且，在机器人上安装图书软件，配合前端阅读器，以及后台数据的分析和设计，可以促进和模拟用户的阅读路径，进而为图书馆和出版社提供更为准确和科学的数据支撑，推进图书市场的发展，促进和方便服务的推广和普及。

（三）建立图书馆服务新形态和品牌形象

少儿阅读服务机器人的应用不仅体现了新技术的应用和数字阅读推广的新形态，同时借此也形成了"阅读服务"的品牌形象，这一形象对于图书馆的品牌塑造具有重要影响。通过少儿阅读服务机器人的引入，安徽省图书馆成功地将传统阅读服务与现代科技紧密结合，极大促进了图书馆在读者群体中的口碑和品牌形象，进一步提升了安徽省图书馆在全国乃至世界的知名度和影响力。

安徽省图书馆少儿阅读服务机器人建设成功地将传统图书馆服务与现代科技有机结合，取得了显著的成效。少儿阅读服务机器人的应用有效提升了安徽省图书馆在服务读者、广泛推广数字化阅读、提升阅读品位等方面的能力和影响力，建立了更加现代、智能、高效的图书馆新形态和品牌形象。因此，借助机器人技术进行服务升级，推进服务数字化转型，已然成为各类公共图书馆改进和拓展服务的必然趋势。少儿阅读服务机器人的建设不仅提升了少儿服务质量和效率，还产生了重要的社会效益。首先，机器人可以通过技术手段更好地开展少儿阅读服务工作，有效减轻了图书馆工作人员的工作压力。同时，机器人的投入建设可以提升图书馆的服务水平，提高了图书馆的品牌知名度和行业影响力。其次，机器人的使用也有利于增进少儿的实际阅读量和阅读水平。通过游戏化方式吸引少儿积极参与阅读活动，激发少儿阅读兴趣，养成儿童的阅读习惯。机器人还可以针对少儿的阅读能力进行评估，从而更好地指导和促进少儿的阅读水平的提高。最后，机器人的建设还可以产生一定的经济效益。通过机器人的智能营销，可以提高图书借阅销售量，进而推动图书行业发展及相关企业收益增长，形成良性循环。

四、相关启示

（一）强化少儿阅读服务机器人知识库储备

在图书馆智能机器人与读者进行语音交互时，需要依赖一个完整的图书馆行业语料知识库。当然，这并不是一个一蹴而就的过程，而是需要图书馆员日常的积累和随时更新，这样才能使得图书馆智能机器人与读者的语音交互更加高效。目前少儿阅读服务机器人虽然在某些方面能够与图书馆馆员相媲美，但是依然无法像馆员一样具有丰富的经验储备，面对专业性的咨询问答，它并不能像馆员一样给予读者详尽的解答，只能按照读者的咨询要求进行简单回答。安徽省图书馆为儿童读者提供了一种少儿阅读服务机器人，它将问答信息以一对一的形式写入到知识数据库中。在知识库中，出现的问题主要来自网站，微信，微博，以及人工咨询记录。此外，还存在部分未录入的问题。从数据库的结构来看，后期研究需要把重点放置在知识库的更新方面。由于中文分词技术、自然语言处理等技术还不够成熟，所以对知识库进行更新是个比较困难的过程，尤其是在大规模数据集上的更新，目前国内研究还处于起步阶段。从本质上说，提高图书馆少儿阅读服务机器人咨询服务水平的关键，是各馆在自己的知识库的基础上，搭建起一个具有一定规模、可扩展的知识库系统。因此，要把如何提高知识库的自动更新能力作为程序设计的重点。

（二）合理构建智慧化图书馆环境

在图书馆内，机器人也可以完成找书的工作。由于图书馆是一个开放的空间，读者的位置、桌椅的位置都会随时发生变化，而机器人需要实时感知并定位自身状态，所以在移动过程中，机器人需要进行路径规划和巡航精确定位。这一系列操作都需要与真场景地图进行对接。机器人在图书阅览区域、书架之间进行巡航，完成寻找书籍的工作，这以机器底盘的定位和导航系统为基础，机器人在移动过程中的路径规划、巡航的精确定位都与真场景地图有着密切的关系。图书馆阅览环境属于开放式的，读者的位置、桌椅的位置会随着读者的需要而发生改变，而真实的场景是复杂多变的，场景地图通常会有很大的改变，从而导致导航系统不能对其进行完全识别。在机器人的设计中，要添加以环境地图为基础的自主定位和导航功能，并添加依靠视觉、激光等感知环境的传感器，从而进一步提升机器人移动过程中的地图识别能力。图书馆移动机器人的研究与应用中，最关键的问题就是如何合理地构造一个智慧化的图书馆环境，提高机器人的导航与定位精度，提高其对图书馆开放式环境的感知能力，才能确保其在图书馆中的广泛应用。

（三）加强人工智能专业技术人员的培养

随着人工智能技术的发展，其逐渐发展为涉及多个学科领域的交叉性学科，对图书馆员的综合能力提出了新的要求。一方面，图书馆员应加强人工智能方面的相关知识学习，夯实自己的专业基础；另一方面，图书馆也应加大对人工智能相关人才的引进力度，为读者提供更加智能化的服务。应培养具备人工智能相关领域的专业人员，能从事人工智能领域研发、产

品设计、系统集成、行业应用等工作的高层次应用型专门技术人才。

（四）强化机器人技术在图书馆领域的应用

机器人技术是一项高成本的技术，机器人通过自我学习和感知用户需求，能够帮助甚至替代图书馆员从事某些特定的工作。例如，在图书馆自动化系统中，机器人可以协助图书馆员进行各种文献的排架、借还和查询等工作。机器人不仅能够代替图书馆员完成原本由图书馆员完成的任务，而且能够利用自己的信息和知识为读者提供更加全面、准确、个性化的服务。然而，图书馆机器人的建设实施涉及图书馆现场环境、借阅规则、馆藏规划、技术和资金等方面，而且目前大部分图书馆对机器人技术在图书馆领域的应用投入过少，导致机器人在图书馆领域应用的效果不够理想。目前的机器人技术，并不能完全满足图书馆人对人工智能服务的期望，一些机器人技术应用的不成熟，给馆员的日常工作带来了很多不便，导致馆员在机器人应用方面产生了排斥情绪，语料库更新不及时，机器人所答非所问等问题，也会对图书馆员和读者对于机器人的应用体验产生影响。

（五）有效利用图文智能推荐

为了更好地促进图书馆儿童阅读，管理者需要注意的是，要不断地丰富和扩大服务渠道。也就是说，在对传统阅读空间进行智能化改造的时候，需要做好图文智能推荐模块。运用人工智能技术，对用户的读物需求进行综合分析，并结合实际情况，实现有针对性的信息推送。针对少年儿童进行的宣传活动，必须符合他们的认知和身体发育规律。在这个过程中，图书馆可以根据少儿读者的年龄、兴趣爱好等信息，制定相应的儿童阅读主题。与此同时，还可以通过将儿童读物进行分类，进而为其提供更加丰富、多样化的阅读空间。这就要求图书馆要将高质量的书籍资料和文本进行可视化和形象化转化。将书籍内容以图文、图像、视频的形式展

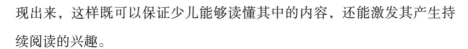

现出来，这样既可以保证少儿能够读懂其中的内容，还能激发其产生持续阅读的兴趣。

（六）增设线上伴读服务

在儿童成长阶段，家长的生存压力所带来的影响是显而易见的，他们不可能长时间、连续性地带领少儿进入图书馆进行阅读。因此，对于图书馆管理人员而言，就需要利用人工智能技术增设线上伴读服务。尤其是当父母不在少儿身边时，图书馆可安排具有极强交互性的机器人陪伴在少儿旁边，并在对其提供线上伴读服务的同时，在线下也可给予特色的陪伴。此外，图书馆还可在馆内大厅内设置智能机器人，不仅为少儿提供网络连接服务，还可对其阅读行为进行实时监测与指导。由此，家长更安心、服务对象更专注、更安全。

（七）重塑图书馆少儿阅读场景

随着信息技术和网络技术的飞速发展，人工智能的应用范围越来越广，其在图书馆少儿阅读推广中的价值与优势也越来越明显。人工智能在图书馆少儿阅读推广中的应用，不仅可以提升图书馆的服务质量，还可以在一定程度上激发少儿阅读的兴趣与积极性。当前，我国的图书馆行业正处于转型期，社会对图书馆的要求也越来越高，所以，图书馆管理人员要充分利用人工智能的优势和作用，重新构建少儿阅读场景，把它作为一个主要的宣传亮点，从而让更多的人走进图书馆。具体而言，相关人员应当将人工智能技术与阅读服务进行精准对接，利用相关技术对图像、文献以及传统书籍等进行智能化、信息化处理，使其具有一定的知识性。比如，运用人工智能的运算功能，对阅读用户的阅读兴趣、阅读偏好、阅读内容等进行全面了解，然后根据用户画像进行定向推送。

在此基础上，将智能阅读的感知能力发挥到极致，实现面向儿童阅读的机器人"听""说""读"的能力，并通过对海量儿童阅读数据的高度整合和分析，实现拟人化思维的生成。因此，通过利用机器人为少年儿童提供阅读服务，不仅可以实现扩展服务项目的目标，还可以实时记录和汇总数据信息。图书馆管理者需要将大数据、社会媒体、定位系统和人工智能等技术有机地结合起来，建立高度交互性和多维空间的阅读场景。将阅读情境从空间和环境、在线社交和面对面互动、阅读喜好和知识需要等几个方面，形成一种有明显差异性和特色的推广活动和方式。当少年儿童以自己的需要为基础，在特定的环境中展开阅读的时候，图书馆可以充分利用时空要素的优势和作用，采用线上伴读的形式，来满足少年儿童阅读的不同需要。当然，图书馆在人工智能技术的支持下，重塑图书馆阅读智慧化场景时，需要充分了解服务对象的身心成长特点和规律。设计多元化、趣味化的阅读场所和服务方式，让孩子沉浸在知识的海洋里。

（八）丰富少儿阅读推广渠道

将人工智能技术引入图书馆少儿阅读推广工作，首先，要真正利用先进的技术优势，实现对推广渠道的全面拓展。将线上和线下的宣传有机结合起来，让更多的人认识到图书馆儿童阅读的服务内容和项目特点。比如，要建立一个集智能化和信息化于一体的管理系统和推广平台。将图书馆的服务项目、图书类型、特色服务等信息上传到信息化管理平台，并通过对平台访问数据的分析，进行智能推送。在此基础上，通过大数据分析，实现对目标用户的准确画像，并有针对性地将宣传文案和图书馆网站链接到目标用户群中。由此可以吸引与引导有需求的用户进入平台，对服务细则进行全面的了解，并激发他们产生消费的动机与行为。此外，图书馆还可以利用线下的推广渠道，为儿童的阅读提供特殊的服务。

第十一章　江西省图书馆

一、建设背景

　　江西是古代书院的起源地，唐代德安义门东佳书院和高安桂岩书院是中国设立最早的书院之一。宋代白鹿洞书院名列中国四大书院之首，华林书院延四方讲席，鹅湖书院首创学术自由争辩之风，白鹭洲书院以人才辈出、延续办学 800 年而著称。据清光绪《江西通志·书院》记载，江西书院达 526 所，迄今保存较完整的仍有 85 所。1920 年，江西省公立图书馆成立，1955 年正式更名为江西省图书馆，一百年来，六迁馆址，三建馆舍，是国内历史最悠久的省级图书馆之一。江西不仅拥有悠久的文化历史，还是中国革命的故土，是中国红色文化的重要发源地。江西省有井冈山革命根据地、中华苏维埃共和国临时中央政府所在地等 11 个国家级爱国主义教育示范基地和 58 个省级爱国主义教育示范基地。拥有百年历史的江西省图书馆，是江西省规模最大、藏书最多的综合性省级公共图书馆。进入新世纪，由于众多原因，图书馆老馆的硬件设施达不到国家有关标准，连续三次在全国公共图书馆评估定级工作中被评为二级馆，早已难以满足本地读者的文化需求。为彻底改变江西省本级公共文化设施落后的面貌，2015 年，江西省委、省政府决定重新选址——南昌市红谷滩新区凤凰洲核心位置，建设由省图书馆、省博物馆、省科技馆三馆组成的江西省文化中心。经过 5 年多的筹备与建设，2020 年 9 月 27 日，位于赣江之滨的江西省图书馆新馆正式全面开馆，这标志着江西省公共文化设施建设迈上了新台阶。

截至 2023 年 8 月，江西省图书馆新馆服务读者 90 万人次，微信公众号新增用户 2 万余人，抖音视频播放量高达 100 多万，是一所多功能、开放式、智能化的现代图书馆。

二、建设内容

近年来，随着图书馆建筑文化理念的不断发展，图书馆已不仅是藏书和阅读的载体，还是本地区的文化地标。江西省图书馆新馆在整个江西省文化中心的中间部位，左右两侧为省博物馆和省科技馆，寓意为联系历史与未来。整个建筑占地面积 6.3 万平方米，建筑面积 9.6 万平方米，外形为一本竖立的书本，面向赣江完全展开，与对岸的滕王阁遥相呼应。

江西省图书馆地上、地下共 7 层，采用"藏、借、阅、管、查、参"六位一体的大开间、大平面、大格局，设计藏书量 1000 万册，拥有阅览座位 6000 余个，信息节点 4000 余个，实现无线网络全覆盖，打造智慧服务体系，是一座多功能、复合型、开放式的现代化智慧图书馆。

（一）智慧化技术应用

智慧图书馆是通过大量的人工智能设备和技术手段，将传统图书馆打造成一个集智慧化、高效化和人性化于一体的图书馆。它不仅仅是管理手段、阅读途径和服务方式的改变，更是人们观念和理念的突破。江西省图书馆新馆建设时，将移动互联网、RFID 技术、物联网和云技术运用到了图书馆的管理和服务的每一个环节中。其中，物联网技术的应用是图书馆智慧服务的关键，它通过射频识别等感知技术，将用户、图书、设备、环境等因素进行有效连接，协调图书馆的各层面工作，进而达到对馆内工作的智能管理与对读者的个性化智慧服务。江西省图书馆新馆全面应用物联网技术，建造智慧楼宇、智慧借阅、智慧座席等项目，通过精准定位，实现了文献的自助快速借还、智能识别、智能导读、智能查找、智能盘点、

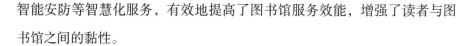

智能安防等智慧化服务，有效地提高了图书馆服务效能，增强了读者与图书馆之间的黏性。

1. 智慧楼宇建设

江西省图书馆整体按照《绿色建筑评价标准》（GB/T50378-2014）进行设计，即以持续时间发展为概念，根据三星级绿色建筑标准打造的建筑，这是衡量绿色建筑的最高标准。在整个评价标准中，重点关注的是节地与室外环境、节能与能源利用、节水与水资源利用、节材与材料资源利用等内容。所以，江西省图书馆在建筑设计时，十分注重节能理念。一是通过大量引进自然光线，减少灯光的使用，屋顶设有太阳能光伏电池板，并通过清洁能源对馆内部分用电设备进行并网供电。二是图书馆内部采用智能化集成系统，包括信息设施系统、安全技术防范系统、建筑设备管理系统、火灾自动报警系统和信息化应用系统，利用现代化技术实现对图书馆的运行、管理、安全保卫及信息服务相结合，真正实现楼宇智能化。三是在图书馆流通环节中，充分运用 RFID 技术，将图书查询、移动盘点、自助借还等环节进行整合，达到全程智能化，减少了人力成本，提升了工作效率。

2. 智慧数据平台建设

数据平台是基于分布式数据平台，根据图书馆的业务需求，量身定制的一套数据智能解决方案。它以全域大数据建设为核心，让图书馆各项业务都共享一套数据，是管理和运维图书馆最核心的基础数据。江西省图书馆智慧数据平台是依托阿里巴巴大数据平台软件，依据图书馆的应用场景，在 5G 技术支持下，运用大数据开发套件、数据质量管理、数据模型 – 元数据管理、数据 API 平台、标签工厂、数据血缘、报表引擎和可视化大屏引擎等技术，建设的互联网数据采集系统。数据中台覆盖了图书馆服务全链路的各环节，通过 API 接口的方式智能推送到各业务系统平台上，打通了图书馆数据化的"存""通""用"三大环节，形成了一个数据生态，让馆内 1000 多万本图书和 30 多万读者的画像全方位立体起来。

3.无感借还图书

对于图书馆来说，最基础的业务工作就是借阅服务。如何通过智慧化手段，改变读者人工借阅和自助借阅的普遍借阅方式，提高用户借阅的便利性自主性是智慧图书馆应当解决的首要问题。基于人脸识别技术和 RFID 智能芯片技术在各领域的广泛使用，并在"无感支付购物"的理念启发下，江西省图书馆于 2020 年开通了"无感借还"智慧流通服务，为全国首条无感借阅通道。截至目前，该项技术和服务理念在全国图书馆中仍属于领先水平。江西省图书馆通过无感借还通行系统取代现有借还书方案，相较于传统借书流程，无感借阅智慧服务无需读者携带借书证，可通过红外光幕技术、人脸生物识别技术、RFID 无线射频识别技术实现读者无感借还图书。读者首先需要办理江西省图书馆读者证，再通过手机自助或自助办证机上完成人脸注册，即可通过无感通道完成"无感借书"或"无感还书"。该项服务是无人自助借还机 10 倍以上的借还书效率，在高峰期间借还读者的排队时间人均缩短了 90% 以上。或进行基于触摸屏式人机交互操作，读者仅需自然通过无感通道即可快速完成图书借阅手续。2021 年，江西省图书馆读者借还册次同比增长 47.5%，图书流通效率提升 90%。2022 年 10 月，全新升级的"无感借还"2.0 智慧服务面向广大读者正式开启。新升级的"无感借还"2.0 智慧服务，重新调整了业务处理流程，优化了摄像头抓拍效果，无感借还体验更趋完美。目前江西省图书馆正在探索"无感借还图书"3.0 版本，希望能够打破目前"无感通道"上只能单人通过的局限，实现两人甚至多人同时无干扰完成整个借还流程，从根本上提高服务效能。

4. 智慧阅读设备

（1）智慧座席。江西省图书馆设有 10 个智慧座席，读者通过线上场馆预约系统，预约智慧阅读空间座席，到馆时需要人脸识别系统进行现场认证。读者坐到智慧座席后，智能迎宾机器人会上前引导，通过人机对话和人脸识别系统自动匹配读者证号，并通过智慧数据中台中的信息，调取读者以往阅读数据和阅读偏好，进而提供相关资源连接和智能推荐。除了阅读推荐以外，智慧座席还能通过大数据了解到用户的阅读习惯，自动调节桌椅舒适度和阅读灯光的明暗度，读者还可以通过语音交互系统对智慧阅读设备进行控制。江西省图书馆通过一套完整的智能设备，为读者打造了一个超炫酷和新奇特的智慧阅读体验空间。

（2）智能书架。在建设智慧图书馆的探索路上，江西省图书馆一直走在技术的前端，除智慧座席以外，还在图书阅览区设有智能书架，通过技术的角度，从根本上解决读者找书难的问题。智能书架是一套高性能的图书实时管理系统，它集成了人工智能技术和图书管理系统，利用高频 ISO/IEC 15693 RFID 技术实现在架图书单品级物品识别，可完成馆藏图书监控、清点、图书查询定位、错架统计等功能，提高了馆藏文献资源盘点效率。江西省图书馆有 8 组智能书架，可容纳约 2 万册图书。智能书架可为读者提供智能检索与精准定位服务，只要读者通过智能书架人机交互的触摸屏检索图书，书架便可精确定位图书所在架位信息，并在该架位通过灯光闪烁提示读者图书所在书架的层级，让读者轻松找到需要的书籍。自 2020 年 9 月投用以来，江西省图书馆智能书架累计服务读者 339995 人次，累计借阅 38260 人次，图书定位频次超 1400 万。

（3）智能机器人。江西省图书馆有两个智能机器人，分别叫作"图图"和"旺宝"。它们不仅能唱歌、会跳舞、聊天气，还可以实现服务台接待、功能介绍、咨询问答、宣传播报等服务，也有智能互动、知识库问答等功能。

读者通过呼叫其名字，就可以与机器人进行对话，了解馆藏信息及服务内容。机器人接待的方式不仅有效地降低了人工咨询的时间成本、提高了问答准确率，新奇的互动方式还成功地吸引了更多的读者，尤其是青少年走进图书馆、利用图书馆。江西省图书馆的智能机器人为智能导览类机器人，通过前期设置关于图书馆主要业务工作可能产生的咨询问题，利用机器人自主学习的能力，进行回答与交流，基本实现了基础的参考咨询服务，有效提升读者获取咨询引导服务的便利性，从而提升了服务效能。

（二）特色主题空间建设

现代化公共图书馆除了传统的藏书与阅读功能以外，更多的是打造集"学习""社交"和"文化活动"于一体的城市第三学习空间。江西省图书馆新馆以特色馆藏资源为中心，充分运用智能化设备、先进的管理理念，打破了传统阅读空间的局限性，打造了集阅读、教育、科研、展示、体验、休闲为一体的公共文化服务空间。在传统阅读空间的基础上，还设置了红色图书馆、阅读推广区、瑜伽房、新技术体验区、创客空间、5D影厅、文创书店、咖啡厅等特色空间，通过实践深化了公共图书馆主题空间的文化内涵，充分彰显了公共图书馆的社会价值。

1. 红色主题图书馆

江西省图书馆红色图书馆是国内目前面积最大的红色主题阅读空间。该空间位于江西省图书馆五楼，主要分为红色江西宣传区、红色记忆重温区、红色足迹追寻区、红色基因传承区、红色影音欣赏区、红色文献阅读区、红色场景体验区和红色文创展示区八大展区，占地1017平方米，藏有千种红色期刊、近万种红色文献和具有地方特色的红色文献数据库10余个。除丰富的馆藏资源以外，该空间内还设置了多种类智能化体验设施设备，为广大读者提供沉浸式阅读体验。在红色江西宣传区，通过电子翻书一体机可以同时通过图书、图片等方式多角度了解江西红色历史；在红色足迹追寻区配置了球幕影院，通过播放定制的江西省红色主题影片，让广大读者了解红色江西文化；在红色基因传承区，读者可以通过视听设备唱红色歌曲、听红色故事等；在红色影音欣赏区内，读者可查阅到最新的红色视听文献和观赏红色影片；在红色场景体验区，配备了VR互动军事体验器、虚拟照相机等，通过设备重温战争岁月。该空间不仅主题鲜明、设备先进，还有配套的阅读服务，打造了适合各年龄段参与的定制化阅读品牌——"星火课堂"。该课堂根据不同的学习对象，制定相应的红色阅读学习课程，包括了红色文献导读、专题影视欣赏、红色知识问答等内容，深受中小学、机关、企事业单位欢迎。红色主题图书馆因其丰富的文献资源、鲜明的文化特色、个性化的定制活动成为江西省一张亮丽的文化名片。

2. 古籍馆

江西省图书馆于2009年入选国务院第二批"全国古籍重点保护单位"，拥有古籍37万余册，古籍藏量占全省公藏古籍藏量的47%，已整理的善本近4万册，经史子集四部皆备，已入选《国家珍贵古籍名录》的古籍有106部。馆藏古籍中的南宋吉州周必大刻《欧阳文忠公集》为宋代江西刻书的代表作，明崇祯间宋应星自刻《宋应星（谈天·论气·野议·思怜诗）四种》系海内孤本。古籍馆位于新馆五楼，分为面向读者开放的善本、古籍、民国文献阅览室和用于典藏的善本书库、古籍保存库和民国文献库。历史文献阅览室内采用实木仿古书架装饰，环境优雅，为读者提供检索文献和缩微资料查阅服务。因古籍保存的特殊性，古籍书库内配有智能消防安全系统、智能防漏电智能安全保护装置、独立恒温恒湿中央空调系统等，24小时监测书库情况。现代化的古籍保护设备，不仅能保障古籍的安全性，还能有效地预防古籍病虫害，使古籍文献能够更好地得以保护。

3. 创新空间

近年来，随着移动互联网、物联网、人工智能等技术的不断发展，读者对阅读方式的需求越来越多元化，从以往的单一的书本阅读向多元化的视觉、听觉、触觉等身心合一体验的全阅读方式转变，对于图书馆来说既是机遇又是挑战。在保证传统空间功能的基础上，公共图书馆还要开拓创新空间，以满足读者多种阅读需求。江西省图书馆既保持了传统意义的图书馆大众空间，又打造了新型功能空间，如文创区、创客空间、新技术体验区等。多元化融合的"创新空间"为读者提供了融知识、技能和故事于一体的城市公共空间。

（1）文创区。全国图书馆文创联盟首家省级分店——"锦文轩"位于江西省图书馆新馆一楼，由国家图书馆与江西省图书馆联合打造，主要包括图书文创、红色文创和儿童文创三个展区。产品融合了江西文化、馆藏特色和时尚美学元素。其中，图书文创区主要展示和销售国家图书馆、江西省图书馆及其他联盟成员馆的文创产品；红色文创区主要展示销售江西省红色文化纪念品；少儿文创区以活动和课程呈现为主，包含了国家图书馆少年儿童馆、省图书馆少儿部的课程、资源。除了实体文创，江西省图书馆还抓住了数字文化创意产业发展机遇，在2023年新年期间，推出了两款数字文创——王安石《元日》兔年古籍数字贺卡及欧阳修《浪淘沙·把酒祝东风》兔年古籍数字贺卡，该数字文创一经推出就火爆全网，不仅打破了文创产品的地域局限性，还传播了中华优秀传统文化，真正让沉睡在古籍中的文字"活"起来。

（2）创客空间。创客一般是指利用各种新技术和相关软硬件，把各种创意转变为现实的人。公共图书馆作为重要的公共教育机构，具有社会教育职能，历来非常重视对青年人创造能力的培养。在新技术不断发展的背景下，公共图书馆通过设立创客空间，为青年人提供新技术培训，既是时势所需，也是公共图书馆发挥教育职能及促进教育发展的重要体现。江西省图书馆新馆在建设之初即引进了创客服务理念，并于图书馆二楼设立独立创客空间，该空间与电子阅览室相连，是为创客团体提供自主创作的开放性文化空间。该区域内包括专业的设备、软件和创作区域，为读者提供 3D 打印机、微型机床、激光切割机、雕刻机等高精密度的设备和计算机以及艺术设计等专业软件，以期满足读者的阅读、思考、创造等多元需求。在这里，创客们除了能够充分利用馆内空间、技术、设施设备外，还可获得前沿创业咨询和专家指导，并与其他创客进行互动交流、成果展示。

（3）新技术体验区。新技术体验区位于江西省图书馆四楼，重点突出"知识""趣味科技"和"未来"三大主题。这里分别设有影视欣赏区、音乐欣赏区、科学探索区等高品质文化休闲服务区域，通过智慧座席、瀑布流电子书阅读设备、朗读亭、直播间等多媒体体验设备，将优质的阅读资源融入交互式智能体验中，为读者提供极具趣味性的科普体验和真实化场景实践。

4. 活动空间

除以上特色阅读空间以外，江西省图书馆还在不同楼层设有传统阅读推广活动空间。一楼设有三个主题报告厅，分别是可容纳 800 人的白鹿厅、200 人的鹅湖厅和 100 人的豫章厅；二楼设有可供读者欣赏主题文化展览的占地 1192 平方米的展厅，三楼设有多个个性化文化沙龙活动区域。不同容量、不同风格的活动空间可以满足不同主题活动的开展，使阅读推广活动无处不在。

三、建设成效

图书馆空间创新要以技术为驱动、以交互为策略、以智能为宗旨，只有这样，创新才具有重要的价值和时代意义。江西省图书馆以新馆建设为契机，始终以满足读者需求为导向，以新一代信息技术为支撑，推出了一批数字化、智能化、智慧化与人文化的公共文化数字化创新空间和创新服务。自新馆建设以来，江西省图书馆的各项读者服务均有所升级变化，通过引入相关高科技手段打造的智慧空间，吸引了众多读者用户群体，带给读者许多全新个性化的阅读体验，仅在开放当月即接待来自省内外读者2万人次。江西省图书馆通过智慧数据中台、智能书架服务、智能分拣服务、"无感借还"智慧流通服务、图书馆智能推荐服务、智慧阅读空间服务等，将江西省图书馆打造成国内智慧图书馆样板。这是将智能技术应用到图书馆各项服务之中，是从智能图书馆到智慧图书馆"最后一公里"的完美转型。

江西省图书馆的智慧图书馆建设是落实文化和旅游部《"十四五"公共文化服务体系建设规划》的创新性实践，是将公共文化服务与先进的科学技术相融合的公共数字文化惠民成果。在推动公共文化服务数字化、网络化、智能化建设方面实现了突破性进展，有效地提升了公共文化服务数字化建设水平，对开展相关工作具有借鉴意义。经过几年的实践与探索，江西省图书馆入选了由《瞭望东方周刊》与国内多家图书馆共同推选的"2023十佳智慧图书馆"。江西省图书馆始终坚持特色立馆、服务兴馆、人才强馆的战略方针，把江西省图书馆推向更繁荣的发展平台。

四、相关启示

人工智能技术为人与书、人与人、人与馆之间的连接提供了重要的技术支撑。人工智能技术的使用也成为了现代图书馆有别于传统图书馆、数字图书馆的重要标志之一。然而随着人工智能技术的广泛使用，信息系统与设备日趋繁杂，智能应用场景与规模不断攀升，各图书馆如何解决人工智能技术与空间的关系、数据平台互通互融等问题，成为智慧图书馆进行创新实践的重要方向。江西省图书馆在探索智慧图书馆建设的进程中，以新馆建设为契机，充分利用人工智能技术与本馆空间有机结合，打造出具

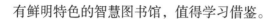

有鲜明特色的智慧图书馆，值得学习借鉴。

（一）建造可持续发展的生态图书馆

公共图书馆在设计和建造时首先应考虑绿色和可持续发展，尊重节约和可循环利用理念，在充分结合当地自然环境、气候条件、社会资源等情况后，再进行整体规划。例如南方地区图书馆应充分考虑房屋的隔热性，应采用隔热性门窗和墙体设计，北方地区图书馆应充分考虑房屋的保暖性，增加房屋的保温设施，减少热能消耗。在绿色环保方面，应尽量让室内空间接收自然光线，并通过智能系统，感知室内光线强弱从而进行自动调节，以此减少室内灯光能耗。江西省图书馆新馆广泛应用海绵城市技术调节雨水排放，采用岩棉板、断热铝合金和新型材料进行隔冷隔热，降低空调能耗，运用节能电器、节水器具等有效降低电能和水能的消耗等，为读者打造了绿色、环保、健康、高效的阅读空间。

（二）建造自助式复合型智慧图书馆

随着智慧时代的到来，图书馆不仅要创新空间功能，还要保留传统空间的功能，因此，我们需要建造自助式复合型智慧图书馆，以满足读者对空间的不同需求。公共图书馆在利用人工智能技术对图书馆空间进行再造时，需要通过引进符合本馆馆情的智能设备，通过提升图书馆空间的利用率，促进图书馆整体空间服务效能的提升。新型智慧图书馆发展理念中最为重要的服务方式是自助，它通过一系列智能化设备，让读者在图书馆内可自由进行"自助阅读"。"自助阅读"既包括普及率较高的自助借还，还包括大数据推送服务。高效率的自助借还需要依托其中大数据推荐服务主要基于检索系统的推荐服务，通过大数据建立用户的借阅关系图，了解其借阅信息相关度情况，通过数据分析设置热点排行和借阅排行，以达到精准的阅读推荐。

（三）建造有地方文化特色的主题图书馆

图书馆是滋养民族心灵、培育文化自信的重要场所。作为文化传承的重要载体，图书馆建设要充分体现民族性和地方性，营造舒适的人文艺术环境。在外观设计上，要与周围环境相融合，公共图书馆主题空间建设需要与图书馆的使命与功能需要相适应。主题立意是空间再造的主导，决定了该主题空间乃至整个图书馆的重要社会价值。在内部主题空间设计上，不仅要立足于本馆的馆藏特色，还要深入结合地方文化特色，借助智慧化设备，打造文化与科技相融合的主题图书馆，推动特色主题图书馆向纵深方向发展。江西省图书馆打造的红色主题空间就是将地域文化、数字阅读、智能设备体验、休闲娱乐、学习教育融为一体的特色主题空间。

第十二章　新疆维吾尔自治区图书馆

一、建设背景

在当今城市愈发开放的发展趋势下，越来越多的人期望能有一处远离职场紧张压力与家庭繁复琐碎的真正放松身心、寻找自我价值的"第三空间"，来满足一个人或一个群体进行阅读、社交和休闲的需求。放眼世界各地，图书馆的空间建设与服务创新呈现出向信息共享空间、知识共享空间和智能空间转型发展的态势。在我国，图书馆的空间形态经历了传统藏书空间、学习研讨空间、信息共享空间、创客空间、智慧空间等多个发展阶段。随着数智化技术的加速发展及其在图书馆的实践应用，智慧空间建设已经成为驱动未来图书馆创新发展的新动能。当前社会已进入"智慧"新时期，人工智能、区块链、云计算和大数据等新一代信息化技术及其应用成为数字中国、智慧城市建设的重要推动力，正在给图书馆事业带来前所未有的冲击和挑战，在此背景下，新疆维吾尔自治区图书馆以新馆建设为契机进行空间再造的必要性和迫切性便不言而喻。

新疆维吾尔自治区图书馆原有的传统建筑和空间已无法满足新型图书馆为读者提供服务升级的要求。在其新馆再造过程中，梳理好复合多元的功能性实现和图书馆空间再造之间的联系，成为自身转型升级无法回避的课题。作为图书馆的三大要素"资源、人、空间"之一，图书馆空间在其职能履行过程中的地位和价值至关重要，在时代背景和大众意愿的催生下，新疆维吾尔自治区图书馆需要兼具阅读交流功能和文化活动载体的场所属性，所呈现出的阅读功能需要更加多元化、个性化。在图书馆事业数智化转型的大变革环境下，读者对空间阅读需求的不断升级和多元化趋势，也促使新疆维吾尔自治区图书馆加快空间改造和服务转型。

作为我国西北边陲的重要文化场馆，在新疆地区公共文化服务体系中占据重要地位，且恰逢我国图书馆发展进入智慧转型的重要窗口期，新疆维吾尔自治区图书馆迎来了新馆正式落成并投入使用。新馆改造为新疆维吾尔自治区图书馆空间改造和服务升级提供了基础保障和改造契机。改造后的新馆运用先进的科学信息技术为图书馆的文献加工流通、知识获取服务、空间阅读体验等提供了全新高效的升级优化手段，为图书馆空间升级和服务转型奠定了强大基础，尤其是在图书馆空间高效整合、功能拓展与服务可持续供给方面给出了稳定可及、高效创新的技术保障。

数智技术快速发展和广泛应用促使新疆维吾尔自治区图书馆开启图书馆空间服务转型新篇章。空间的智能再造本质上是图书馆服务智能化转型的过程，借助高科技智能模块的嵌入在图书馆服务链条中实现智慧交融和创新实践，并在空间体验感提升和可持续发展中不断寻求升级优化。因此，如何让数智顺利赋能图书馆空间智能再造，尤其是依托数智技术提升再造后的空间服务效能，成为新疆维吾尔自治区图书馆未来事业发展的重要课题。新疆维吾尔自治区图书馆通过空间再造构建新型阅读空间，逐步开启多元复合化方向发展道路，将自身打造成为一个集学习、交流、创新、休闲和娱乐为一体的综合性现代化公共图书馆，为深入实施文化润疆工程、建设和谐稳定的新疆公共文化事业提供有力支持。

综上所述，为积极适应未来智慧城市构建对图书馆的建设要求，进一步推动图书馆建设的可持续发展，加快公共图书馆服务升级和智慧转型，新疆维吾尔自治区图书馆抓住新馆建设这一契机，通过整体外观建筑和内部空间的合理设计与科学布局，从馆藏数字化、服务智能化、管理智慧化等方面进行总体规划和部署，优化和升级服务内容，秉承"读者至上、服务全疆"的办馆宗旨，大力推进信息化、智能化空间再造建设，以期为读者提供全新的阅读体验和科技感受。

二、建设内容

（一）新疆维吾尔自治区图书馆概况

新疆维吾尔自治区图书馆新馆于 2019 年 9 月 20 日正式面向读者开放，建成后的新馆突出智能化阅读服务，在馆藏资源数字化、空间体验智能化、流通管理智慧化方面进行了内容优化和服务转型，致力于为读者提供全新的智能阅读体验。

改扩建后的新疆维吾尔自治区图书馆总面积为 5.6 万平方米，比原来增加了 3.2 万平方米，经升级扩建后的立体式书库的藏书容量可达 500 万册。焕然一新的场馆面向社会免费开放，搭载射频识别技术的自助借还设备为读者提供自助办证、面部识别借阅、电子阅览等全新借阅体验，全馆配备阅览专用座席数量达到 3000 个，读者可在馆内随意选择任何开放区域进行阅读。改造后的对外开放区域包括三大阅读空间、三大功能区域，规模最大的享读空间囊括了人文社科、自然科学、艺术文学等类别图书，是读者阅览与借阅的主要空间；乐游空间是针对低年龄段读者特殊阅读需求而打造的读、阅、听、玩的儿童专享空间；具有时代气息的城市书房为读者提供畅销新书的借阅服务，舒适安静的阅读环境和贴心精准的借阅服务成为人们现代都市紧张生活之余独享的休闲空间；新增规划建设的展览展示、交流培训、多功能报告厅等创意功能区与三大阅读空间一起构成了新馆空间交互分布、功能集成融合的空间布局。

此外，馆内每一层都设有智慧阅读体验空间，智能设备可通过新疆维吾尔自治区图书馆 APP 操控和使用，智能手机"扫一扫"即可轻松下载免费阅读。图书馆内的智能机器人"小图"、瀑布流电子借阅屏、耳机森林等各种智能设备打造智慧化阅读。同时，新疆维吾尔自治区图书馆联合中国知网、万方数据基础教育、维普网等一批知名数字资源生产商，建立了由学术期刊、畅销期刊、考试库、少儿绘本、有声书等30多个数据库构成的"云端图书馆"，标志着新疆维吾尔自治区图书馆数字空间构建与服务同步开启。

（二）新疆维吾尔自治区图书馆的空间设计

在空间建设方面，新疆维吾尔自治区图书馆前期做了大量的调研和准备，经过多方实践和努力，最终呈现出以数字化阅读、智慧化服务为特征的新型公共图书馆阅读空间的全新样貌。空间功能设计从社会发展趋势和大众多样化的需求出发，根据功能需求进行内部空间的设计和划分，在设计模式的选择上既注重功能性的效果释放，又考虑到功能多元化发展。

1. 满足需求多样化的空间功能设计

（1）展览空间：将图书馆特定空间进行展览展示的功能性改造，将赋予空间再造新的立意和内涵，满足人们对图书馆空间功能多元化、阅读艺术性的新需求，顺应了文化一体化发展趋势的同时，促进图书馆成为集阅读学习、文化交流、艺术修养为一体的综合性活动空间。从国内新馆建设潮流中不难看出，现代公共图书馆业已打破履行传统单一借阅职能任务的桎梏，在新馆建设中均规划设计了具有展览展示功能的空间，且空间的展览形式和内容也日渐丰富。

（2）学习空间：学习空间指用于读者进行学习、交流或培训等活动的场地，图书馆重视学习空间的打造代表着图书馆不断进行服务升级和功能延伸，在学校教育与社会教育并重的时代发展背景下，学习空间丰富了图书馆社会职能内涵，承担起社会教育职能重任，使图书馆成为了除学校、培训机构之外重要的学习平台和教育中心。随着学习型社会越来越普及，学习空间逐渐在图书馆建馆设计中占有一席之地，新疆维吾尔自治区图书馆新馆学习空间重点打造出一个集中阅读、学习、交流、培训等功能的综合性学习区域，学习空间的建筑面积在图书馆总建筑面积的占比最大，采用开架藏取阅一体模式，同时配备可随时随地学习和交流的硬件与环境，实现布局灵活与功能丰富的空间体验。

（3）多媒体空间：随着多媒体技术不断发展，图书馆不再单纯收录纸质文献，更生动更直接的视听资源的收入数量与年俱增，用于集中收录和展示试听资源的多媒体空间近年来在空间再造中越来越受到重视。新疆维吾尔自治区图书馆在新馆空间设计的过程中，充分考虑到多媒体空间用户的实际需求和预期效果，与喜马拉雅合作建立了环绕图书馆一楼会议厅的"有声图书墙"，用户可以通过佩戴墙面悬挂的 3D 降噪耳机进行沉浸式有声阅读。同时开展优秀作品的视听鉴赏活动吸引更多人走进图书馆，丰富读者的业余文化生活，从而带动馆内其他文化活动共同发展。

（4）休闲空间：现代图书馆建设可以更直接地从打造便利阅读出发，充分贴近读者的生活需求，在空间改造中为餐饮等生活服务预留空间和余地，让空间功能得到合理延续，让图书馆利用价值变得多元。新疆维吾尔自治区图书馆独树一帜在读者借阅区每个楼层摆放了"咖啡借阅机"，用户可随时享用多个品种的手磨咖啡的同时还可以通过手机扫码看书、听书，为读者营造一个全方位轻松愉悦的阅读环境。打造用餐环境优美、餐饮服务暖心的图书馆休闲空间，突出"悦"读的办馆主旨，充分体现出文化产业和商业经济之间的相互促进、良性互补的发展特征。

（5）数字体验空间：借助先进的信息科学技术，打造以感官体验为主的数字阅读空间，空间通过视觉冲击、多维度呈现来增强阅读感知能力和激发读者阅读兴趣。新疆维吾尔自治区图书馆与超星合作建立了"瀑布流"，用强烈的视觉冲击和新鲜的阅读符号吸引读者阅读 5000 多种免费电子图书和相关主题资源。此外，一楼大厅中央智慧墙的阅读推荐、三楼休闲阅读区的数字留声机、阅读音乐等有声设备，以及位于二楼的虚拟现实与多屏互动设计空间等，这些数字体验空间塑造的沉浸式阅读，提升了读者的阅读体验，引领数字阅读新风尚。

2.适应功能多元化的空间设计模式

为了适应图书馆新馆建设新增的一系列功能需求，将多元化功能引进现代场馆，选取具有高度开放性和灵活性的空间设计模式，将各个功能多元、结构复杂的空间进行有序排列，促进合理融合。

（1）空间组合模式：在秉承整体设计风格的前提下，将馆内各个空间依据功能用途归类后进行合理安排和有序布局，通过空间串联、过渡或整合的方式形成一个整体错落有致而又不乏变化的有机整体。新疆维吾尔自治区图书馆新馆的建筑外观运用挑空天井的设计并联馆内阅览和基础藏书两大建筑结构，功能分解明晰，外观又浑然一体。馆内呈现若干多元复合的文化功能空间，其中各个组成单元的特性不同、功能上力求互补，包含展览厅、报告厅、城市书房、餐饮休闲、学习空间等功能空间。作为构建功能复合性的现代公共图书馆的典范，新疆维吾尔自治区图书馆将人文作品、艺术展览、时尚潮玩、生活美学、餐饮等融入到图书馆这个文化综合体之中，为大众提供更加多样的空间组合形式。

（2）空间垂直叠加：图书馆建筑中的空间可以采用垂直叠加的方式将各层贯通联系起来，功能相似相邻布局，这样不仅方便读者阅读，还可以有效提高效率。如新疆维吾尔自治区图书馆一楼大厅的智慧墙、二楼的虚拟现实与多屏互动设计空间、三楼休闲阅读区的数字留声机，空间垂直叠加的组织模式使图书馆的功能空间在最大程度上相互贯通又不相互干扰，动线更为清晰明了。同时，虚实结合的空间组合形式为实现其功能和空间的拓展提供了强有力的支撑。

（3）空间布局：处理好空间的主次、排列和动静关系是图书馆空间布局的重要前提，特别是突出"主要"的同时兼顾"次要"，处理动静关系时做到静中有动、动静结合。图书馆空间以满足读者阅读需求为大前提，空间布局应重点展现安静雅致的阅读环境和友好便捷的阅读设施，分清空间的主次关系，同时，也要充分考虑读者的阅读行为带来的动态因素，合理安排新型空间体验项目，将因阅读体验而产生的随机动向控制在一定范围之内。

（三）新疆维吾尔自治区图书馆的空间建设

1. 智慧化空间

智慧化空间倡导以人为本，充分依托大数据、云计算、人工智能、移动互联网等现代信息技术，将图书馆各类资源识别选择、汲取整合并进行科学系统性管理，通过虚实相融的智能化场景立体呈现给读者，形成有利于实现全面感知、开放共享等多重效应的智慧化空间环境，为读者用户提供全方位的虚实空间一体化服务模式。改扩建完成后的新疆维吾尔自治区图书馆以智慧化为特点，提供了新一代自助办证机、自助借还机、瀑布流电子借阅机、VR科普体验、智慧教室、大数据智慧墙等智能化的硬件和软件设备，致力于打造立体化、多样化、泛在化、社交化及精准化的智慧空间，为读者提供全新的阅读体验和科技感受。

2. 体验式空间

新疆维吾尔自治区图书馆在空间设计上突破公共图书馆传统的静态模式，根据动静分离的原则科学分区，可同时开展面向单个读者的借阅服务和面向特定群体读者的阅读活动，深化读者体验感的同时提高了空间的有效利用率。科技赋能后的空间体验感升级，创造性地将虚拟现实、裸眼3D、液晶瀑布流等技术应用于空间打造，引进智慧墙、VR、数字留声等先进设施设备，塑造沉浸式体验空间，提升了读者的感官享受。体验式阅读空间在功能设计上除了具备基本的知识获取功能外，还兼具互动体验、交流学习、创新创造等功能，最大程度地满足读者个性化多元化的阅读和学习需求。

3. 数字化空间

新疆维吾尔自治区图书馆以构建现代智慧图书馆为己任，以信息的便捷获取为目标，利用有线通信技术和无线通信技术把图书馆的建筑物、管理设备、空间资源、馆藏文献、馆员与读者联系起来，打造资源统一融合、信息开放共享、获取智慧便捷的一体式数字化空间。在改扩建后的新疆维吾尔自治区图书馆里，数字化处理、智慧化服务随处可见，机器人"小图"采用了人工智能、语音识别等技术与读者进行语音自助对话，具有借书、导航、还书、查书等功能；大型"瀑布流"电子借阅设备让阅读变得唾手可得且简单有趣；少儿智慧化体验区的霍格沃兹投影墙是一面被赋予了"魔法"的实体墙，结合了虚拟现实技术、多屏互动技术，小读者可以通过触碰进行游戏互动；休闲阅读区的咖啡借阅机、数字留声机、音乐杂志，丰富读者阅读资源，提升阅读品质。

4. 便利性空间

新疆维吾尔自治区图书馆新馆在进行空间再造时就以智能转型为目标，力求最大程度发挥信息技术赋予的便利性，全面提升智慧服务带来的便捷功能实效，大力推进全馆的现代化、信息化和智能化建设。让读者享受到便利的富含科技感、时尚感、现代化的阅读方式。读者通过移动图书馆可在手机等移动设备上随时随地获取图书馆馆藏文献信息、续借和查询个人借阅信息，并可在线阅读热门图书、报纸资源、观看学术视频、活动预告及各类特色资源；利用无线射频识别技术，通过信息设备和多模态传感装置，以 RFID 标签为图书存放的定位标识，实现图书位置的精准定位，优化了图书借还流程、促进了图书流通效率。

5.反馈空间

目前，馆内智慧空间的搭建基本实现了读者数据的有效采集和按需分析，对读者的多维需求以及文化发展方向进行动态挖掘，不断推进图书馆服务与读者反馈的深层互助。在智能设备的利用和更新上继续加大力度，深化智慧化反馈空间的完善与维护，促进实时数据的智能甄别、分析和存储，扩大读者反馈空间开放程度，将大数据分析和利用的效能及时精准转换并应用于读者服务的完善工作中，高效对齐信息和读者之间的匹配度，提升读者获取知识的效率，为读者提供精准深度感知的个性化服务。

三、建设成效

新疆维吾尔自治区图书馆肩负着地区知识文化储存、传播与弘扬的历史使命，新馆开馆以来，始终以传承文明、服务社会为宗旨，利用新技术、新设备提高读者服务的高效性和便利性，通过空间再造推出一系列智能化服务，极大填补了新馆改造之前在全民阅读推广活动、古籍保护、地方文献收集整理、特殊群体服务、数字化建设等方面由于技术缺失造成的短板和不足。近几年，新疆维吾尔自治区图书馆先后被评为"自治区文明单位""自治区直属机关党员教育基地""自治区民族团结进步示范单位""自治区青少年科普基地""新时代文明实践基地""新疆少先队校外实践教育基地"。馆内几大空间的顺利改造与运营标志着新馆空间智能改造目的初步达成，为新疆维吾尔自治区图书馆智慧服务的进一步转型升级奠定了基础。

改造后的新疆维吾尔自治区图书馆成为六大中心为一体的图书馆，即在成为新疆重要的知识信息枢纽、精神文明建设阵地的同时，还成为集新疆地区的文献信息资源中心、学术交流中心、读者服务中心、馆际协作协调中心、全国文化信息资源共享工程新疆省级分中心、全国古籍保护新疆分中心六大中心为一体的新型智慧化图书馆。面对着新的机遇和挑战，新疆维吾尔自治区图书馆在创新中谋发展，在变局中开新局，勇于接纳新事物，积极拥抱变化，将新一代信息技术融入到智慧图书馆的空间再造和升级实践中，探索出一条有利于图书馆高效服务、科学发展的空间构建道路，促使空间服务更具智能化与智慧化，进而实现科技赋能社会，服务回馈读者的最终目标。

（一）空间建设强调统筹协调，实现上通下联、共建共享绿色发展

空间构建或再造的目的是推进科技全覆盖和加深智能化服务纵深发展，涉及到公共图书馆的功能升级和服务转型，新疆维吾尔自治区图书馆进行空间再造注重目标设定、组织设计与科学布局遵循"一以贯之"的原则，自上而下逐层逐步落实。在空间再造的具体项目实施过程中，优先试点建设功能复合、特色鲜明的主题性阅读空间，制定空间构建方案和具体实施步骤，具有布局科学、目标明确、责任明晰的特点，通过统筹规划、融合功能、协调业务、明确规范、厘清细则等方式，避免规划盲目无序、重复低效等问题出现。此外，新馆空间建设从全局视角出发，注重统筹本系统、本民族等多方资源，调动区域内文化系统、社会群体等力量，在空间构建过程中保持上下联通、深度协调、共建共享，形成地域整体优势，为空间建设注入绿色发展动力。

（二）开创空间文旅融合模式，放大了地区特色资源优势

地域资源指在一定的地域环境中逐渐发展演变而形成的关于政治、经济、文化、社会发展等的文献类的综合反映，具有地域独特性和文化传承性特点。新疆维吾尔自治区图书馆因其独特的地理位置和地域多民族构成，其重要职能之一是保存并传承优秀文化，空间资源服务开创文旅融合新模式，依托地域文化建立特色空间将地域文化、旅游文化与阅读行为相融合，增添文旅推介类专题活动，帮助民众产生文化认同感和归属感的同时，提升图书馆乃至整个地区的社会影响力和文化感召力，促进新疆文旅高质量创新融合发展。此外，新疆维吾尔自治区图书馆在空间设计上注重融入风俗、民情、自然资源等地方文化等相关元素，将当地优秀传统文化的传承保护和空间创新发展并存交融，通过空间功能延展和场景叠加提升展示效果和覆盖程度，为振兴地域文化积极寻找出口，实现"文化润疆、以文促融"的地区文化建设发展目标，增强各族群众对中华文化的认同和民族自信，在促进全国各民族交流交往大团结的事业中独树一帜。

（三）助力百姓融入数字生活，让图书馆智慧服务照进现实

当前业内已经形成共识：图书馆应该是集学习空间、研究空间、交流空间和创新空间为一体的文化综合体空间。规模适当、布局科学、业态多元、特色鲜明、舒适美观已然成为当下图书馆空间构建和再造所追求的共同目标。新疆维吾尔自治区图书馆空间构建助力百姓融入现代数字生活，吸引读者体验数字阅读服务，从引导知识获取到鼓励交流共享再到激发创意创新，实现空间功能性延展以及社会价值属性转变，进一步拉近人与智慧图书馆间的距离。新疆维吾尔自治区图书馆依托数智技术打造而成的城市书房、少儿体验空间、学习空间、数字体验区等融图书借阅、艺术展览、美学展示、文化活动于一体的特色空间极大地开阔了当地百姓的数字阅读眼界，丰富了现代文化生活。集文献借阅、文化体验、文化交流、文创开发等功能为一体的特色多元智能阅读空间，大大降低了普通人接触高精尖技术的门槛，让图书馆智慧服务照进现实，重新定义了人与阅读的关系。

（四）合作模式多元化深层次，实现了空间构建互益共赢

新疆维吾尔自治区图书馆立足现代公共图书馆"开放、共享、合作"的发展理念，在空间建设实践中打破资源、专业、制度的局限，以读者需求为导向，与政府机关、科技企业、科研机构、社会团体等建立合作关系，开展多元化、特定性、深层次的智慧空间构建项目，促使社会组织机构成为推动公共图书馆事业发展的积极力量。在空间设计合作方面，吸纳多家高新技术企业参与资源管理与数字架构，多角度提升空间服务质量。在空间活动合作方面，立足智慧化发展原则，与各社会合作主体互通互联、融合发展，实现空间推广活动跨业态多元化开展。在空间管理合作方面，实行合作资格审核制并签订专项合作协议，对合作方的硬件设施、技术人员、业务数据等进行规范，实现管理高效统一。新疆维吾尔自治区图书馆推行的多元化深层次"图书馆＋"的空间合作模式让图书馆与社会力量形成利益共同体，提高社会聚合效益，打开合作双方互益共赢的良好局面。

四、相关启示

面对图书馆全局性创新式发展浪潮，公共图书馆已经不仅仅是传统的书籍借阅场所的提供者，而是向智能化和数字化方向阅读供应者发展。公共图书馆空间智能再造升级，不仅提供给人们更加舒适、便利的阅读体验，也为未来公共图书馆的发展指明了方向，是公共图书馆数字化发展、智慧化转型的必然趋势。图书馆空间再造是图书馆主动适应时代发展，主动谋求变革与发展的一个重要路径。未来图书馆的空间智能再造和功能更新需要向着表现力持续增强、层次性更为分明、虚拟化日渐凸显、功能性更加多元的方向发展，真正实现图书馆空间的虚实融合、多元泛在，服务的更新迭代、智能精准。

（一）正确树立理念是空间再造的前提

公共图书馆的空间智能再造需要有清晰的再造理念，这是实现再造升级的前提。再造理念包括了对公共图书馆服务目标的认识和对服务用户需求的把握，公共图书馆要成为文化、教育、娱乐和休闲的综合体，成为城市文化中心、知识服务中心、全民学习中心。图书馆的物理空间限制决定了其进行精细化管理的必要性，在有限的空间中实现资源的组织与利用最大化，提高空间功能性和整体服务质量。此外，公共图书馆的服务对象的年龄结构、教育背景最为复杂，要满足读者的多元需求，如学习、娱乐、社交等空间体验，需要根据不同的目标用户，创新空间服务形式，提供个性化的服务。

（二）科学合理制定空间再造规划

图书馆进行空间再造和升级时需要在改造方式、技术引进、推广模式、预期效果等方面给予全面考量从而做出合理决策，对空间布局、功能划分、产品技术、安全措施等进行全面规划并保证有效实施。针对公共图书馆不同区域的特点和需求，划分出不同业务区域，比如阅览区、自习区、数字资源服务区、儿童阅读区等。同时，注重空间布局的合理性，充分利用闲置空间，提高图书馆的利用率。开展网络化建设规划，提高图书馆数字阅读供给能力，合理规划空间再造流程，在空间布局、项目开发、技术引进、人员培训等方面发挥自身优势。在空间布局、功能设定和场景选定的具体实施步骤中充分考虑到服务对象的心理特点和行为特征，打造阅读舒适、交互友好的新型空间。

（三）坚持创新驱动空间可持续发展

以开放的姿态拥抱外部挑战，坚持以技术为依托驱动空间可持续发展，保障图书馆智慧转型后的服务质量和服务效能。一是人才创新，注重专业人才培养和引进及相关政策支持和制度保障来提升内部驱动力，尤其是在新媒体应用普及和新技术快速迭代的时下，需要图书馆馆员具备终身学习的意识，不断进行知识更新与完善。二是技术与设备创新，智能空间再造相关技术应用主要集中在人体感知、信息传导、指令处理与结果输出等领域，包括 RFID、Wi-Fi、iBeacon、5G、人脸识别、物联网、人工智能、区块链、大数据技术等。构建符合图书馆发展趋势的空间再造模式，促进先进技术的共建共通与融合发展，将图书馆整个服务范畴和工作流程高效贯穿起来，促进人机协作与认知转型，重塑智能空间服务格局，加快空间服务高质量发展。如，图书馆首先建立起数字化信息系统，运用先进的数字通信技术将馆藏图书、电子资源、读者数据、系统数据等进行统一管理、处理与利用，通过配备智能设备和软硬件配套，实现智能化运营管理。三是运营创新，本着"开放、共享"的原则，主动聚集和接纳社会各方创新力量，推动阅读空间内各学科碰撞融合，提升图书馆的文化价值创造能力，打造空间专属的文化特质和阅读氛围。四是宣传创新，提高媒体宣传运用能力，抓住新媒体时代品牌宣传的红利机遇，搭建图书馆新型阅读空间的宣传渠道。

（四）优化空间结构与区域设置

空间再造很大程度上延伸了空间服务的外延，尤其是智能技术能最大限度地利用有限空间，通过空间区域的合理划分和结构优化打破场所的物理限制，实现空间利用价值的最大化。在搭建空间结构进行区域改造时，将开放式与封闭式布局相互交织，科学嵌入智能化元素，体现出空间内部区域层次分明、外延拓展效应显著的特征。空间的区域设置与结构优化需要满足用户在知识体验、学习交流、互助创新等方面的需求，并能实现相对应的功能预设，从而完成空间再造的结构重组和功能定位。区域的灵活调整和功能设计兼容，使再造空间的使用效能得到充分释放，让用户享受个性化知识服务的同时，提升了体验的新鲜感。

（五）紧贴时代需求的空间功能设计

在确定了空间功能需求之后，要进行空间功能设计，空间功能设计本质上是构建一个空间服务的智能化体系，完成诸如读者导读、知识提取、实时互动、远程共享、协作创新、用户跟踪等功能架构，公共图书馆的空间智能再造需要针对用户需求进行功能设计，把服务、学习、娱乐、交流等多个环节有机结合起来，营造多角度多层次的服务魅力，形成人们主动选择图书馆享受阅读和学习的文化氛围。如，在图书馆内设置互动机器人、可穿戴设备、全息投影等科技氛围拉满的阅读体验活动，互动体验模式主打沉浸式、创新性的增强型体验互动类文化活动，强体验重反馈的专题性活动让阅读推广更有温度，提升读者的参与感、满足感和文化获得感，促成文化传播方式的升级，空间功能设计紧跟时代步伐、贴近人们生活需求，具有主题性、持续性、创意性和娱乐性，才能满足新时期公共图书馆高质量发展要求。

（六）多元协同发展促进提质增效

随着科技快速更新迭代，用户需求不断变化，空间智能再造与升级需要持续跟踪新技术，关注行业动态，拓宽服务路径，激发多元协同发展，才能适应图书馆发展带来的新变化。图书馆空间再造目的在于拓展空间功能，丰富服务内容，提升用户体验，促进图书馆服务智能化、智慧化转型。空间再造是个系统工程，多元协同视域下，在空间智能再造和服务重塑中引入科技企业、科研机构、大专院校等力量广泛参与并与之深度合作，形成多元协同发展模式，将大幅提升空间服务的深度和广度。多元协同发展有效促进资源整合，优化资源配置，是实现空间资源全面整合、精准分类、深度聚合、泛在服务的重要途径。尤其是空间进行智能再造后依托人工智能、物联网等技术媒介，增强了人机互联和人机协同，提升信息传递效率与信息开发质量，引导空间建设向更加高效、人性的方向发展。

第十三章　苏州图书馆

一、建设背景

近年来，伴随着人们物质生活水平的提高，对精神生活有了越来越高的需求。2015 年中办、国办印发的《关于加快构建现代公共文化服务体系的意见》强调要"加强公共文化产品和服务供给、推进公共文化服务与科技融合发展"。《"十四五"文化发展规划》提出要建设智慧图书馆体系。可以看到，建设智慧图书馆体系，推进公共文化服务与科技融合发展是推动公共文化服务高质量发展的重要途径。现如今传统藏阅一体的图书馆空间在服务效率和服务质量上都已经难以满足公众的精神文化需求，而互联网、物联网、云计算、大数据等技术的革新，为建设智慧图书馆带来了新的契机，使打造智慧图书馆空间成为必然。目前智能化人机协同、跨媒体协同管理、自主性深度学习、大数据知识学习、仿生性交互行为已经成为人工智能的发展重点，如何将人工智能技术按照图书馆的发展理念嵌入到图书馆空间再造中，已经成为目前图书馆学研究的热门课题。

苏州图书馆北馆作为新馆，其新建根源在于苏州人口大幅度增长，原有馆舍面积、公共藏书空间以及知识服务类型已无法满足公众的公共文化服务需求，依托于苏州经济的飞速发展，"十二五"期间苏州市政府批准在"活力岛"区域建设一座具备公共图书馆服务、文献存储集散、配套服务等三大功能的现代化图书馆，项目名为"苏州第二图书馆"，2019 年12 月作为苏州图书馆北馆正式开放。苏州图书馆北馆在设计之初就注重空间再造的多元化，突破传统空间认知的藩篱，打造了数字体验馆、数字图书馆、设计图书馆、音乐图书馆、苏州文学馆等主题馆空间以及国内首个大型立体智能书库，打通数字资源应用瓶颈，构建智能服务场景，实现空间表现、空间功能的变革性提升，为读者提供了多元化、个性化的阅读服务体验，最大程度地满足读者快速便捷地获取信息的需求，为后续图书馆进行智能化空间再造提供了借鉴和经验。

二、建设内容

（一）苏州图书馆概况

苏州图书馆目前拥有人民路馆和苏州图书馆北馆两个实体图书馆、100个分馆、2个24小时自助图书馆、3个轨道交通图书馆、133个网上借阅社区投递点、2辆流动图书车、28个图书流动服务点。通过全力打造方便快捷的资源调配空间、高度融合的数字服务空间、积极灵活的社会参与空间、高端优质的情报服务空间，促进苏州图书馆服务体系建设由基础设施的全覆盖向优化服务管理转型，由体系内的阅读推广向统筹社会力量推进全民阅读转型。不断地探索新的服务模式，提升服务效能，致力于构建布局合理、发展均衡、覆盖面广、全面开放、覆盖城区的公共图书馆服务体系，体系内部实行统一资源建设、统一服务标准、统一开展读者活动，现设有预约借书、送书上门、远程咨询等多种特色服务，现已成为苏州市民生活中不可或缺的公共文化空间。

（二）苏州图书馆的智慧空间

1.智能立体书库

国外图书馆以及研究人员早在20世纪80年代就开始使用机械拣货式叉车进行手工检索文献的哈佛模式立体书库。尝试探索利用立体书库解决查找存储图书效率低、馆舍书库空间不足等问题，并取得了系列成果。随着自动化存取系统（ASRS）的广泛应用，立体书库也进行了智能化升级。苏州图书馆北馆智能书库是国内第一个大型智能化立体书库，能够容纳700万本图书，通过机电一体化作业，实现图书智能存储、调配功能。智能立体书库分为四个库区和一个库前分拣区，分拣区可为56个分拣目的地提供图书分拣服务。

　　智能立体书库分为智能书库 WMS 系统、自动化存取系统、高速分拣系统、货物自动化输送系统、订单拣选设备系统、智能 AGV 接驳运输系统、设备控制和监控系统等子系统。其中智能书库 WMS 系统打通了图书馆业务管理系统，通过自动订单挑选、文献传送等功能对接外借图书系统，在提高馆藏图书利用率的同时，能够大量激活长期未借阅图书。同时智能立体书库中的视觉识别系统，可以自动分析图书热度并确认图书入库的准确性，自行调整入库策略和货位分配策略。自动化存取系统通过货架单元、高速提升机、堆垛机、智能分拣线、智能穿梭车、书箱、REID 终端、AGV 小车、控制元件、自动输送机等模块实现货物的自动化存取（出入库），并将出入库货物输送至拣选台。读者可通过图书馆内分布在各处的智能借阅书柜完成借阅，当智能借阅书柜中的图书库存不够时，WCS 系统将对设备下发指令，四向穿梭车配合高速提升机完成出库作业，将待借阅图书运送至打包机进行标签制作，AGV 将加工后的图书运送至收货区，工作人员在收货区取书后，对各处的智能借阅书柜进行补书。当读者通过智能借阅书柜完成还书时，AGV 将搬运的书籍送至货到人拣选工位，工作人员将快速完成补书作业，WMS 系统将待入库的书箱分配到对应的输送线，送至穿梭车自动化立体仓库，四向穿梭车配合高速提升机完成入库作业。智能立体书库实现了图书的智能存取，大幅度提高了工作效率，通过自动存取和分拣系统，发起图书借阅需求到送至服务台仅需10分钟，实现了每日2万本图书的高效存取，为全局部署总分馆资源、综合应用馆藏文献资源提供基础支持。

2. 数字体验馆

2021 年，中央网络安全和信息化委员会印发《提升全民数字素养与技能行动纲要》，提出着力拓展全民数字生活、数字学习、数字工作、数字创新四大场景，激发全民建设网络强国和数字中国的积极性、主动性、创造性，提升全民数字化适应力、胜任力、创造力。为拓展公众的数字化体验视野，苏州图书馆新馆建设时围绕"建设立体化、多维化、富媒体化知识内容体系"的全国智慧图书馆资源建设目标，利用 VR、增强现实、3D 显示等新技术打造了数字体验馆，数字图书馆共 385 平方米，位于五楼南区，改变了以往静态阅读的模式，实现服务场景和阅读模式的立体化，丰富与提升用户的服务体验。

（1）VR 心理体验中心（VR Psychological Experience Center）。在 VR 心理体验中心中，用户能够利用心理关爱自助系统、VR 心理体验系统可视化、趣味性地解读自己的心理状态。例如心理关爱自助系统依据经典心理学理论，采用瑞文高级推理测验、康奈尔医学指数、艾森克个性测验等高信效度心理量表，将人的心理特征数据化，全面评估读者的心理健康状况，帮助读者准确高效地了解自身的心理健康状况，读者可选择感兴趣的内容进行自助体验。

（2）综合体验区。综合体验区可以实现带给读者沉浸感、互动性、想象性的虚拟现实学习体验、体感 AR 拍照体验、3D 互动立体书体验、裸眼 3D 体验等功能。综合体验区运用 VR 技术、增强现实技术、3D 显示技术，使读者与虚拟现实的三维环境场景进行交互，将抽象知识具象化、可视化，为科技、工程、艺术、数学等学科教育带来前所未有的体验。例如，3D 互动立体书体验利用增强现实技术将传统纸质阅读拓展为 3D、互动、有声的阅读，让立体生动的虚拟景象出现在阅读者眼前。强大的交互性增强了读者的代入感和参与感，从而提升读者的学习乐趣和自主性。

（3）VR 自由体验区（VR Free Experience Zone）。由 VR 一体机、VR 虚拟头盔、VR 全向行动平台构成，读者可以自由探索虚拟世界，并进行多感官互动，加强了与用户的交互性，其带来的逼真性也为用户体验带来了革命性升级。VR 互动体验使用三维立体图像和虚拟现实技术，将知识服务以更立体更生动的方式呈现给用户，用户可以通过手势或者身体动作进行操作和交互，360 度移动追踪和指引系统提供空间定位，使参与者在虚拟世界可自由探索，并与虚拟世界发生多感官真切互动，进一步增强了用户在图书馆中的参与感和沉浸感。

3. 设计图书馆

"大众创业、万众创新"，"双创"是推动发展的强大动力。众多图书馆都根据自身馆情构建了属于自己的创客空间，为创业者提供文献咨询、办公空间等便利条件。苏州图书馆受创客文化影响，打造了以"设计"为特色的设计图书馆，是国内第一家以设计为主题的特色图书馆，面积约 700 平方米，配有设计发布厅和设计展示厅，位于苏州图书馆北馆五楼。设计图书馆为设计师、创客提供了文献资料查找、设计产品展示、信息情报查询等服务，截至 2020 年底，设计图书馆提供图书 9646 册、杂志 47 种，供设计师自由借阅。"联合办公 + 文创产品交易平台"是设计图书馆为设计师活动提供共享办公场所和设施，在这里设计师们能够进行创意交流、新技术体验、产品展览等活动。例如开展"创客 @ 图书馆——我与中华古籍创客大赛"展，展览展示创客在文化传承中的优秀成果；公众号开辟"匠心"主题信息推送，为公众科普著名设计师生平和优秀作品。除此之外设计图书馆设有联合办公空间，引进苏州市文产办、建设银行、宁波银行等产业服务机构和金融服务机构以及一些设计类的行业协会，为创业者、团队等提供工商注册、政策咨询、知识产权保护、法务辅导、投资辅导、政府类项目申报咨询等一条龙服务。另外还将结合原有情报信息服务产品，为创客和设计类企业提供科技查新、行业简报、舆情监测等方面的服务，打造产、学、研、资、服一体化平台。

4.数字图书馆

2022年中共中央办公厅、国务院办公厅印发的《关于推进实施国家文化数字化战略的意见》提出，要建成文化数字化基础设施和服务平台，形成线上线下融合互动、立体覆盖的文化服务供给体系。利用数字化为文化赋能，已经成为推动公共文化服务高质量发展的必由之路，随着文化数字化步伐的加快，众多图书馆纷纷利用大数据、人工智能等新技术为公众提供优秀的文化数字产品。在此之前，苏州市政府打造苏州市公共图书馆资源共享平台，突破行政区域界限，推进全市公共图书馆资源的优化配置、通借通还，并与上海图书馆对接，致力于实现长三角区域图书馆资源互联互通。根据读者的需求，苏州图书馆设立了面向毕业生等就业人群的就业数字图书馆、面向音乐爱好者的库克音乐数字图书馆、以儿童绘本为主的赛阅图书馆。同时为读者提供线上展览、阅读等知识服务，多渠道满足读者线上阅读文化需求。例如开展"你陪我长大，我为你读诗——诗歌诵读大赛""阅读伴我成长短视频征集展示活动""馆藏资源使用攻略""苏图盲盒""前沿科技里的高光时刻它们的前缀是'中国'"等线上活动。除此之外，苏州图书馆大力发展文化数字资源的统筹和整合，开发了文韵苏州、江南文化讲座、苏州记忆、老照片、文化苏州、地方文献剪报、苏州名人、民间文艺、苏州现代方志以及苏州市地方文献等特色文化数据库，让读者足不出户就能深入了解苏州文化。

5.音乐图书馆

音乐图书馆位于苏州图书馆北馆五楼南区，为读者提供时光隧道、乐享时光走廊、HIFI体验室、录播室等功能。同时配备唱片机、环绕音响、

CD 机、沉浸式体验区、剧场椅及丰富的黑胶、CD、图书等音乐资源，满足读者不同的需求。音乐图书馆侧重馆内经典资源的鉴赏与音乐知识的普及，以西方古典音乐及中国传统音乐等方向展开推荐，开展了"音乐的力量"系列活动以及"听·说乐读课堂"导赏音乐会，通过边学边欣赏的方式带领读者领略音乐的魅力。2020 年以"冬梦""春暖""夏鸣""秋雨"四季时间线开展多种主题资源推荐，2023 年，在拉赫玛尼诺夫诞辰 150 周年，邀请苏州大学音乐学院林洛安老师与苏州交响乐团大提琴助理首席为读者带来一场名曲导赏音乐会，带领读者一起走进这位被誉为"二十世纪钢琴之王"旋律大师的音乐世界。不仅让读者体会优美的旋律和浓郁的情韵，更是当代文化精神的传承和表达。同时为有需求的读者配备了录播室，能够实现录制、配音、混合、剪辑和收集吴地方言将其数字化等功能。

6. 苏州文学馆

2023 年 6 月习近平总书记在文化传承发展座谈会上强调，在新的起点上继续推动文化繁荣、建设文化强国、建设中华民族现代文明，是我们在新时代新的文化使命。为活化利用中华优秀传统文化，挖掘和展示地方特色，苏州图书馆围绕"苏州文学"为读者打造集文学展览馆、文学沙龙馆、文学图书馆、文学档案馆等功能于一身的苏州文学馆。苏州文学馆位于苏州图书馆北馆四楼北区，其中的苏州文学史展区充满了文学元素，展览展示了苏州各个时代的优秀文学作品、文学历史等，读者置身其中能够实现"移步换代"的效果，成为市民了解苏州文学的第二课堂。苏州文学馆在空间设计和服务品牌上融合了传统文化传承和现代图书馆理念，形成了中华优秀传统文化与时代精神相融合的特色空间形态。为了增加读者与文学的交互性和体验感，文学馆通过开展丰富多样、主题多元的专题讲座、座谈会等阅读推广服务提升空间功能。例如举办"天香读书会"进行名著围读，邀请文史学家、作家开展"领读＋分享会"等，广泛地科普了文学人物和

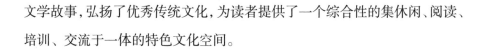

文学故事,弘扬了优秀传统文化,为读者提供了一个综合性的集休闲、阅读、培训、交流于一体的特色文化空间。

三、建设成效

苏州图书馆依托于大数据、物联网、云计算、Reid 等智能感知技术进行图书馆空间再造,为用户提供更加精确多元的信息服务。智能技术的应用,使苏州图书馆的服务功能、服务效能、服务边界都得到扩展和改善,苏州图书馆再造中的智能设备也已经逐渐兼具集成化、多元化和协同化等特点。苏州图书馆北馆作为新馆,利用新技术为图书馆的知识服务、空间体验、资源整合等提供了高质量发展的重要路径,打造集阅读、体验、学习、交流于一体的公共服务复合型空间,为读者提供社会化、专业化、个性化服务。近几年,苏州图书馆先后被评为"全国公共文化设施管理先进单位""全国古籍保护工作先进单位""江苏省古籍保护工作先进单位""江苏省社会科学普及示范基地和研发基地(2020—2023 年)"。

(一)创建了智能空间服务业态形式

苏州图书馆勇于探索和创新,找准自身定位,前瞻性把握时代脉搏和业界发展趋势,顺势而为,在智能空间再造的过程中将图书馆服务理念与空间再造工程融合,进一步发挥图书馆内空间功能,走出一条苏州模式的智能空间再造之路。苏州图书馆创新服务内涵,搭建服务载体,进行了音乐馆、文学馆、数字图书馆、设计图书馆、市民展厅等馆中馆的设计,通过打造信息服务空间、网络数字空间、公共文化空间等多元化空间模式,引入餐饮、咖啡厅、文化超市、教育培训、创客空间等多业态形式,满足了读者多样化的客观需求,吸引到更多人走入图书馆,体验图书馆,实现了"服务空间"到"空间服务"的转变。在虚拟空间再造方面,苏州图书馆搭建共享开放微服务平台,支撑各平台的前端应用服务;开发苏州图书馆数字阅读平台、阅读大数据即时展示平台、智能立体书库相关大数据即时展示平台、阅读成长记录平台，其中数字阅读平台获评 2022 年度社科普及惠民扶持项目，为读者提供专业化、有针对性的知识服务。

（二）构建了智能资源管理和服务体系

苏州图书馆以"智慧图书馆"的新定位，针对馆藏特色、主要功能、重点服务群体、空间布局进行整体谋划，推进苏州图书馆空间设备严要求、高标准的智慧化改建，因地制宜地为读者提供高质量的公共文化服务。北馆智能立体书库作为苏州图书馆文献保存、流转中心，大幅度地提高了文献利用率和总分馆之间的协调调配水平，更高效提升用户获取体验。苏州图书馆北馆开馆以来，通过网借对接书库的使用统计情况，初始化入库图书（即原来打包存储于仓库的图书）占到目前网借图书总量的40%，大量原本无法流通的文献资源得以重新流通，充分发挥了馆藏文献价值，大幅提高了文献资源的利用率，为苏州图书馆持续发展提供新的动力和增长点。根据苏州图书馆年报显示，2019 年全年，苏州图书馆服务读者 1205.9 万人次；2020 年新馆开放后，仅线上服务读者就达到 4503.09 万人次，大幅度地提升了服务效能。

（三）打造"市域一体化"服务模式

苏州图书馆发起成立苏州市公共图书馆联盟，联盟成立后，苏州市域范围内的公共图书馆协同开展服务体系标准建设、阅读推广项目联动等，推动市域公共图书馆实现资源整合、发展聚合。同时，强化一体化顶层设计，主动融入"上海大都市圈、长三角区域协同发展、市域一体化"等高质量发展主攻方向，抢抓长三角高质量一体化发展重大战略机遇，加快推动优势乘数叠加，打造具有强大竞争力和带动力的高能级共同体，重点打造"长三角阅读引领（区）融合发展协同体"，科学统筹实现资源共享、活动联动、服务融合，加强与上海图书馆、南京图书馆、浙江图书馆等同行业机构以及其他各类型相关社会力量的紧密对接、精准衔接、积极配合、协同发力、相互赋能，不断提升自身核心竞争力。

（四）稳步推进书香社会建设

2020年，中宣部印发《关于促进全民阅读工作的意见》，提出在全社会大力提倡多读书、读好书，建设书香社会、书香中国，不断提升人民思想境界、增强人民精神力量。苏州图书馆以全面建设书香苏州为契机，在城区总分馆服务体系已基本实现全覆盖的基础上，创新公共文化服务方式、拓展服务渠道、健全服务设施、深化服务内涵、优化阅读产品供给。以"书香苏州 APP"建设为依托，提升移动智能服务能力和水平，鼓励民众通过远程服务利用图书馆，制定相应的图书馆积分激励计划，对民众利用图书的行为进行规范和激励，推动全民阅读进程。根据苏州图书馆场馆空间功能和服务对象需求，重组创新，分层次、分年龄推出交互式、沉浸式阅读推广活动，将馆内优质品牌活动资源向总分馆服务体系延伸，将"固态"的常规工作转变为"液态"的可流通的服务项目，形成阅读推广"一体策划、一体采集、多渠道传播"的工作格局，进一步完善立体化阅读服务体系建设和书香城市阅读网络，为苏州市民提供普惠均等方便高效的公共图书馆服务。

四、相关启示

近年来，以 AI、5G、物联网、云计算为代表的新兴技术的飞速崛起深刻改变着人们的生活，传统图书馆的服务模式已无法满足现如今人们对知识服务的需求。在这样的背景下，加快智慧图书馆的建设进程，进行基于新技术的图书馆空间再造成为了推动图书馆发展的必然要求。苏州图书馆以更加多元化、智能化的图书馆空间推动图书馆服务的升级和转型，为读者提供更加优质的知识服务。

（一）精准定位图书馆空间再造的目标

在信息大爆炸的新时代，图书馆空间是为读者提供知识服务的主场所，因此在图书馆空间再造的过程中，不仅要注重技术的引领，更要将图书馆理念、地区特色、文化优势等元素融入到空间再造的过程中。图书馆的空间再造不能单从技术或者是人文角度出发，而是要综合考虑多种因素精准定位图书馆空间再造的发展目标。既要实现新兴技术的共建共通与融合发展，又要保留独属于图书馆的丰厚的人文底蕴。苏州图书馆北馆建设之初就指出要提升公共图书馆服务供给能力，利用高新技术，打造职能智能书库；精心设计环境，完善功能布局；结合市民需要，拓展物理空间，将苏州图书馆北馆打造成深受市民喜爱的集阅读、科研、教育、休闲为一体的文化空间。

（二）加强图书馆空间特色化建设

目前，图书馆的服务中心已经从"书本位"转变为"以人为本"。在以人为本理念的影响下，图书馆空间再造为了能够为读者提供更加多元化、立体式的服务，可以围绕地方特色、地方文化以及读者的特殊需求打造特色化的服务空间，注重特色服务，形成特色品牌，用尽"心"、用活"脑"、用足"力"提升拓展现代公共文化服务。苏州图书馆的设计图书馆就是按照苏州市政府提出的《"苏州制造"品牌建设三年行动计划》的有关要求，协助打造"苏州制造"而设立的。其创建的设计企业俱乐部、"匠心"品牌微信推送、举办的 3D 创意设计大赛和产品发布会都是助力政府建设国际知名的创新标杆城市的全新尝试。

（三）坚持技术引领空间全域互联

区别于传统图书馆空间的打造模式，现代图书馆应该把握图书馆再造的时代契机，深化图书馆行业智慧技术应用，推进图书馆智慧阅读服务，精准运用大数据、云计算、5G、物联网、智能机器人等技术为图书馆赋能。

通过人工智能技术与建筑技术的结合，充分融合学习空间、阅读空间、知识空间、休闲空间等图书馆空间，聚焦场馆、平台和资源，推动全面型智慧管理和引领型智慧服务建设，实现图书馆空间智慧化管理的精准着陆，使服务更加多元化、空间更加智慧化，为"全域互联"奠定基础，让图书馆从有限的物理空间发展为无限的全域空间，进一步满足读者动态阅读的需求。

第十四章　杭州图书馆

一、建设背景

　　民族的血脉和人民的精神家园，皆源于文化的滋养和传承。随着社会经济与科技水平的不断提高，人们对精神文明的追求也越来越高，文化事业的建设不断得到提升和重视。在二十大报告中，习近平总书记强调了文化建设的至关重要性，并提出了推进文化自信自强的宏伟目标，这将为社会主义文化的崭新辉煌奠定坚实的基础。在文化发展的大潮中，公共图书馆作为公共文化宣传的重要阵地，应当坚守马克思主义在意识形态领域指导地位的根本制度，以社会主义核心价值观为引领，不断发展社会主义先进文化，弘扬革命文化，传承中华优秀传统文化。"十四五"规划等法律、法规、政策的实施，均对图书馆公共文化服务提出了具体要求，这不仅为图书馆指明了各阶段的发展重点和方向，同时也推动着图书馆在主题图书馆建设理论研究与实践探索方面的进程。

　　在公共图书馆不断寻求发展的过程中，在"文旅融合"大背景和"空间再造"理念的倡导下，主题图书馆成为了公共图书馆事业进一步探究和发展的方向。主题图书馆是对大型综合性图书馆服务内容与形式的一种有益补充，是完善公共文化服务体系的重要组成部分，是图书馆开展特色阅读推广活动的新模式。近年来，公共图书馆尝试以主题为单元重组文献资源，赋以新的服务理念和管理方式，对图书馆空间、资源、服务与管理进行优化整合，从而实现对传统图书馆管理与服务模式的优化升级和转型发展。

在文旅大背景下，我国公共图书馆积极围绕主题特色探索转型发展，杭州图书馆就是其中之一。1958 年 7 月 1 日，杭州图书馆在杭州市上城区诞生，从古至今，杭州就是文人墨客荟萃之地，这座文艺气息浓郁、书香持续浸染的都市作为当代中国著名的学习型城市，始终追求城市大文化、大阅读、大流通和大教育，而在这一追求下，杭州图书馆这一城市公共文化服务机构功不可没。在这座城市的这种文化氛围中，杭州图书馆一直坚持着"平等、免费、无障碍"的服务理念，致力于打造一个让市民沉浸其中、流连忘返的"平民图书馆、市民大书房"，为市民提供卓越的阅读体验，以促进公共图书馆服务全民共享。在这一服务理念的支持下，杭州图书馆在杭州各区域设立主题分馆，让不同人群方便地利用所需的图书馆资源。在主题图书馆建设方面，杭州图书馆是探索和实践的典范。

二、建设内容

在宏观环境的推动和微观环境的浸润之下，杭州图书馆通过社会化合作和自建方式，以"平等、免费、无障碍"地满足市民需求为宗旨，不断探索建设，2006 年开始，杭州图书馆开启了探索未知领域的新征程——建设主题分馆，这段探索、建设历经 17 年时间，使主题图书馆在公共文化服务体系中得到了更加广泛和深入的研究和发展，为人们提供了更加丰富和多元化的文化资源。主题图书馆的探索建设可分为两个阶段。第一个阶段是 2006 年至 2017 年，杭州主题图书馆通过与社会化企事业单位合作及自建的方式，建立了 15 个主题分馆。第二个阶段是 2018 年至今，在《杭州图书馆主题分馆建设与管理规范》的指导下，杭州主题图书馆建成了 13 家主题分馆。截至 2023 年 5 月，先后共建成了 28 家主题分馆，分馆具体主题见表 14-1。28 家分馆富有鲜明主题特征，各有其独特的韵味和特色，深受读者喜爱，这些主题分馆，实实在在地构成了一张杭州书香地图。杭州主题图书馆的建设内容主要包括服务体系、服务模式、管理体系三个方面。

表14-1 杭州图书馆主题分馆

序号	杭州图书馆主题分馆	序号	杭州图书馆主题分馆
1	盲文分馆	2	宪法和法律分馆
3	棋院分馆	4	诗歌空间分馆
5	音乐分馆	6	茶文化分馆
7	佛学分馆	8	李白诗词文化分馆
9	生活分馆	10	钢琴分馆
11	运动分馆	12	国际分馆
13	电影分馆	14	党建分馆
15	科技分馆	16	球拍文化分馆
17	环保分馆	18	知识产权分馆
19	自然分馆	20	汽车4S店主题分馆
21	健康分馆	22	儿保分馆
23	东洲国际港分馆	24	康养分馆
25	南宋序集分馆	26	艺术分馆
27	城市学分馆	28	尚善分馆

（一）服务体系建设

杭州主题图书馆的建设主体并非仅限于杭州图书馆，建设历程由拥有合作资源的社会力量与杭州图书馆共同推动，这些力量构建起了一个社会合作性的服务体系，共同促进着杭州图书馆的发展。杭州图书馆以积极的合作态度、深厚的公共文化服务情怀和文化认同感为基础，寻找最适合的合作伙伴，这种新型的"共建共享"模式，为我国公共文化事业的发展提供了新途径。主题图书馆的产生和发展有其自身的逻辑，在主题图书馆的实践过程中，杭州图书馆不断加深对社会合作性的探索，不断深化与企业的合作机制，最终实现了全方位合作机制。这一全方位的协作机制可归纳为两类，一类是由图书馆和社会力量共同构成，另一类指社会力量与社会力量之间的协同合作。在这种多元建设主体协同合作的服务体系支撑下，图书馆实现了利用多元、紧密、不断扩大的社会合作网络，为读者提供真正"平等、免费、无障碍"的服务。

在图书馆与社会力量的协同合作中，图书馆在服务提供中占主体地位，负责具体的业务工作，例如配置文献资源、数字资源，为用户提供服务权限等，社会力量则承担起提供软硬件设备、设施的责任。在社会力量与社会力量的共同合作中，杭州图书馆的合作伙伴与更广泛的社会力量建立起紧密的合作关系网络，由社会力量承担起图书馆中具体的业务工作，图书馆则倾向于指导者的角色，鼓励并引导社会各界踊跃参与到公共文化事业的建设中。茶文化分馆就是社会力量合作的典型例子之一，由梅龙茶文化有限公司与中国美术学院共同承担茶文化分馆空间、资源、服务建设的责任，并在建设中不断拓展新的服务网络。

（二）服务模式建设

杭州主题图书馆以提供高品质的服务为目标，致力于打造一种独具特色的服务模式。以高品质、多元化为核心价值理念，将人文气息、城市文化氛围融入主题分馆建设，通过打造高品质馆藏文献资源、构建人文服务空间、开展多元文化活动等方式，构建高品质、人性化、特色化的公共文化空间，来实现为读者提供高品质的常规和特色服务的目标，进而提高全民素质。

杭州主题图书馆的定位为"一馆一主题""一馆一特色"，馆内资源都是为主题图书馆主题服务的，并且不断地开发、建设专业性信息资源，努力把单一主题发挥到极致，每个主题馆都会根据不同的主题向读者提供文献借阅服务和体验式互动服务，让读者能够根据自己的兴趣爱好，在不同主题馆得到个性化阅读服务和体验式互动服务，以"差别化、个性化、特色化、专业化"的服务满足用户的品质化需求。为了进一步实现服务品质化,杭州主题图书馆在馆舍建设上注重因地制宜,在馆内空间规划设计及馆内环境氛围布置上依据主题而定,使得图书馆空间布局科学、合理,主题及环境相辅相成。此外,主题图书馆结合主题需要,引进了很多设施设备以及人才资源,服务质量得到了进一步保证。例如盲人分馆配备了视障人士专用电脑、盲文阅读辅助设备和听书设备等,并有专门的馆员提供相关服务,方便盲人读者的阅读。

总分馆模式也是杭州主题图书馆的服务模式之一。通借通还物流配送服务即主题分馆中可以享受杭州图书馆文献借还服务并通过物流配送进行流转。这样读者可就近选择一个主题分馆来完成图书借还服务的工作,节约了时间成本。

(三)管理机制建设

杭州主题图书馆的管理机制主要从保障机制、标准规范机制和动力机制三部分进行建设。

在杭州图书馆主题图书馆的管理活动中,保障机制扮演着至关重要的角色,即为管理活动提供必要的物质和精神条件,以确保管理工作的顺畅运转,其涵盖了三个主要方面。首先是政策保障机制,杭州图书馆结合各类型主题图书馆的自身特点,制定与主题图书馆发展定位、发展规划相适应的政策保障机制,充分发挥其主导作用,例如《杭州图书馆主题分馆日常管理细则》等。通过这些制度保障使整个主题图书馆有一个明确的管理标准和奋斗目标,并以此作为开展各项工作的准则和依据,从而提高各主题图书馆之间协作水平,增强整体竞争力和服务水平,确保主题图书馆健康有序地向前发展。第二是资源保障机制,通过政府拨款以及其他渠道筹集资金来满足各阶段主题图书馆建设所需经费,达到促进整个图书馆事业持续健康稳定发展的目的。杭州图书馆与社会各界合作,引导和鼓励社会力量积极参与甚至主导主题图书馆的建设，由社会力量承担起建设中的图书馆资金、设备的筹集责任，以建立完善的资金、资源保障机制，保障服务顺利开展，拓宽服务影响范围。例如音乐分馆是由杭州图书馆全权建设和管理，主题图书馆的中心力量是杭州图书馆，而李白诗词文化分馆的中心建设、管理力量是社会合作机构，充分发挥了社会力量，保障了资金来源。最后是组织保障机制，杭州图书馆针对主题分馆的发展趋势，建立了一套完善的组织保障机制，不断创新组织架构，以确保分馆的高效运作。在组织形式上采取多元化的模式，既包括单一主体下的"一馆两制"模式，又包括多种主体间的混合管理模式，以适应各类主题图书馆各自特点，更好地发挥其作用。实际工作中，为了确保杭州图书馆与各个主题图书馆之间的整体结构有序合理、功能完备，杭州图书馆采取了一系列措施，包括为每个主题分馆配备专门人员进行统一管理，并根据不同主题图书馆的自身特性和发展需求设置不同层次的部门，同时规定各部门的隶属关系、职能和职权的分工等，构建了一个可持续发展的组织保障机制。

规范化和标准化对于主题图书馆的业务工作实践至关重要，它可以促进图书馆运行的统一、协调和高效，提高服务质量和效率，减少资源浪费，保证图书馆建设的质量和水平。杭州图书馆为了与各个主题图书馆在同一目标下实现协调一致，建立起了科学合理的标准与规范机制体系，在实践和探索中，推出了《杭州图书馆主题分馆装修标准》等规范机制，体现了杭州图书馆在各个主题分馆中管理和运行的特色。在具体运营中，杭州图书馆还通过设立专家咨询委员会等形式对主题图书馆的标准化工作进行指导、监督，确保图书馆的健康良性发展。

动力机制是图书馆不断向上、向好发展的驱动力量。图书馆的推动力机制在于促进馆员和图书馆双方的利益共享和责任共担，以激励馆员将图书馆目标的实现与个人积极性的发挥相互融合，从而形成推动图书馆事业向前发展的强大力量，建立起图书馆发展的内在驱动力。杭州图书馆在主题图书馆的建设实践中，建立了三种动力机制。一是以人为本，为馆员提供人性化的工作体系，建立以人为本的用人机制。在人才的选拔、培训等方面，充分考虑馆员需求，建立合理的工作机制，吸纳优秀人才。二是激励动力机制，杭州图书馆以激励性的动力机制作为驱动力量，通过激发馆员自我实现的需求，来提高馆员素质，调动馆员学习、履行符合图书馆规定或倡导的行为方式和价值观念，进而促进其主题图书馆事业持续健康发展。三是约束机制，杭州图书馆的主题图书馆事业发展离不开有效的、科学合理的评估考核机制。

三、建设成效

（一）服务体系完善，促进城市发展

随着信息技术不断发展，数字时代到来，人们获取信息越来越便捷，阅读需求也发生着变化，传统图书馆已无法满足用户多元化、多层次、多样化的需要，主题图书馆因此在公共文化服务中扮演了至关重要的角色。杭州主题图书馆通过细分受众群体，开展形式多样、丰富多彩的活动，为读者提供个性化和差异化的信息服务，让市民在多元化的阅读体验中获得知识与精神上的满足，提升全民素质和文明程度，这项建设成为了公共文化大发展、大繁荣中一项具有显著成效的举措。杭州主题图书馆的独特之处在于全面拓展了公共图书馆的服务范围，通过开展各种活动来满足人们日益增长的精神需求，为读者提供了更广泛的服务体验，提升了群众对公共图书馆的认同感，从而实现公共图书馆服务功能与价值的最大化。杭州的公共图书馆结合杭州市文化特色、产业特色等资源，考虑市民文化需求，以杭州图书馆为中心，辅以主题图书馆，使服务内容和范围得到了极大的增加，各种服务效果在公开中得到了体现、得到了促进，无形之中壮大了

图书馆服务实力、提升了服务水平、增加了服务能量，将服务触角伸向社会生活各阶层，全面参与地方社会文化生活，使文献资源共享、共建、共赢的举措得到了最大化。

主题图书馆一般由一个或几个馆址组成，每个主题分区内设有多个独立空间和功能区域，通过统一管理实现资源共建共享。杭州主题图书馆将杭州市各类不同性质和类别的图书馆资源整合起来，并使之成为具有共同价值取向、相互关联与合作互补的有机整体，为杭州市注入了新的行业活力，推动了杭州地方教育、经济等多个方面的发展，发挥着独属于主题图书馆的重要作用。杭州主题图书馆以其精准服务的主题活动、专业性极强的主题咨询服务和丰富的馆藏吸引了大量用户，无论是文献的收集、记录、整理、提供还是保管，主题图书馆都提供专业化的水准和服务，为用户提供更全面、更新颖的专业信息知识，在某一领域实现对城市的整体性影响，进而推动杭州市的发展。例如佛学分馆借助寺院和民间资源，形成了独特的佛学文化传播机制，对杭州市经济、政治、民俗等各个方面，都产生了重要影响。

（二）跨界社会合作，共建共享共赢

杭州主题图书馆通过与企业等建立长期的合作伙伴关系，构建了一种互惠互利、资源共享、优势互补的共赢机制，从而扩大了影响力，推动了产业的繁荣发展。服务的转型升级实现了跨界跨领域合作的探索，且随着"互联网＋"技术不断成熟，图书馆开始利用移动互联网进行资源共建共享，并将数字出版纳入其中，实现跨媒体阅读模式的创新。此外，杭州主题图书馆在合作提供专业化服务方面也取得了相当成效。

在我国蓬勃发展的经济社会背景下，除了潜藏于民间的巨大资本潜能，社会大众中也涌现出各式各样的专业人才。公共文化服务体系建设是一个庞大而复杂的系统工程，其中离不开社会组织和志愿者队伍的积极参与，尤其是作为公益性很强的图书馆事业，更是需要动员广大社会公众广泛参与进来，发挥其应有的功能。杭州主题图书馆以志愿者等多种形式激发公众参与图书馆工作的热情，有效地补充了图书馆资源。为确保志愿者服务的严格管理，杭州图书馆颁布了《杭州图书馆志愿者工作规范》，以规范志愿者的管理。该文件出台后，受到社会各界广泛关注，成为推动图书馆志愿者工作健康持续发展的重要保障之一。随着志愿者管理工作的日益深入，大量社会志愿者的涌入，有效缓解了杭州图书馆人力资源短缺的困境。在"互联网+"时代，图书馆的信息化建设也离不开志愿者队伍，利用新技术丰富馆藏文献信息是其未来发展方向之一。来自不同行业的志愿者们为杭州主题图书馆的创新发展提供了更多可能，帮助杭州主题图书馆吸纳到了更多优秀的资源，最大限度地发挥了杭州图书馆有限的力量和效能，从而形成了一种共同影响公共图书馆服务的氛围，实现共建共享共赢的目标。

（三）实现转型超越，提升行业地位

杭州主题图书馆在整合当地政治、经济和人文环境等多种资源的基础上，精心构建了一个适应当地社会文化发展和读者需求多样性的主题图书馆，实现了转型和超越。一方面，主题图书馆作为杭州图书馆的补充和辅助，细化服务内容，满足读者精细化、专业化的信息需求，从用户服务和资源细分化的角度实现超越转型。另一方面，主题图书馆提升了杭州图书馆的社会知名度和社会认可度，杭州主题图书馆扩大、深化了杭州图书馆的服务范畴和手段，提升了杭州图书馆的行业地位。

杭州主题图书馆在实践和探索中，取得了许多非同凡响的成就和荣誉，所开展的活动及各分馆相关动态被各种媒体报道，这都是其行业地位和社会影响力不断提升的显著体现。2017年，杭州市城市品牌促进会授予杭州图书馆科技分馆"品质卓越的体验点"称号，以表彰其在科技服务方面的卓越表现；2017 年，杭州市小学生读者空竹队在第二届国际空竹邀请赛中斩获团队表演金奖，成为了运动分馆引以为傲的荣誉。在 2018 年，诗歌空间分馆荣获"书香良渚全民阅读"最美阅读空间的荣誉，而运动分馆则被授予全国"发现图书馆阅读推广特色人文空间"的一等奖。各路媒体均曾对杭州主题分馆举办的相关活动进行过报道，报道内容从不同侧面反映出杭州主题图书馆活动在社会中所产生的作用及其社会影响力，进一步说明了杭州主题图书馆的服务优势和在整个行业中的地位提升。

四、相关启示

（一）树立品质化服务理念，打造服务品牌

公共图书馆是城市第三空间，其种类不断丰富与创新也同样扩大着服务对象活动空间范围。图书馆的功能随着时代的变迁而不断演变，以品牌为主题的图书馆为公共图书馆提供了变革的机会。主题图书馆应以细化服务内容与服务对象等方式向读者提供更多元化、更便捷、更快速的服务，使其成为综合性图书馆发展的一种有益补充。未来主题图书馆建设，要确立品质化服务理念、打造专深主题服务下图书馆服务品牌、提高服务水平和服务效能。主题图书馆服务专指性较强，主题图书馆建设比综合性图书馆更加关注用户，用户有更多参与到文献资源建设、主题活动策划中的机会。主题信息深度服务具有创新性和知识性，主题图书馆内比较集中和丰富的各类专题文献资源构成了它所提供的服务。同时其服务客体针对性较强，服务提供主体还需具备较高质量要求。所以主题图书馆在建设时，应做好馆员培训工作，使馆员有较好的专题服务技能及较深的专题知识背景，才能给用户带来深入的参考咨询服务及品质化服务的人才资源。

在未来服务品牌创建上，图书馆还可尝试提高主题图书馆科技水平以适应读者的需要。一方面，数字化管理可以促进主题图书馆管理效率与资

源利用率的提高，减少管理成本；另一方面通过数字化服务的提供，可以扩大网上主题馆的服务范围与服务能力，为读者节省时间并打破主题馆服务在时间与空间上的局限性。将主题图书馆和数字网络技术相结合，可使读者在线上直接体验多元化服务内容。另外，主题图书馆建设不应以大为目标，而应以图书馆特色为主导，整合各种资源，减少服务双方在时间和空间上的距离，继而树立图书馆服务品牌。

（二）建设社会化协同机制，共建服务网络

主题图书馆是中国公共文化服务体系建设、发展、创新中的重要一环，其建设也是一个长期而复杂的工程，因此主题图书馆在建设中不可避免地会遭遇专业领域陌生，资金、资源和场地受限等问题。主题图书馆在建设过程中，应采取广泛吸收社会力量参与，探索多元化合作途径，整合多种资源并进行合理划分等措施，使资源得到有效补充，提升馆藏合力并成倍地发挥社会效益。主题图书馆经费来源可通过各种渠道获得，包括政府的全额拨款、图书馆和社会力量的协作共筹、基金会的资助，以及商家或民间收藏家的自建经费。图书馆的合作对象选择具有高度的灵活性和多样性，档案馆、博物馆、企业等各类主体都可以作为合作伙伴，共建主题图书馆。灵活多样的合作模式能够弥补图书馆资源或服务方面的不足，实现各自资源与服务的共享，联合构建服务网络。主题图书馆要根据其建设目的与实际情况，对合作对象进行筛选与评判。主题图书馆在今后发展过程中，需探索构建长期有效合作机制，多渠道进行主题图书馆构建，发挥各方面力量优势，共建资源共享。主题图书馆建设中，社会参与的形式多种多样，需要根据已建主题图书馆的特点和特定需求进行协调，以吸纳更多共同合作的社会力量。

当公共图书馆所拥有的资源和能力不足时，积极吸纳社会各界的力量参与，是其可持续发展的重要保障。目前我国公共图书馆主要有政府主导

下的自建式与委托代理机制下的共建式两种运作方式。杭州主题图书馆的建设模式包括自建自营、共建共营和共建他营三种。当面临政府投入有限且难以满足图书馆需求的情况下，通过引入市场机制来解决资金不足问题成为一种必然选择。毋庸讳言，以市场为导向的经营吸收了大量社会资金注入公共图书馆建设中，使图书馆总体规模不断扩大，服务内涵不断加深，同时极大地提升了其文化服务影响力。图书馆和市场主体相结合，二者相辅相成，达到了共赢的目的。

（三）制定标准化管理体系，提升管理效率

标准化是促进公共图书馆实现服务均等化，管理效率高效化发展的有效途径。图书馆管理标准就是要实现图书馆在人员、资金、设施设备、图书馆共享及协作，质量评价及绩效评估方面进行有效的组织、运行及管理，制定图书馆管理标准旨在提升图书馆科学管理水平，保障图书馆高效运行，让图书馆所具有的各种资源发挥出最大的效益，最终以管理促进办馆和读者服务。推动标准化体系建设作为我国公共图书馆服务体系建设过程中的关键任务，不仅能够助推主题图书馆总分馆体系的建设，还可以促进主题图书馆向品牌化方向发展，给整个图书馆服务体系发展带来新的生机，因此，标准化体系建设是主题图书馆未来进一步发展的必然选择。

管理体系标准的构建可以从设施设备管理标准、业务管理标准和组织管理标准三个层面展开。设施设备管理标准就是为了保证图书馆各项设施设备正常使用和科学管理而制定的有关准则，例如阅览桌椅配套规范、电子阅览室终端数量规范以及无线网络覆盖规范等等；业务管理标准主要指围绕着图书馆全部业务工作正常进行所建立起来的管理准则，例如业务统计准则、评估准则、绩效管理准则、业务工作监督与管理准则；组织管理标准是指图书馆为完成组织运行而制定的相关标准，包括岗位管理标准、理事会管理标准、志愿者管理标准等。

在制定管理体系标准时，应坚持公益性、因地制宜、定期更新、循序渐进等原则，以完善和深化主题图书馆标准化体系建设、推动主题图书馆规范化建设、增强行业影响力为目标，全面推进主题图书馆管理体系标准化，进而提升主题图书馆管理效率。

（四）推进融合化发展模式，深化创新合作

图书馆融合发展就是图书馆间或图书馆和其他产业互相渗透交叉并最终融合为一体。图书馆融合发展注重图书馆和社会力量共赢。双赢的思路有利于两大主体决策者和实践者用更主动、更开放的态度积极地促进图书馆与社会力量深度结合，促进新时代大背景下两大主体转型升级。党的十九大报告提出，要深化文化体制改革，建立社会效益与经济效益统一的制度体系。尽管公共图书馆服务和文化产业均旨在满足公众的文化需要，但是公共文化服务满足公众一般性和基础性文化需要，而文化产业满足公众特殊性和个性化文化需要，在此基础上二者才能达到协同发展。在满足基础性文化需求的同时，社会公众的文化需求也提升到特殊化和个性化的要求，必须开发出与之相适应的特色文化服务产品，以满足用户专业性、多样化的文化需求。

从组织框架上看，主题图书馆建设呈现出社会化融合趋势。图书馆可依据自身的特点在社会化合作模式与行业内合作模式之间做出抉择，然后循着社会化融合这一模式，试图通过社会化合作来实施经营。该模式既能够满足市民读者对文化的多样化需求，又能够很好地解决由于行业和体制造成的相互合作难题，使主题图书馆得到繁荣发展。

（五）提升图书馆创新能力，加强资源建设

主题图书馆的进一步发展需要建立在其所拥有的丰富资源之上，这些资源是主题图书馆深化发展的根基。主题图书馆应重视资源完整性与多样性，对文献资源进行优化配置，进而达到共建共享。主题图书馆所收录的

文献资源，通常是城市历史长河中的珍贵积淀，是一个城市文化的记忆，除了确保其资源建设具有完整性、规划性、开放性、原生性、时代性和创造性等特点外，还应主动担负起图书馆保护文化遗产、构建特色数据库以及促进特色馆藏文献数字化等社会责任。主题图书馆建设应结合社会需求和社会知识变化情况，作出长远、全面的科学规划，确定建设步骤，切忌为增设某个"主题"，一味地建立某个主题图书馆。与此同时，建设主题图书馆的第一推动力就是需要，如果对这一主题要求较低可以不要求，就不需要为追求"新"去增加主题图书馆。资源的构建是个缓慢积累渐进过程，不追求大而全，而追求小而全、小而精。主题图书馆资源专业性强，势必需要资源新颖性强，所以主题图书馆在资源建设时要十分注意后期的资源更新工作。需要对特定主题领域内的书刊、视听资料和各类数字化资源进行连续稳定的购买，并建立起具有一定规模的文献资源是目前多处主题图书馆资源建设中的通行做法。

总之，主题图书馆发展一方面对传统图书馆在空间、结构和功能上进行了重构；另一方面在服务上不断创新，在文化责任上承担新的责任，这反映了公共图书馆在服务上专业化、个性化、多样化发展的趋势，也是以人为本理念在其服务上的进一步落实。这是一种低成本高回报投资，以创新建设模式使公益性和商业性相结合达到共赢。

立于新时代背景下，主题图书馆要通过整合资源积极主动地探索出一条新型的图书馆发展模式。主题图书馆作为一种新的图书馆形态，"自上而下"还是"自下而上"至关重要。以政策为导向，主题图书馆要在符合城市发展规划的前提下进行正确选择和确立科学合理布局，同时要在创新发展中强化资源建设促进主题图书馆稳定发展。

第十五章 广州图书馆

一、建设背景

（一）时代背景

20世纪八九十年代，以英、美为代表的西方国家的专家学者就开始了图书馆空间建设的相关研究。英国国家图书馆在2005年制定的战略规划中重新定义了图书馆的发展主题，大力倡导"第三空间"的建馆理念。紧接着2009年在意大利都灵国际图联再次将"作为场所与空间的图书馆"作为会议主题，图书馆空间研究逐步成为学界的研究方向。进入21世纪，随着中国改革开放水平不断提升，经济发展稳步提升，人们生活水平持续改善，图书馆新馆建设也再次迎来了建设高峰，全国各地都在积极投入新馆建设。广州作为国家9大中心城市之一，是经济、文化、科教的聚集地，广州图书馆自然也成为国内公共文化服务领域的杰出代表。广州图书馆新馆于2004年正式被政府立项，2005年确定了图书馆建设设计方案，并于2006年开工建设，历时6年完成主体工程，在2012年12月28日开始对公众开放。它坐落于广州市"城市客厅"的花城广场，与广东省博物馆、广州大剧院、广州第二少年宫共同形成文化共同体，成为广州一张亮丽的名片。

（二）基本现状

广州图书馆优越的地理位置、先进的硬件条件、创新的服务理念，成为公众心中最受欢迎的"打卡地"。图书馆设置多样化服务框架，区分基本、对象、主题和交流服务功能区域，设立广州人文馆、《广州大典》以及历史文化研究基地等能够展示广州人文的特色场馆，同时区分读者不同年龄不同需求，设立了亲子阅读馆、视障人士阅读馆、技能学习区、阅读体验馆等多样化服务区域，为公众打造了全人员全方位的综合服务场所。据广州图书馆官网报道：广州图书馆藏量1156.0万册（件），阅览座位4500个，网络节点4000个，无线网络全覆盖，公用计算机694台，全面应用无线射频识别技术（RFID）、文献自动分拣系统、自助服务设备，使公众文献检索、阅读体验、借阅流程更加集约高效。日均接待公众访问2.7万人次、外借文献3.7万册次。开馆40年来，广州图书馆创造了我国公共图书馆许多服务纪录，如率先实行图书开架阅览、全部数字资源的互联网服务、大幅度提升读者证外借文献数量，也使其跻身世界公共图书馆前列。

（三）着眼未来

展望未来国际社会，世界各国国力的竞争已经从政治、经济、文化水平的竞争逐步演变为国民素质之间的竞争。党的二十大指出，"深化全民阅读活动"，提高全体国民的阅读普及和阅读素养成为当务之急。公共图书馆是全民阅读的重要载体和集聚场所，现代图书馆逐步成为城市的信息服务中心、公众学习阅读中心、文化交流中心，所以要加强场馆建设、强化服务理念，以便更快更好地推动全民阅读活动纵深发展，提升国民整体文化素养。广州市政府表示，广州图书馆经历了以藏书为主要功能的第一代图书馆和以开放阅读为主要功能的第二代图书馆，未来将广州图书馆打造成集交流、学习、工作于一体的第三代图书馆发展模式，用"智慧、创新、包容"理念牵引规划阅读、交流、主题和体验四位一体的文化活动空间，全方位兼顾公众需求，在空间资源有限的条件下，细化自修区设置，适当增加阅览座位，同时优化馆藏空间，增加活动共享空间，不断满足读者个性化、精细化阅读需求。

二、建设内容

中国图书馆学会副理事长吴建中先生指出："图书馆空间再造的目的是发挥图书馆的学习体验功效，塑造书籍、艺术与创意的体验交流场所。"广州图书馆不仅是"藏书空间""阅览空间""休闲空间"，更是致力于打造"智慧空间""交流空间""体验空间"。

（一）总体设计

广州图书馆新馆坐落于广州市的新城市花城广场，据该图书馆官网信息显示，其总建筑面积 9.8 万平方米，场馆占地面积 2.1 万平方米，是世界范围内规模较大的城市图书馆之一。建筑设计既体现宏伟大气、现代时尚的风格，又突出图书馆的鲜明特色和个性需求。

整个场馆的设计突出三个特点：

一是"美丽书籍"的设计理念。书是图书馆最典型的标志，当我们拿起一本书，会感到书籍的厚重与知识的芳香，一本本书整齐地排列在书架上，让我们感受到知识的芳香和文化的气息。广州图书馆的建筑外形犹如书籍的堆砌叠加而成，象征着智慧是通过一层层知识不断累积而成的。

二是"之"字的优雅造型。图书馆建筑以东西为走向，以南北塔楼为建筑主体，成"之"字优雅造型。之所以以"之"字为设计造型，主要寓意为书籍的重叠，历史文化的厚重积淀，象征着人通过书籍的积累通往智慧的彼岸。

三是岭南的"骑楼"特色。骑楼是岭南的一种商住的建筑，沿街二层以上用立柱支撑挑至街道外，从而形成内部的人行通道，不仅遮风挡雨、遮阳避暑，还可以提供更广阔的活动空间。设计师巧妙融入骑楼的文化元素，对图书馆入口进行挑高设计，体现了岭南独特的建筑特色，2011 年入选"新广州好"百景。

此外，图书馆还设立了很大的中庭，扩大了读者交流和活动的空间，读者可以在这里休息、观看展览、参加活动，开放式的书架，也使读者获取图书更为便捷。体现了广州图书馆平等、开放、包容的设计理念。

（二）空间功能布局

广州图书馆内部空间以实用性与统一性为突出特色，优化空间布局，达到舒适、便捷、灵活、科学以及安全的要求。广州图书馆长 140 米，宽 80 米，高 50 米，区分南楼和北楼，其中南楼 8 层，北楼 10 层，地下有两层。广州图书馆按照服务功能主要区分为四类功能区域，主要包括普通文献、主题、对象以及交流四大功能区域。其中普通文献区主要集中在北楼 3—7 层，包含综合图书区、文学图书区、普通视听资料区、考试资料区等，服务项目重点是为公众提供图书借阅服务，并配备大量阅读桌椅，方便读者阅读、查找各种文献资料；主题区集中在北楼 8—9 层以及南楼的 6—8 层，包含广州人文馆、多元文化馆、创意设计馆、创客空间以及广州大典研究中心、多媒体鉴赏区等，同普通文献区相比，主题空间设置了更加方便快捷的小型交流区，可开展小型沙龙、论坛、小型展览等主题交流活动。对象服务区主要集中在北楼 1—2 层、南楼 2—5 层，包含视障人士服务区、普通视听资料区、亲子绘本阅读馆、悦读馆、信息功能学习区、电子阅览室、阅读体验区等。可为不同年龄、不同情况的公众提供全方位的阅读体验。交流服务区主要集中在地下负一层，包含展览厅、交流培训室以及纪录片研究展示中心等，这些服务空间为图书馆顺利开展讲座、展览、会议、沙龙、交流、鉴赏等提供了重要保障场所和空间。

（三）智能化发展

广州图书馆不断探索智能化技术对空间再造的应用，通过图书馆建筑空间、设施设备的智慧化改造，实现文献编目、分拣、盘点、流通等业务的智能化升级，为公众提供更加优质、专业、便利的服务。在各楼层公共服务区域设置公用计算机近 700 台，有线网络节点 4000 余个，无线网络实现全楼覆盖。2015 年，广州图书馆便引进 RFID 自动化分拣系统，不仅实现了高效智能化的目标，同时实现了低噪声、低损耗以及低空间占用的要求，使空间效能作用进一步发挥。2016 年 4 月 1 日广州数字图书馆开通运行，集成了全市中心馆、专业性分馆和区域总馆的数字信息资源，向公众提供统一网上图书预约、续借、检索、咨询等服务。数字图书馆的推广应用为广大读者提供了便捷高效的智能化信息服务，极大节省了实体空间的运用。此外广州图书馆率先引进了 AR 智能化导航书架、大数据管理以及图书检索定位等智能系统，业务效率成倍增长，智能化图书馆的雏形已然形成。2021 年研究制定的《广州图书馆 2021 至 2025 年发展规划》更是突出云计算、物联网、VR、AR 以及 5G 等推广运用，持续推动广州图书馆空间、资源的智能化升级。

三、建设成效

党的十八大以来，广州市深入推动"图书馆之城"建设，推动重大文化基础设施进入新的发展期。广州图书馆抢抓发展机遇，深化图书馆传统功能向社会公共空间功能改造，图书馆空间运用、服务功能实现新突破，2014 年广州图书馆基本服务在全国公共图书馆排名首位，创下国内公共图书馆服务纪录，成为广州城市公共服务的亮丽名片和国内外公众的"网红之地"。

（一）自然共生与以人为本相互促进

广州图书馆是广州市公共服务建筑之一，设计伊始就以绿色建筑作为其根本的标准和要求。在地理位置和空间布局上，与广州塔、广东省博物馆、广州大剧院等建筑构成"远交""近和"的空间关系，共同打造了城市的公共文化空间。广州图书馆从屋顶着眼绿化的设计，用不同高度的植被抵挡炎热的阳光，同时与天台花园构成有机整体。从空中俯视，图书馆顶层景观与花城广场遥相呼应、浑然一体，充满着和谐、韵味、整体之美。图书馆天台设立了观景台，公众可以一览无余看到广州塔等城市景点。在地下一层设有地下庭院，成为公众的休闲娱乐空间，使得读者在学习之余感受自然之美，身心得到缓解和放松。广州图书馆秉持"以人为本、便捷高效"的建筑理念，做到美观与科学结合，服务与感受并存。图书馆在一层设置阅读体验区，在北楼 8 层设置休息室、咖啡厅等空间，使得读者可以在学习之余得到休闲体验。设计师充分考虑室内自然采光对读者眼睛保护的需要，通过设置玻璃幕墙和天窗达到良好的自然采光效果，一年四季阳光都可以透过天窗和幕墙覆盖馆内绝大部分区域，营造舒适温暖的阅读环境。

（二）创新空间与传统服务相得益彰

传统图书馆重点以藏书、借阅等基本服务为主，而当今时代公众对共享知识、交流文化、休闲娱乐等多元服务的需求与日俱增，推动图书馆建筑空间向多元化服务发展。广州图书馆紧紧围绕读者群体的服务需求，搭建对象化、主题化、专业化的活动空间从而满足不同用户的需求，实现空间利用的集约化、高效化。广州图书馆设置了便捷、高效的借阅空间，同时又增设了报告厅、展览厅、玩具馆、研究写作室、阅读体验区等多样性空间，满足读者不同文化需求。设置的家谱查询中心与美国犹他家谱协会进行深度合作，可为全球提供家谱查询服务。阅读体验空间创新了阅读方式与文献形态的融合模式，公众可感受媒体与阅读的场景式、沉浸式阅读体验空间。此外，近些年广州图书馆为迎合用户和社会需求积极开展创客培训和教育，提供创客空间与配套资源，为个人和团体搭建创新实践平台，为设计制作、文献提供、分享交流分别提供专门区域。2016 年还打造国内首个面向全民的"一起创"创客大赛，充分调动了图书馆与社会各界的沟通与联系。

广州图书馆拓展空间的新功能与传统功能浑然一体，既构建起公共阅读体验的"七梁八柱"，又强化了社会服务的"共享空间"，使得图书馆更具社会效益、更具生命活力。2015年，图书馆外借文献数量首次突破1000万册次；2017年广州图书馆日均接待公众访问2.5万人次、注册读者994人次、外借文献3.6万册次、举办活动8场次，创造了我国公共图书馆的服务纪录；2018年，图书馆年度接待访问量突破830万人次；2021年，图书馆注册读者量突破200万人。伴随着阅读人数的暴涨，广州图书馆的活动数量也与日俱增。近十年来，广州图书馆吸引读者参加活动人次增长7倍，峰值达到227万人次／年；参加活动人次占图书馆接待访问量的比重增长4倍，历年均值为21%，读者转化率（新增注册读者量占参加活动人次比值）历年均值达到27.5%，可见读者对图书馆的喜爱与拥护。

（三）阅读推广与知识传播效果显著

推动全民阅读是我国文化事业创新发展的重要举措，根本指向是国民基本精神素养和综合素质的跃升。公共图书馆除了为民众提供大量的文献资源外，还可借助空间场所开展丰富多彩的阅读推广活动，激发全民阅读的积极性，在社会营造良好的阅读氛围。广州图书馆以交流活动为窗口，搭建公共文化活动平台，促进知识的交流与文化传播，将全民阅读推广与文化交流活动捆绑起来，同步筹划、同步组织，有效拓宽了图书馆传播与阅读推广的新路径，即通过交流活动吸引公众流量，公众更多了解和认识图书馆，重塑公众对图书馆的认知，吸引更多的读者来到图书馆，更多读者参与交流活动。从图书馆近年来阅读推动活动实践来看，2016年以前广州图书馆主要活动围绕吸引更多的公众走入图书馆，提升全民阅读意识；2017年则更多举办文献的阅读推广活动，使目标指向更具针对性；到了2019年阅读推广活动占比全年活动总数的半数以上，阅读推广活动作为基本服务的目标指向更清晰更具体。2023年《广州市"图书馆之城"建设年度报告（2022）》中首次提出了"全民阅读保障率"，通过数据显示广州市公共图书馆对于全民阅读的保障情况，为全民阅读的可持续发展在制度上提供了强有力的支撑。

（四）公共平台与文化品牌逐步打造

广州图书馆于 2014 年设置了"广州之窗"城市品牌形象推广大厅，并于 2015 年被广州市政府确立为全市的中心图书馆，并创立广州大典研究中心，通过搜集、汇编和保护广州文献典籍，大力传播弘扬广州的悠久历史文化。2018 年，广州纪录片研究显示中心挂牌成立，该中心是国内首家开展纪录片收集、整理、研究和展示的公共平台。依托"广州数字图书馆"资源平台，可实现跨平台信息检索、知识发现和服务咨询等功能。打造资源聚合平台，是知识服务与共享的有效方式。此外，自 2012 年以来，图书馆创立的文化交流活动品牌达 50 余个，譬如依托人文馆举办文化名家讲座；"羊城学堂"面向社会公众开展人文历史、科普教育、经济民生等方面的讲座；"友创意"创意设计馆品牌活动，为广大读者搭建一个展示、交流、学习艺术设计的平台，打造创意设计信息共享空间；依托多元文化馆开展"全球之旅"交流活动，依托语言学习馆组织外语培训活动，依托交流厅开展文化艺术鉴赏，等等。形式多样内容丰富的文化品牌创立，既有效利用了现有空间资源，同时为空间功能再造赋予了新的内涵。服务活动的多元化发展也拓宽了知识、文化交流推广的平台，使得图书馆服务结构延伸性、扩展性更强。

四、相关启示

（一）空间再造要突出"以人为本"核心理念

如果到了广州，不妨到广州图书馆去走一走，看一看，感受一下广州这个城市的文化和魅力。广州图书馆既有丰富的馆藏资源，又建设饭堂、健身房等空间，网友戏称："在广图，我们都能找到属于自己的空间。""这里有自助茶水间、自助还书机、空调、充电插座、WiFi……完全是一种自助沉浸式看书体验，令人非常自在、惬意。"正是这种以人为本的理念才使得广图在图书馆业界引领潮流，位居前列。广图的空间再造为"以人为本"建馆设计理念从理论向实践的生动范本。将以人为中心作为空间再造的基本模式已然成为现代图书馆空间利用的发展方向。以人的基本需求和最大满足为切入点，充分挖掘空间利用的潜能，创造设立和谐、包容、实用的空间环境，达到人、图书馆、社会公共发展公共进步的目标。具体来讲，首先空间的设计要紧紧围绕公众阅读书籍、共享知识、交流文化等基本需求，使得空间的利用能够给予读者更人性、方便、周到、细致的体验。其次，空间利用要提升利用率，就是把读者体验和提高空间资源利用率放在首位，最大限度利用所有的开放空间，使得图书馆不仅是读者阅读、查阅书籍的地方，更是分享知识、交流经验、提升智慧的平台。再次，空间再造要充分调动人的积极性，不仅是作为读者的"第三空间"，更多赋予社会的创造价值，使得图书馆成为传播知识、传播文化的窗口，全面推动精神文明建设向深向远发展。

（二）空间再造要把握核心服务基本内涵

图书馆的核心服务的基本内涵是尊重和满足公众参与活动和获取知识的需求。故图书馆应加强读者需求的调查研究，基于本馆资源与空间服务针对图书业界动态、专业发展趋势以及图书情报研究等内容，开展讲座、举办论坛、组织活动等，不断提升用户体验，高品质的服务可以使图书馆在公众的影响力和公认度上得到进一步跃升。近些年，广州图书馆持续深入探索这一核心功能实践，如：（1）组建中小学生研学基地，依托图书馆丰富的阅读资源、主题空间资源、主题展览资源，面向6至18岁中小学生，围绕优秀传统文化、革命传统教育、自然生态、国防科工和阅读素养等主题，开展全学科性的学习、研究、体验和创作研学活动。（2）研究写作室致力打造集研究写作空间、专业的信息咨询服务、开放的研究成果交流分享于一体的知识服务平台，经常举办"专家咨询""经验交流""一对一服务"系列活动，为用户提供研究、写作、展示、交流的平台。（3）广州图书馆整合典藏资源优势，精选红色图书、期刊、影像资料，打造红色教育专题空间，举办一系列阅读推广活动，充分展现了广州地域深厚的红色文化积淀。2017年广州图书馆还创建了"广州公益阅读"项目，自创建以来广泛与社会各界组织合作，截至2021年，将阅读空间延伸至馆外，在图书馆、高校、书店等场所共举办了2000多场活动，超60万人从活动中受益。因此要深入持续开展阅读推广活动，充分学习借鉴各地举办图书阅读活动的有效经验做法，构建借阅传递、公众学习、研究交流的阅读推广空间，使主要核心业务永放光芒、永葆活力。

（三）空间再造要打造品牌辐射效应

一个建筑不是呆板的混凝土建筑，而是赋有人性、艺术、情感的功能空间。广州图书馆无论是外观设计，还是内部空间建造都堪称艺术的精品，成为城市一个响亮的品牌。从外观上看，广图"之"字形的设计别具一格，充分利用场地的位置和形状，与周围的广州大剧院、省博物馆、少年宫打造成广州的地标性建筑。从内部布局来看，体块化布局展现了良好的空间性，在南北楼中间建造中庭空间，不仅提供了自然通透的采光需要，更加突出了流畅的视觉与交通空间。公共空间采取玻璃围墙、自然采光、便捷交通等措施，给人以流畅舒适的感受。阅览空间更加注重多元多样，任何人都可以有适合自己的阅读体验空间，一楼报纸杂志区、残障人士阅读区，能够更好满足中老年以及残障人士的阅读需求。可以说，广图成为广州市民争相打卡的文化艺术中心。同时，公共图书馆应着力打造图书馆空间的服务品牌，充分释放具有强大生命力和影响力的品牌效应。根据读者的多元化与精准化文化需求，广州图书馆设立了广州人文馆、多元文化馆、语言学习馆等不同主题馆。打造了许多活动品牌，如利用人文馆开展文化名家讲座、论坛，利用多元文化馆探索"环球之旅"多元文化系列活动，利用创意设计馆开展"友创意"品牌活动，打造创意设计类学习共享空间……这些活动项目都是基于公共图书馆资源优势与城市公共文化服务定位的实践举措。同时还可与全城图书馆联动，整合资源，形成合力，倡导"大阅读"的理念，结合人工智能、大数据、虚拟现实技术、创客、非遗、地方文献等主题内容，打造具有地方特色和与时俱进的阅读品牌。

（四）空间再造要突出本土、多元文化发展方向

2022 年，《广州市"图书馆之城"建设五年行动计划（2022—2026）》提出要全面建成"图书馆之城""智慧图书馆之城"和"阅读之城"，提高市民阅读品质，使市民能够平等、高效地获得阅读资源与服务。其提出可因地制宜建设各类主题图书馆分馆，打造广州数字图书馆虚拟主题馆，丰富公共图书馆服务内涵和外延，满足公众多元化、个性化的阅读需求。如广州图书馆人文馆，以人文社科藏书为主，重点开展《广州大典》、地方名人专藏、家谱族谱、广府文化等专题资料服务，是地方人文专题服务和开展广府文化研究的品牌基地，岭南文化的展示、交流和共享空间。每个地区都有独特的人文底蕴和民俗风情，在公共图书馆这一公共文化服务机构中体现得更为明显，因此应重视发展本地特色的精品服务，吸引外来人员利用图书馆来了解本地民俗风情和特色文化，深度挖掘潜在的读者资源。同时，广州图书馆充分利用华南中心城市、国际交流活动频繁的独特优势，与国内外友好城市、图书馆机构合作举办各种主题展览活动，推进国际对话与合作交流。广州图书馆在北楼八层设立多元文化馆，包括美国、英国、德国、法国、俄罗斯等"友好图书馆"，汇总了 13 个语种的文献，并与国际城市举办"环球之旅"主题展览、沙龙等文化活动。

图书馆作为重要的文化交流空间，在充分展现本土文化的同时要推动多元文化的发展，一方面为有效推动本土文化发展创新提供广阔的窗口，与国内外众多业界建立友好长期的联系，从而吸引国内外读者深入了解掌握本土发展的历史、发展现状，为本土文化创新发展提供更为广阔的空间；另一方面，充分吸收借鉴国内外优秀图书馆的有益做法，使得空间的利用更具针对性实效性，防止视野的偏狭阻碍了空间再造的推广应用。广州图书馆近年来先后与 14 个国家友好城市图书馆建立缔结关系，一定程度助推了图书馆的多元化发展，成为业界的领头雁。

（五）空间再造要注重技术赋能，构建智慧服务场景

人工智能在各领域的广泛应用已经成为未来发展的总体趋势，这也为图书馆空间资源管理提供了良好机遇。公共图书馆进行图书馆建筑空间、设施设备的智慧化改造可通过引入人工智能、大数据等先进技术，实现文献编目、分拣、自主盘点、自动定位、自行导航等功能，为公众提供更加优质、专业、便利的服务。图书采购方面，基于大数据技术汇总近几年来读者阅读需求，综合社会发展科学预测未来趋势，可以极大地优化馆藏图书结构，避免了图书馆空间和资源的浪费。同时，在与业内其他图书馆建立互联互通的合作模式过程中，运用人工智能技术，可大大提升空间的利用效率和资源的共建共享，最大限度释放图书馆的空间服务效能，盘活整个地区甚至全国的空间资源。人工智能解决的不仅是实地空间的再造运用，更是虚拟空间的优化升级，通过大力推行 AR、VR 等虚拟现实技术，使读者在家里就可以现场感受实体空间一样的用户体验，拓展了现实空间的边界，成为未来发展的重要模式。

第十六章　深圳图书馆

一、建设背景

2021年文化和旅游部、国家发展改革委、财政部三部委联合印发的《关于推动公共文化服务高质量发展的意见》中提出要"打造有特色、有品位的公共文化空间""加强智慧图书馆体系建设""探索发展数字文化大众化实体体验空间，加强数字艺术、沉浸式体验等新型文化业态在公共文化场馆的应用"。中共十九届五中全会提出"十四五"时期社会文明程度应得到新提高，公共文化服务体系应当更加健全。图书馆从数字化到智慧化转变已经成为国家公共文化服务战略的重要一环。智慧图书馆是目前关于图书馆未来形态的共识，众多图书馆在国家战略、政策以及读者需求的驱动下纷纷探索智慧图书馆建设的道路。随着时代的发展和人工智能技术的广泛应用，推动社会进入万物互联的时代，大数据、物联网、云计算、5G、AR、智能机器人等新兴技术的出现，使空间再造智能化成为当前智慧图书馆建设的必由之路。智慧图书馆的建设从单一场景智慧化转变为实现更全方位立体的智能空间再造，给用户带来更加多元化、智能化的知识服务，满足各群体用户不同的知识需求。

深圳图书馆在空间再造的过程中始终坚持"服务立馆、技术强馆、文化新馆"，将RFID、iBeacon、传感器等技术融入到图书馆中，创设南书房、讲读厅、创客空间、捐赠换书中心、深圳学派文献专区、爱来吧、全媒体工作室等十余个新型文化空间，这些文化空间的设立为用户提供了更加精准、个性化的知识服务，提高了图书馆的服务水平和服务质量。2023年，深圳图书馆北馆建成开放，深圳图书馆把握新馆建设的时代契机，推动信息化工程立项建设，精准运用大数据、云计算、新媒体、5G、人工智能、AR/VR、语音识别等技术，聚焦场馆、平台和资源，全面进行图书馆空间再造，大力提升"图书馆智慧"。

二、建设内容

（一）深圳图书馆概况

深圳图书馆2006年面向读者开放，总面积4.96万平方米，馆藏总量逾千万册（件），在全市设有200多个24小时城市街区自助图书馆、若干个分馆、图书服务站与"青少年阅读基地"。深圳图书馆在全国首倡开放、平等、免费服务，率先全面应用无线射频识别技术，自主研发图书馆自动化集成系统（ILAS），主导研制城市街区24小时自助图书馆，引入智能化基础设施，构建线上线下融合服务场景。

2023年深圳图书馆开启"双馆模式"，新建的北馆作为区域性文献资源保障中心，总建筑面积达7.2万平方米，设计藏书量800万册，部署面向全场景的第五代"图书馆之城"中心管理系统（ULAS-V），建设协同工作的智能立体书库和全自动分拣系统，启动信息化、智慧化、智能化基础平台建设，创设"上书房""人文科技展厅""特藏展厅""深圳文学馆""深圳历史馆"等十余个特色馆中馆和交互式学习空间，实现与深圳图书馆中心馆的功能衔接、整合，打造集文化交流、文化传承、全民阅读以及创新创业为一体的多功能、智慧型图书馆。

（二）图书馆建筑空间设计概况

1. 建筑外观设计

深圳图书馆位于深圳市文化中心区内，造型独特，构思精巧，富有现代感，是日本建筑师矶崎新主持设计的作品，图书馆的设计突破了传统的建筑模式，改为全开放、无间隔的空间布局。三座黑色建筑坐落在图书馆南面，从远处看像是翻开的书籍，东侧则设置了三维玻璃曲面，象征竖琴，设计师用书籍、竖琴等符号，为建筑赋予更多含义，极具文化传承的深厚底蕴，成为了一处极具特色的文化景观。

2. 内部空间设计

（1）以读者的需求出发。图书馆的内部空间的设计与读者的体验感受息息相关，设计阅读空间时，深圳图书馆以满足读者需求为出发点，充分考虑读者的阅读习惯、生理特点等因素，优化阅读设施，加强空间管理，引入自然元素，为读者提供宜人的阅读环境。

（2）功能分区明确。深圳图书馆将图书馆空间设置了各自的功能区域，如休闲区、学习区、讨论区、阅读区等，使空间功能更加明确。在功能性分区的同时，保持空间的开放性和互动性，以便于读者之间的交流与合作。

（三）深圳图书馆特色空间

1. 创客空间——创意教育空间

在"创造即学习"理念的指导下，面向创客的图书馆学习空间本质在于通过整合资源，建设有利于用户开展协作实践的物理空间，并提供配套服务，以促进用户参与制作和创造。图书馆设立的公共空间构建以设施服务、课程服务、知识服务为主体的创客空间服务体系，为创客们提供学习空间、交流空间和发展空间。深圳图书馆创客空间设计之初充分分析自身优势和定位，明确空间服务主体，引入 STEAM 课程内容，是集科普阅读、创意编程、手工制作、创客交流、创意作品展示等多维功能的创意阅读、交流与实践空间。深圳图书馆积极拓宽服务范围，丰富创客空间活动，为读者免费开展"小小造物家""编程一小时""创客集训营""创艺工作坊"等系列创客教育服务。空间配备 3D 打印机、3D 打印笔等设备和工具，并配置自学课程资源包和 20 台专用电脑，让更多读者体验创客文化，满足各类创客读者的自学、自主设计创作等专业需求。同时，对创客所需的信息资源进行整合，搭建创客空间资源平台，为入驻创客提供 Tinkercad 设计以及 Microbit、Arcade 编程等开源资源。创客空间向社会发布"创客社"招募令，面向广大市民读者招募一支拥有手工制作、3D 打印、STEAM 技能等创客知识及兴趣的专业志愿者团队参与空间、活动与资源共建，激发创意思维，推动城市创客创新教育。创客空间以成熟的蓝牙室内定位技术为基础，与 ULAS–V 活动管理系统充分融合，实现读者预约、凭证入馆、微信通知、小程序导航一体化的智能指引服务。2020 年深圳图书馆对创客空间进行重新规划设计，升级后集科普阅读、创意编程、手工制作、创客交流、创意作品展示等多维功能于一体，配置缝纫机、智能套件、图形工作站、交互式一体教学屏等专业设备设施，聚焦创新教育，持续丰富与拓展创客服务项目。

2. 爱来吧（iLib）——新媒体体验空间

2014 年，新媒体体验空间爱来吧（iLib）正式开放，其位于图书馆四楼连廊处，这是为读者打造的基于新设备的集展览、展示等为一体的新阅读体验空间。新媒体的运用突破了时间和空间的藩篱，让读者能够更快速更便捷地进行数字阅读、码上阅读、科普阅读、休闲社交。空间设置了数字资源展示区、码上阅读推荐区、数字阅读体验区和科普展览区，营造 i 悦读、i 悦听和 i 悦览的空间环境。通过增添数字资源立方体造型、二维码书墙，引入喜马拉雅听书机、云图听立方、博看有声一体机等新颖的智能阅读设备等，打造舒适的阅读空间环境。爱来吧的资源涵盖深圳图书馆各类学术论文、考试资源、电子图书、电子期刊、视频讲座、线上展览、名家报告、古典音乐等，读者可以在此尽享指尖阅读，增加图书馆知识服务的互动性和体验性。同时，爱来吧依托新媒体矩阵为读者打造了一系列丰富多彩的阅读体验活动。例如举行了"指尖的阅读——数字图书馆体验之旅"活动，演示数字图书馆——"深圳文献港"的资源使用方法，为读者呈现一个沉浸体验、多维感知、愉悦新颖的数字化体验空间。

3. 城市街区自助图书馆——自助阅读空间

城市街区自助图书馆的设计初衷是"以读者为中心"为服务理念，以技术创新为抓手，打造集 REID 技术、物联网、自动控制等技术于一体的自助借还阅读空间，城市街区自助图书馆的广泛使用突破了时空限制，使读者不必进入传统图书馆，在城市各处都能实现自动办证、图书查询、图书借还等功能。深圳图书馆为加强公共文化服务设施建设，2008 年主导研制城市街区 24 小时自助图书馆并投入应用。设计之初就依托于《深圳晚报》，围绕自助图书馆的选址原则、文献配备、应用功能、可行性等方面进行调研，调研结果显示读者对在居住地附近配备自动阅读空间有强烈需求。目前，深圳图书馆在城市街区打造了 240 个城市街区自助图书馆，解决了服务读者"最后一公里"的障碍。深圳图书馆的城市街区自助图书馆也获得了国家第三届"文化创新奖"。2018 年深圳图书馆对已建的 30 个城市街区 24 小时自助图书馆进行功能和外形升级优化，新设备增加了扫码登录、触摸查询等功能。设备升级当年预借服务量就有所上升，全年受理预借服务请求 30.79 万册次，同比上升 22.53%。在深圳图书馆"十四五"规划中，将实施"城市街区自助图书馆优化更新"工程，持续优化布局和提升服务。

同时，依托深圳图书馆北馆文献物流中心和智能仓储系统的运行，根据各服务点用户群借还大数据分析，智慧化选配自助图书馆图书；全方位升级预借服务，打通街道馆以上实体图书馆与自助图书馆网点通道，增加可预借服务网点，打造"图书馆之城"预借服务体系。

4. 深圳文献港——虚拟阅读空间

深圳文献港是深圳图书馆、深圳大学城图书馆（深圳市科技图书馆）、深圳大学图书馆三个图书馆联合创建，通过不同类型、各具优势图书馆之间的联合，将深圳区域内的文献资源进行有效整合，建立起辐射全市多馆区域性虚拟阅读空间，提供覆盖领域更广、更深入的文献信息服务，提升了深圳地区文献资源保障能力以及图书馆的整体服务水平，为读者提供更丰富、更便捷、更可靠的文献信息服务。深圳文献港中包括 1186 万册（件）中外文纸本馆藏和 400 多种数据库。读者可以向深圳文献港平台以电子文献传递的方式请求获取文献，图书馆咨询中心找到原文后能够将读者所需资料发送至读者邮箱，突破了资源和时空的限制，使读者能够更加便捷快速获取信息。深圳图书馆通过文献港为市民提供了艺术设计区文献、地方文献和港澳台文献等特色文献。其中艺术设计区文献包括了时装类和平面设计类的专题文献，为服装设计师和平面设计师提供专业、优良、精品的专题类资源；深圳地方文献资源围绕深圳本土地区文献进行收集整理，揭示深圳社会演变与文化脉络；港澳台文献是深圳图书馆收藏的重点文献，通过多方面采集信息、多渠道订购等方式获取了品种齐全、覆盖面广的港澳台三地有价值的优质文献。深圳图书馆通过打造深圳文献港这一具有统一的搜索文献入口的虚拟阅读空间，构建实体空间与虚拟空间协同，技术、资源与服务融合的馆藏资源与服务体系，使读者以最经济的成本共享众多图书馆的数字资源和服务。

5. 全媒体工作室——生产运作空间

2020 年 11 月，深圳图书馆全媒体工作室全新上线。作为一种新型的阅读推广活动生产运作空间，全媒体工作室坚持全媒体思维，适应新的传播业态，集视频拍摄、音频录制、活动直播、高清数字编辑等多功能为一体，充分利用各类新媒体平台，实现资源的优化整合，激发创新思维能力，推出系列特色项目。例如，2020 年第 21 届"深圳读书月"期间，深圳图书馆全媒体工作室制作"图书馆，让城市更温暖"系列短视频，就"图书馆，让城市更温暖"主题，分别采访文化名人、图书馆员和普通读者，其中采访濮存昕、戴建业等文化名人的短视频微博阅读数 33.3 万人次，有效地传播了图书馆的价值和理念，实现线上线下活动相互融通，进一步传播高品质全媒体阅读文化。

6.智能立体书库——文献集散空间

根据深圳图书馆北馆"一馆一库三中心"的功能定位，以及面向未来的智慧场馆、智慧平台和智慧资源发展方向，深圳图书馆在北馆新建中打造了智能立体书库。该书库容量800万册，包括立体书库系统、拣选系统、分拣系统、播种墙系统、调阅系统、控制管理集成与可视化系统等六大系统。其中立体书库位于图书馆地下，通过书库的智能控制与管理系统实现对图书馆"采编典藏流"业务的精细服务管理，在解放人力作业的同时也提高了工作效率，实现快速、高效、可靠、稳定、节能、节约空间的目标。智能书库作为业务处理中心，能够根据订单信息对图书进行典藏、流通作业。读者到图书馆查阅书目信息，无须进行人工找书，可以实现下单借阅图书的功能。书库系统响应借阅订单后，智能立体书库根据订单信息进行出库作业，根据图书的不同配送要求进行自动分拣，播种墙系统实现了对多本图书的合并和打包，通过物流配送即可送书到读者手中。读者通过大厅地面的"观察窗"就能看到高达近二十米的智能立体书库无人工作实景，智能机械手配合分拣系统能够在巷道中自动存取图书和精准配送，实现了"书到人"的借阅模式。系统加持联动一系列图书馆智能化终端自助设备，提高馆内文献的中转效率，使书库成为一个有序的生命体。智能立体书库建成后"图书馆之城"的全市"通借通还、资源共享"的公共阅读服务体系更加完善。

三、建设成效

2006年，中心区新馆落成开放以来，持续为读者打造优质、均衡、高效的公共文化服务，荣获全国社会科学普及教育基地、全民阅读示范基地、广东省首批人文社科普及示范基地、广东省特色文化品牌、深圳市市长质量奖鼓励奖等各级各类荣誉，文化辐射力不断提升。2013 年，深圳被联合国教科文组织授予"全球全民阅读典范城市"荣誉称号，是名副其实的书香城市，这是对深圳各图书馆及社会各界助推城市文明典范建设和全面阅读成果的肯定。仅 2022 年，深圳图书馆获各级各类荣誉二十余项，包括广东省文化和旅游工作先进集体、广东省优秀社会科学普及基地、2021 年度"全国十大图书馆微博"、广东图书馆学会 2021 年阅读推广示范项目、2022 年深圳市"终身学习品牌项目"等，已经成为了"文化深圳"的重要城市名片和标志。

（一）健全了现代公共文化服务体系

为进一步提升深圳市公共图书馆服务方式和服务效益，优化知识服务供给，深圳自 2003 年开始打造"图书馆之城"，将深圳市域内的各个图书馆的文献资源通过数字网络连接在一起，构建能够覆盖全城、服务全民的现代公共文化服务体系。截至 2022 年底，"图书馆之城"囊括了全市的 779 家公共图书馆，深圳图书馆构建了"图书馆之城"统一服务平台建设，为读者提供了一个资源丰富、便捷高效、互联互通的阅读空间，其打造的虚拟阅读空间——深圳文献港作为数字文献中心是深圳"图书馆之城"建设的重要组成部分。深圳图书馆充分发挥作为"图书馆之城"中心馆作用，贯彻落实《深圳市"图书馆之城"建设规划（2021—2025）》，夯实城市图书馆一体化，打造全方位、全媒体和智慧化的统一服务体系，稳步提升统一服务质量，统筹"图书馆之城"业务，深化市、区业务协同，不断促进全市公共图书馆资源共建互补、活动联动与共享。

（二）构建了城市文化生活新空间

随着社会关系的不断变革，图书馆构建的城市文化生活新空间逐步替代了传统空间功能，众多新概念文化空间如创客空间、主题空间、特色空间不断涌现，尽可能地满足读者日益增长的精神文化需求。深圳图书馆通过打造馆藏资源独特、阅读活动丰富、服务人群精准的特色主题图书馆，不断丰富"图书馆之城"服务体系，2022年推出的深圳"图书馆之城"统一服务网点小漠分馆和与关山月美术馆合作美术特色分馆等特色主题分馆建设卓有成效，将海洋、美术等元素融入城市文化生活空间，既符合当前用户的个性化多元化的实际需求，也为产业发展及周边居民提供智力支撑。深圳图书馆完善中心分层管理模式，制定分中心、服务站建设标准，促进规范化、制度化管理，打造可复制可推广、具有典型性的分中心示范点，加大营销宣传力度，发挥"明星点"效应，拓宽深圳捐赠换书中心服务网络，将深圳图书馆打造成为集大众化、数字化为一体的城市文化生活新空间。

（三）助力实施文化数字化战略

2022年中共中央办公厅、国务院办公厅印发的《关于推进实施国家文化数字化战略的意见》（简称《意见》）提出，要建成文化数字化基础设施和服务平台，形成线上线下融合互动、立体覆盖的文化服务供给体系。深圳图书馆按照《意见》的要求，围绕馆藏文献资源进行数字化工作，推进古籍资源的开发保护和可视化展示，加强数字资源推广，结合各大节点，打造读者触手可及的"云上图书馆"，举办"云上深图"数字阅读推广季、数字服务宣传周、数字资源培训月、数字科普阅读推广周等系列活动，整合开展数字资源的视频宣传和线下分享活动，实现馆内馆外服务一体，线上线下联动高质量发展，以最大限度便捷读者，引领读者阅读新体验。同时，推进数字资源管理系统平台一体化建设，以智慧化建设为突破口，助推公共文化数字化发展更进一步。

四、相关启示

近年来，为适应人们不断提高的信息交流环境，深圳图书馆强化科技驱动，作为以新技术应用领先的大型现代公益文化空间，延续了深圳作为经济特区的科技创新基因，致力于建设新一代智慧型城市中心图书馆。通过调整再造原馆舍空间、兴建新馆、整合馆内外资源，升级打造智慧"图书馆之城"等方式，构建智慧化空间和智慧化场景，升级业务流程，优化服务矩阵、全面提升效能，打造能够实现个性化感知、智慧咨询、智慧服务、无障碍交流的智慧化多元化的文化阅读空间。

（一）加强图书馆顶层设计

在图书馆空间再造的过程中，要加强顶层设计和规划意识，将图书馆的理念贯穿到空间再造的全过程中，以"加强智慧图书馆体系建设"的国家战略为目标导向，树立全局观念，结合自身特点，突出技术优势，在"以人为本"的理念下，制定完善科学的"人工智能＋图书馆空间再造"顶层设计，形成一套可复制可移植的程式化图书馆再造研究思路。按照图书馆发展的规律，运用科学的原则、理论和方法，明确整体架构、实施流程和总体安排，对图书馆顶层设计和工作流程进行有效控制，综合考量图书馆的文化建设、服务建设以及资源建设，抓好规划各个阶段和关键环节。围绕图书馆空间再造的目标、环节、流程进行具备关联性、平衡性和可操作性的整体设计和统筹安排，统筹图书馆各层次、各部分之间的关系，确保图书馆空间再造能够符合社情、馆情和民情，促进在人工智能背景下图书馆空间再造顶层设计的根本实现。

（二）明确智慧化引领路径

在万物互联的大势下，各类人工智能技术已经在社会各行业实现了广泛应用，也为图书馆的高质量发展赋予了新的能量。深圳图书馆目前着重探索各类智能技术的服务场景并有序推进应用着陆，以满足读者的多元化需求。通过移动服务平台优势以及构建覆盖全馆的无线服务网络、智能终端网络，结合以精准个性化服务为目标的线上智慧服务，将智能化创新服务全面下沉到各类场馆终端、手机终端、手持设备，尤其关注重点群体的差异性习惯和需求，提供更为立体、更富温情的智慧化设施设备，推动智慧图书馆服务全员全端可达，实现图书馆"全面智慧"，成为了现今图书馆的努力方向。现代图书馆空间再造，以智能技术为手段，将大数据、物联网、云计算、传感技术、数据挖掘等新技术引入到智慧图书馆建设中，利用人工智能技术的实用性、交互性的特点，构建智慧信息知识产品系统，提升服务质量和服务效能，着力为读者打造安全高效、时空联动、善解人意的引领型、示范型智慧化空间。

（三）注重馆内外资源整合

在知识爆炸的时代，面对知识信息的泛在化和用户需求的多元化，公众对服务水平和质量的需求在持续性提高，推进馆内外资源整合，打造虚拟阅读空间就成为了现代图书馆空间再造的重要一环。深圳图书馆利用社会各方资源，采用信息聚合技术、标签技术等，深度整合资源，打造依托于云平台的数字阅读空间，在改变馆藏资源"重藏轻用"现象的同时，也能够大幅度提升用户服务体验，实现资源共建共享。在资源整合过程中，首先要深度类聚、融合或重组馆内各种异构资源，拓展馆内资源的整合内容和类型，从读者的需求出发，去除数据的多余信息，有侧重地对使用频率较高和有特色的资源进行整合，提炼有价值的数据进行保存，合理配置文献资源，实现资源实时互联互通；其次在资源整合过程中要加强社会合作，打破地域限制和行业限制，坚持图书馆的主导性和骨干地位，确保融合项目的公益性的前提下，引入政府机关、文化团体等方面的社会力量，实现协同合作、互利双赢，为用户提供更舒适智慧的阅读空间和更多元便捷的知识服务，达到提升服务效能的最终目的。